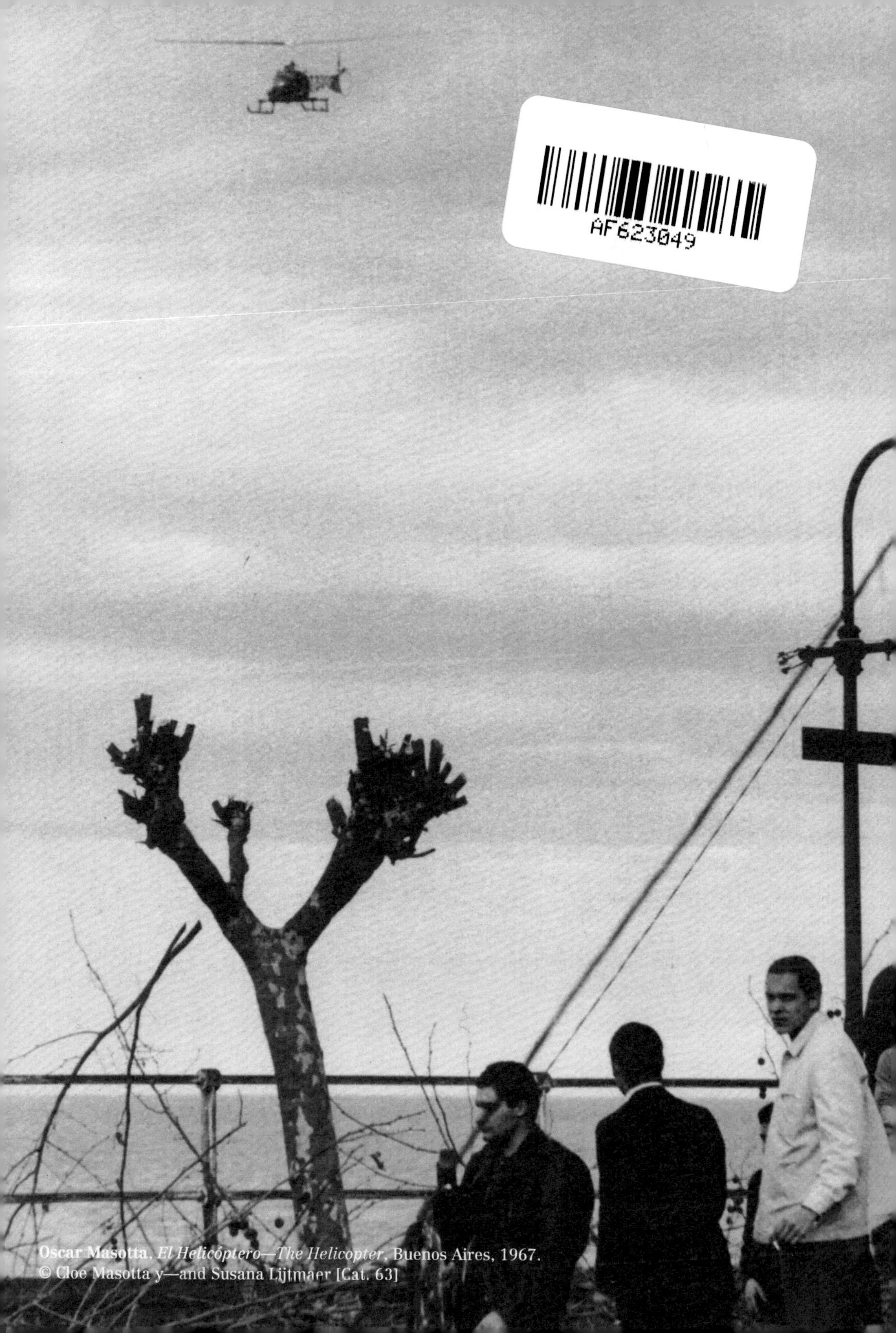

Oscar Masotta, *El Helicóptero—The Helicopter*, Buenos Aires, 1967.
© Cloe Masotta y—and Susana Lijtmaer [Cat. 63]

Publicado con motivo de la exposición *Oscar Masotta. La teoría como acción* (27 de abril al 13 de agosto de 2017) MUAC, Museo Universitario Arte Contemporáneo. UNAM, Universidad Nacional Autónoma de México, Ciudad de México.
—
Published on occasion of the exhibition *Oscar Masotta. Theory as Action* (April 27th, to August 13rd, 2017) MUAC, Museo Universitario Arte Contemporáneo. UNAM, Universidad Nacional Autónoma de México, Mexico City.

Textos—Texts
Olivier Debroise †
Manuel Hernández
Ana Longoni
Cloe Masotta
Oscar Masotta

Traducción—Translation
Elizabeth Coles
Brian Holmes
Daniel Saldaña París

Edición—Editor
Ekaterina Álvarez Romero · MUAC

Coordinación editorial—Editorial Coordination
Ana Xanic López · MUAC

Asistente editorial—Editorial Assistant
Elena Coll Guzmán
Adrián Martínez Caballero
Maritere Martínez Román

Corrección—Proofreading
Ekaterina Álvarez Romero · MUAC
Elizabeth Coles
Adán Delgado
Ana Xanic López · MUAC
Martha Ordaz

Diseño—Design
Cristina Paoli · Periferia

Asistente de formación—Layout Assistant
Krystal Mejía

Primera edición 2017—First edition 2017

ISBN RM Verlag 978-84-17047-16-0
ISBN 978-607-02-9244-6

Impreso y hecho en México—Printed and made in Mexico

OSCAR MASOTTA

LA TEORÍA COMO ACCIÓN
THEORY AS ACTION

MUAC · Museo Universitario Arte Contemporáneo, UNAM

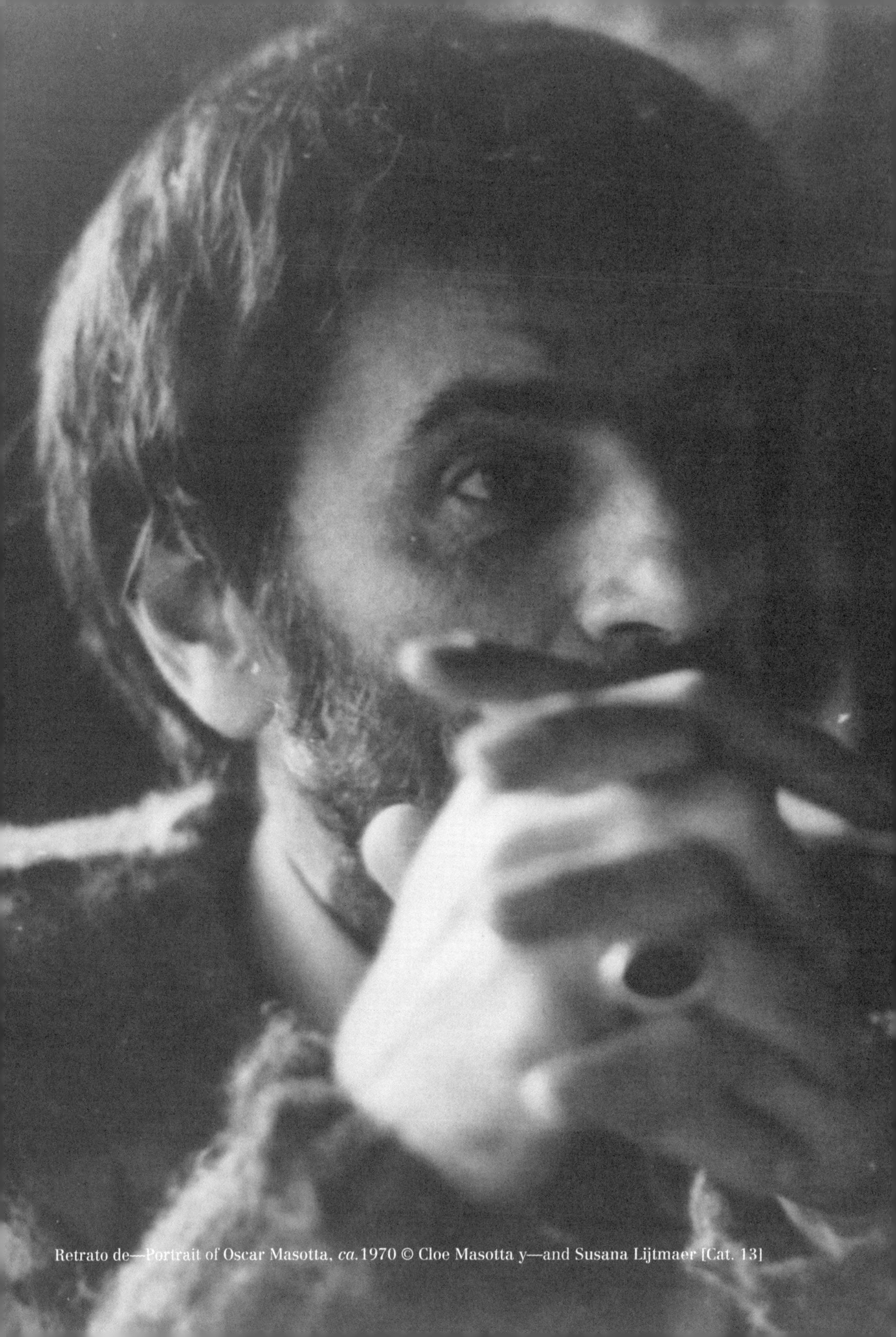

Retrato de—Portrait of Oscar Masotta, *ca.* 1970 © Cloe Masotta y—and Susana Lijtmaer [Cat. 13]

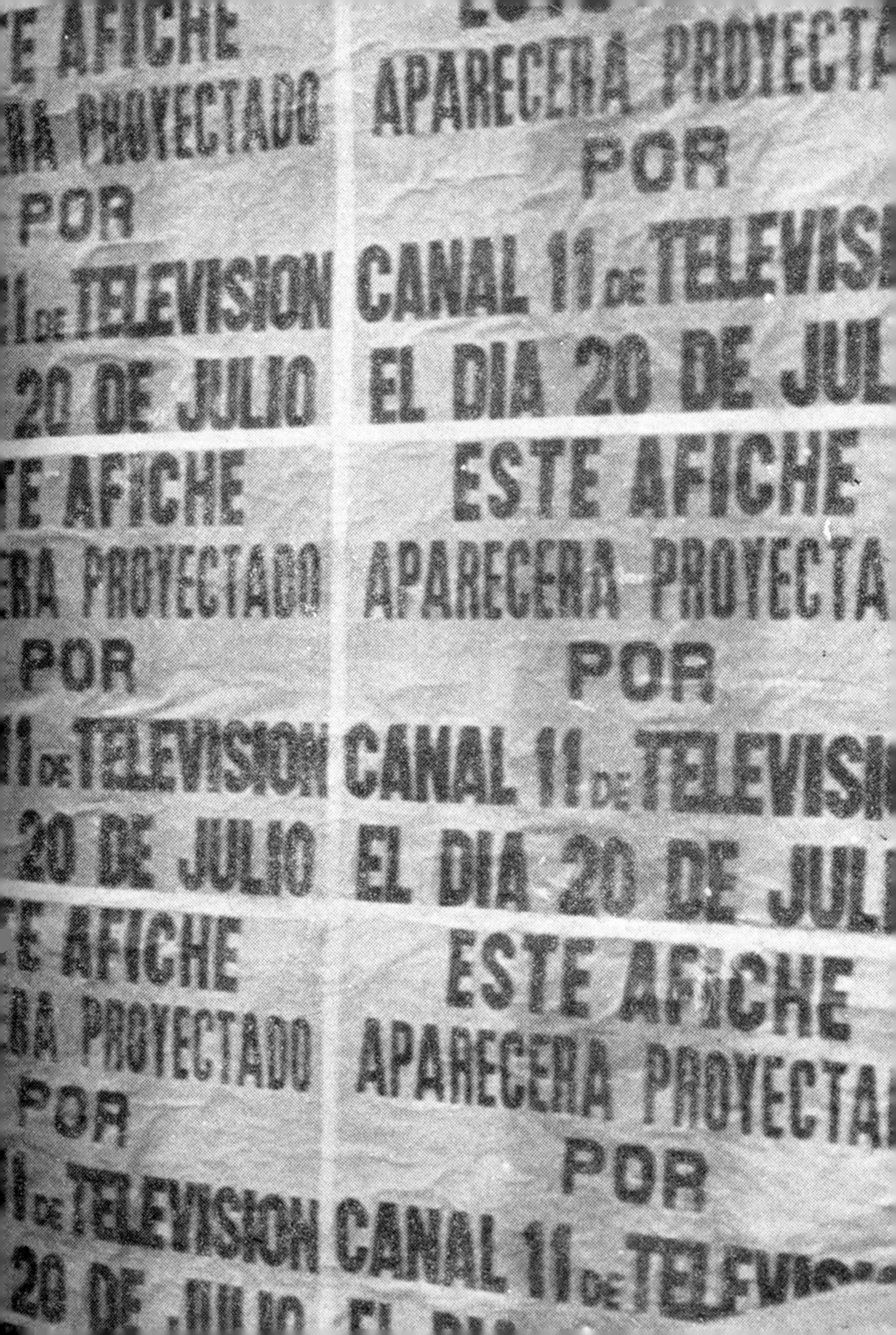
ESTE AFICHE
APARECERA PROYECTA
POR
CANAL 11 DE TELEVISI
EL DIA 20 DE JUL
APARECERA PROYECTADO
POR
DE TELEVISION
20 DE JULIO

Mis posiciones generales con respecto a la lucha de clases, al papel del proletariado en la historia, a la necesidad de la revolución, son las mismas hoy que hace quince años atrás. Lo que he cambiado tal vez es la manera de entender el rol del intelectual en el proceso histórico: cada vez comprendo más hasta qué punto ese rol tiene que ser 'teórico'; esto es, que si uno se ha dado la tarea de pensar, no hay otra salida que tratar de hacerlo lo más profundamente, lo más correctamente posible.

—

My general position on class struggle, the role of the proletariat in history and the necessity of revolution is the same today as it was fifteen years ago. What has changed, perhaps, is my understanding of the role of the intellectual in the historical process: more and more I understand the extent to which that role must be 'theoretical'; that is, if you have charged yourself with the task of thinking, you have no choice but to try to do so as profoundly and as correctly as possible.

OSCAR MASOTTA, 1967

¿Cómo invalidar a Oscar Masotta o, en general, cómo se invalida a un hombre? (...) Invalidación y arrojo de mierda sobre sí: aún Masotta sigue causando o inspirando estas gestas. No he encontrado en estos basureros menos, sino siempre más carroña que la contenida en y por Masotta. Y en todos los casos se trata de un signo.

—

How do you invalidate Oscar Masotta or, more generally, how do you invalidate a man? (...) Invalidation and pelting him with shit: Masotta still causes or inspires such gestures. In amongst these trash heaps, I have found not less but more carrion than that encompassed by Masotta. And in each case, it is a sign.

CARLOS CORREAS, *La operación Masotta*, 1991

< **Oscar Masotta**, *El mensaje fantasma—The Phantom Message*, Buenos Aires, 1967. © Cloe Masotta y—and Susana Lijtmaer [Cat. 94]

Masotta y sus espectros

ANA LONGONI

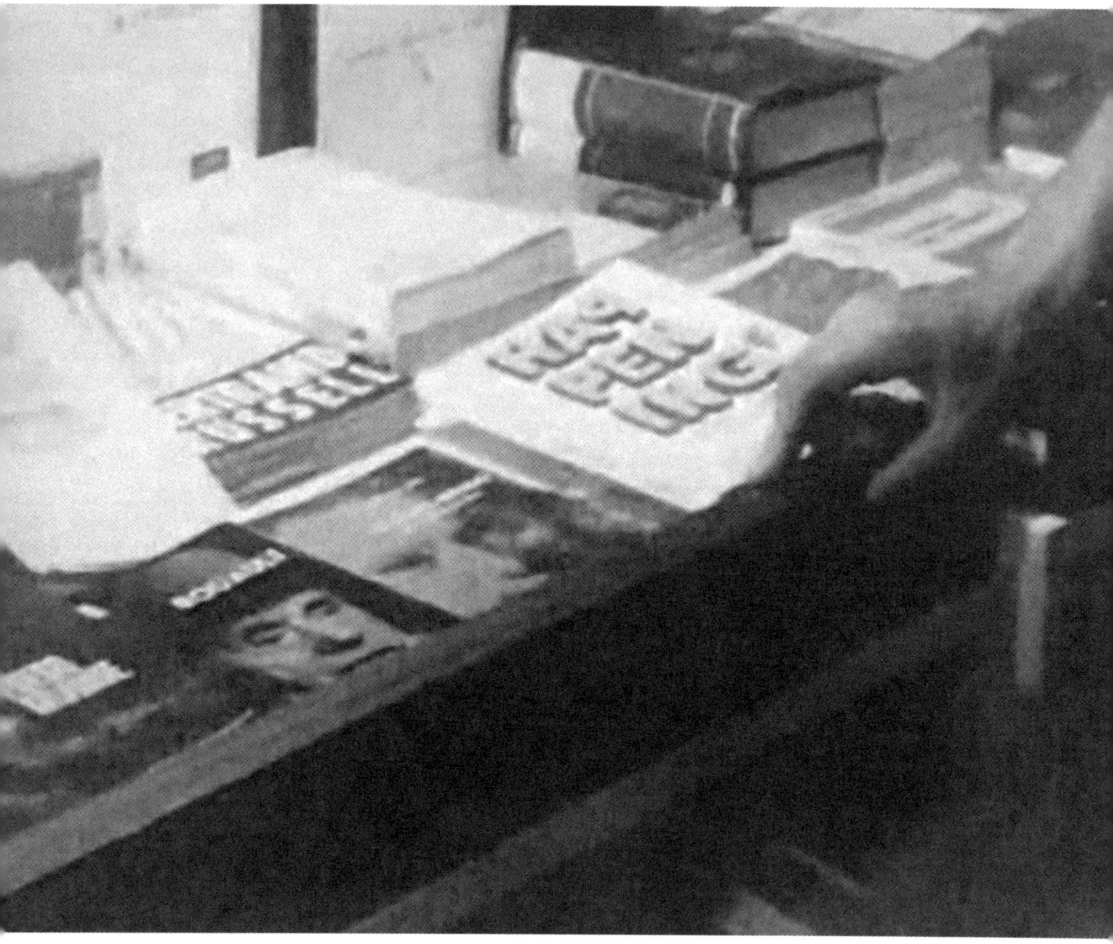

Fotograma de la película—Still from the movie *El lobby contra el cordero* (José Antonio Maenza, España, 1968). Cortesía de—Courtesy of Erik Bullot

Hoy, 8 de noviembre de 2016, el cineasta y teórico francés Erik Bullot —con quien conversé muy recientemente sobre el proyecto de exposición en torno a Masotta— me envía un hallazgo: en una película experimental española filmada entre 1967 y 1968, *El lobby contra el cordero*, del aragonés José Antonio Maenza, aparece el libro de Oscar Masotta y otros, *Happenings*, editado en Buenos Aires en 1967 por Jorge Álvarez, con una tirada muy reducida. Un libro inconseguible dentro de una película también inconseguible.

Se trata de un film mudo filmado en Zaragoza, en el que en varios momentos aparecen libros: libros que se leen, se tocan, se cubren de fósforos quemados. En una secuencia, un hombre del que no se ve más que el brazo roza —casi acaricia— libros en una librería y se detiene un instante en *Happenings*, antes de elegir el libro que hurtará, escondido entre su ropa.

Maenza se propuso filmar "una película que nunca se pensó para ser finalizada".[1] Y en su siguiente experimento, pasó a filmar con el chasis vacío: "A quienes participaban en el rodaje no se les informó que la cámara no era nunca cargada con película". Esa es la dimensión más sorprendente de esta huella inesperada: una experiencia que aproxima el cine al *happening*, y dialoga (ahora sabemos que no por mera afinidad o coincidencia sino por conexión) con las ideas que contemporáneamente estaban produciendo Masotta y el grupo Arte de los Medios respecto de la desmaterialización (proponiendo abolir el libro y llamando a disolver el arte en la vida social). Dos radicales laboratorios periféricos o mejor, descentrados, en medio de contextos represivos (la vanguardia artística argentina en la dictadura de Onganía y la vanguardia cinematográfica española en el tardofranquismo), cuyas experiencias quedaron encapsuladas en el olvido durante demasiado tiempo, hasta que de golpe se (nos) manifiestan entrecruzadas.

En los últimos tiempos, enfrascada en Masotta, estas apariciones me vienen ocurriendo a menudo. Como si un espectro hubiera sido definitivamente invocado, después

—

1— Marcelo Expósito, presentación de la proyección de *Hortensia/Beance* de Antonio Maenza el 12 de diciembre de 2008 dentro del ciclo dedicado a Pere Portabella por el Museo de Bellas Artes de Bilbao. Consultado en marceloexposito.net/pdf/exposito_maenza.pdf.

de décadas de silencio y borramiento, y se multiplicara su capacidad de provocar y conectar escenas distantes.

***

Hace más de tres años, Cuauhtémoc Medina me planteó un (nuevo) desafío: organizar una exposición sobre el itinerario intelectual de Oscar Masotta. La propuesta, desde el inicio, fue centrarla no sólo en su relación con el arte, su rol como teórico, promotor y realizador dentro de la vanguardia argentina de los sesenta, sino en su múltiple y polimorfa capacidad de intervención (siempre disruptiva) sobre territorios como la literatura, la política, la historieta, la experimentación artística, el psicoanálisis, etcétera.

Provocativamente, Masotta se definía en los años cincuenta como existencialista-marxista-peronista (fórmula inadmisible para la izquierda ortodoxa que veía en el peronismo una variante del fascismo). En la década siguiente ensaya la articulación entre compromiso político y nuevos paradigmas teóricos. Mientras otros intelectuales enfrentaban existencialismo y estructuralismo como opciones irreconciliables, Masotta sintetiza su postura en la ecuación *conciencia y estructura*: "La filosofía del marxismo debe ser reencontrada y precisada en las modernas doctrinas (o 'ciencias') de los lenguajes, de las estructuras y del inconsciente".[2]

Su posición marginal respecto de las instituciones en las que inscribió su actividad intelectual (la Universidad de Buenos Aires, donde nunca terminó sus estudios, o el Instituto Di Tella, donde agitó la escena desde el ignoto Comité de Adherentes) y su recordada (y a veces no perdonada) capacidad polémica signan sus huellas.

Al encomendarme este proyecto, Medina partía del libro *Revolución en el arte* que reunió los hasta entonces dispersos e inhallables textos de Masotta sobre arte. Cuando preparé esa edición, en 2004, llevaba más de una década de investigación junto a Mariano Mestman sobre la radicalización política de la vanguardia artística, trama en la que Masotta se nos aparecía como una referencia ineludible.

—

2— Oscar Masotta, "Roberto Arlt, yo mismo", en este mismo Folio, p. 152.

Sin embargo, nos sorprendía su borramiento en los relatos del arte del período. Se lo reconocía, sí, como crítico literario (así lo empecé a leer en la cátedra de Teoría literaria de la carrera de Letras, en la década de los ochenta) o como introductor de Lacan en América Latina y España (una inscripción de peso dentro del poderoso mundo psicoanalítico argentino). Estábamos ante dos distorsiones. Por un lado, esas zonas de su actividad quedaban inconexas, disociadas. Por otro, terminaba invisibilizado su lugar tanto como impulsor, teórico y realizador dentro de la vanguardia artística, como por ser el primero en prestar atención a los objetos de la cultura de masas, en particular la historieta.[3] La tensión que genera su múltiple condición de teórico y productor, gestor y realizador, es explicitada por él a cada paso, consciente de la intranquilidad que provoca.

Doce años después de la aparición de aquel libro, la situación es bien distinta: algunas iniciativas[4] despertaron interés internacional sobre los ensayos y trabajos artísticos de Masotta generando un estimulante conjunto de activaciones de diverso orden. En los últimos años han sido revisitadas con insistencia su producción teórica y también sus intervenciones artísticas, en particular sus *happenings* y obra de los medios, realizados en 1966 y 1997.

En 1965, Masotta dicta en el Di Tella dos conferencias tituladas "Arte pop y semántica", explorando la correlación entre ambos.[5] "No se limita a presentar el pop americano; también traza las líneas de una estética",[6] dice Beatriz Sarlo. Escribe sobre el pop sin haber viajado nunca fuera de la Argentina, esto es, sin haber tenido contacto directo con muchas de las obras que analiza. Sólo las conocía a través de reproducciones fotográficas en revistas o libros y por diapositivas prestadas por Jorge Romero Brest. A la vez

—

3— El interés de Masotta por la historieta se traduce en dos libros y tres números de la revista *LD/ Literatura Dibujada*. Fue también impulsor de la I Bienal Mundial de la Historieta en el Di Tella en 1968.

4— En particular destaco el libro editado por Inés Katzenstein, *Listen Here Now! Argentine Art of the 1960s*. Nueva York, MoMA, 2004.

5— Dos años más tarde se publican como libro: Oscar Masotta, *El pop-art*. Buenos Aires, Columba, 1967.

6— Beatriz Sarlo, *La batalla de las ideas*. Buenos Aires, Ariel, 2001, p. 96.

defiende la especificidad de la vanguardia argentina. Las referencias locales incluyen a Greco, Santantonín, Minujín, Puzzovio, Squirru, Stoppani, Renart, Wells y Maza, a quienes nombra "los imagineros argentinos".

En 1966, a la salida de uno de los seminarios de Masotta, sus amigos Roberto Jacoby, Raúl Escari y Eduardo Costa fundan el grupo Arte de los Medios. Parten de la idea de que los medios masivos son susceptibles de constituir acontecimientos. Su primera realización, hoy reconocido punto de origen de los desarrollos conceptuales del arte contemporáneo, fue el *Antihappening*: la invención de un acontecimiento (un *happening* que nunca había tenido lugar) que existía exclusivamente en su circulación mediática.

Quizá impulsado porque "en un país donde todo el mundo habla de *happening* sin haber visto mucho, no era malo hacer alguno", Masotta se vuelca a producir *happenings* en el Di Tella. El primero, *Para inducir al espíritu de la imagen*, retoma un happening de La Monte Young que lo había impactado meses antes en Nueva York: "uno era asaltado y envuelto por un ruido ensordecedor, continuo", que provocaba "una dura reestructuración del campo perceptivo total". Luego de pronunciar, de espaldas al público, unas palabras y de vaciar un extinguidor, Masotta deja al público durante una hora[7] frente a veinte hombres y mujeres mayores (ente cuarenta y cinco y sesenta años),[8] extras teatrales vestidos "de pobres", que se expusieron a ser mirados fuertemente iluminados, "con un sonido muy agudo, a muy alto volumen y muy ensordecedor" y "abigarrados en una tarima". Masotta —que aclaró al público que "los viejos" se dejaban ver a cambio de una paga que superaba lo solicitado inicialmente, mientras el público podía verlos luego de haber pagado una

—

7— El *happening* de La Monte Young duraba cinco horas, y Masotta pensó en reducir la experiencia a dos horas, aunque finalmente la redujo a la mitad, lo que reconoce luego como un error: "me interesaba más por la *significación* de la situación, que por su *facticidad*, su dura concreción". (Oscar Masotta y otros, *Happenings*. Buenos Aires, Jorge Álvarez, 1967, p. 169).

8— Masotta había proyectado inicialmente en reunir entre treinta y cuarenta personas de extracción lumpen: mendigos, vendedores ambulantes, canillitas. (*Ibid*., p. 168).

entrada— definió su *happening* como "un acto de sadismo social explicitado".[9]

El segundo *happening* de Masotta, *El helicóptero*, se desarrolla en dos instancias paralelas. El público es dividido en dos grupos al llegar al Instituto Di Tella, que son luego trasladados a dos lugares distintos: una estación de tren abandonada en Olivos, en la zona norte del Gran Buenos Aires, y un teatro céntrico de la capital. Mientras el segundo grupo vive una serie de situaciones confusas al estilo de los "viejos *happenings*", el primero aguarda durante una hora —sin que acontezca nada notable. De pronto, un helicóptero sobrevuela el lugar a poca altura, llevando a una actriz conocida que saluda con la mano a los presentes, y se va. A los pocos minutos del paso del helicóptero, llegan a Olivos los demás espectadores.

Solo la mitad del público asistente había visto el helicóptero. Lo que parecía un error por tardanza estaba cuidadosamente planificado, con la intención de que parte de la audiencia tuviera acceso a lo ocurrido exclusivamente a través el relato oral del resto. Una indagación sobre la comunicación oral, "directa, cara a cara, recíproca y en un mismo lugar".

Buscando contrastar los dos géneros, *happening* y arte de los medios, Masotta presenta poco después *El mensaje fantasma*, que consiste en la proyección en un canal de televisión de un póster callejero pegado días atrás en un sector céntrico de la ciudad. El cartel sólo anuncia que ese mismo afiche sería emitido por el canal en determinada fecha y hora: la incógnita se develaba como una "finalidad sin fin".

También en el Di Tella, ese mismo e intenso año de 1966, Masotta y un grupo de artistas concretan el ciclo "Sobre *happenings*", consistente en reunir fragmentos de *happenings* ya realizados en otros puntos del planeta. A partir de relatos escritos u orales y algunos guiones, retomaron *happenings* de Carolee Schneemann, Claus Oldenburg y Kirby. La idea no era repetir los ya realizados, sino "producir, para el público, una situación semejante a la que viven los arqueólogos y los psicoanalistas".

—

9— Este *happening* de Masotta guarda un parentesco notable con *La familia obrera* de Oscar Bony (1968) y con experiencias que desde hace algunos años realiza el español Santiago Sierra.

***

Teóricos, curadores y artistas vienen descubriendo en Masotta un semillero de ideas y experiencias fértiles no sólo para complejizar los relatos sobre la vanguardia artística de los años sesenta sino también para considerar las derivas actuales del arte y la política a partir de resonancias, anticipaciones, caminos truncos, fallidos o interrumpidos.

Mencionaré algunas señales de este abrupto (re) descubrimiento. El formidable ensayo que el escritor, cineasta e investigador francomexicano Olivier Debroise estaba escribiendo en 2008 cuando lo sorprendió la muerte (tan temprano y por ello más cruel), titulado "Mirando el cielo de Buenos Aires", parte de la imagen del público en espera de que llegara el helicóptero durante el *happening* de Masotta de 1967, para conectar las aportaciones de aquella vanguardia argentina a las transformaciones del arte contemporáneo.[10]

La curadora norteamericana Juli Carson, junto al artista multimedia Bruce Yonemoto, han propuesto una lectura de *El helicóptero* en clave lacaniana en un ejercicio que derivó en una instalación dentro de la exposición *The Symbolic Landscape*.[11] La artista española Dora García impulsa desde 2014 su proyecto *Segunda vez*, "que utiliza la figura de Oscar Masotta como desencadenante para una investigación sobre arte, política y psicoanálisis", en cuyo marco repite los *happenings* de Masotta en San Sebastián, Buenos Aires, Bruselas, Oslo y otras ciudades. Por su parte, el curador francés Pierre Bal Blanc realizó en 2015 la conferencia-performance "Yo cometí un *happening*" en el MALBA, en Buenos Aires, repartiendo el dinero que recibía por dictar su charla entre todos los asistentes, y se propone reeditar *Happenings* (traducido al inglés) en el marco de la próxima documenta 14 en 2017. El colectivo argentino Un Faulduo explora, en *performances*, fanzines

—

10— El texto se publica en este Folio por primera vez en versión completa en español, p. 54.

11— En la Galería de Arte Universitaria de la Claire Trevor School of the Arts, Los Ángeles, 2013.

y un reciente libro,[12] la pionera intervención de Masotta en el mundo de la historieta.

Carlos Masotta (sobrino lejano del autor) viene realizando hace años una película en proceso titulada *No conocí a Oscar Masotta*, y junto a Mario Cámara organizaron en 2015 las jornadas "Seis intentos frustrados para olvidar a Oscar Masotta" en la Biblioteca Nacional de Buenos Aires. También ese año, Federico Baeza y Fernanda Pinta iniciaron el ciclo "Archivo oral de arte latinoamericano" con la conferencia "Yo mismo, Oscar Masotta" (en el Museo de La Ene, Buenos Aires), retomando el conocido texto autobiográfico con el que Masotta presentó su libro sobre Roberto Arlt en 1965.[13]

Conectadas o coincidentes, estas distintas iniciativas (de una lista seguramente incompleta) señalan la existencia de un retorno-Masotta cuya deriva aún es incipiente evaluar.

***

¿Cómo plantear una exposición en torno a Oscar Masotta? Partíamos de una historia que contar, o mejor varias historias deslumbrantes y ríspidas, llenas de mitos improbables y encendidas polémicas. Pero, ¿había materiales para sostener un discurso museal consistente? Mucho más de lo que pude imaginar cuando acepté el desafío, esta última fase de investigación abrió brechas y arrojó pistas inexploradas.

El involucramiento de Cloe Masotta, la única hija de Oscar, en el proyecto, realizando un conjunto de entrevistas filmadas a distintas personas en España y Argentina que estuvieron vinculadas a su padre significó para mí mucho más que recabar nuevos testimonios. Implicó ser testigo del descubrimiento de un intenso mapa afectivo. Cada entrevistado nos revelaba sus documentos atesorados: fotos enmarcadas que ocupan un lugar crucial en sus paisajes cotidianos, cartas, publicaciones, textos inéditos, y sobre todo relatos, muchos rastros que fueron engrosando un archivo inesperado.

—

12— *La historieta en el (faulduo) mundo moderno*. Buenos Aires, Tren en movimiento, 2015.

13— Oscar Masotta, "Roberto Arlt, yo mismo", *op. cit*.

En este proceso aparecieron las cartas a su madre desde el exilio, primero desde el barco, luego en Londres y más tarde en Barcelona: las nostalgias de sabores y afectos, la preocupación por la persecución política a sus amigos, las penurias económicas, el nacimiento de la hija.

Aparecieron las pinturas que realizó desde los años cincuenta, de una abstracción sensible semejante a los dibujos que cubren los cubresolapas con que envolvía algunos ejemplares de sus libros para obsequiar a sus amigos: la artesanalidad de esos trazos gruesos y coloridos, que transforma parte de la tirada industrial en objetos únicos, personales. (Susana Lijtmaer insiste en señalar que no deben ser considerados obras sino "ejercicios para pensar").

También aparecieron sus tempranas incursiones en la literatura: fragmentos de una inacabada novela (*Los muertos*) dedicada a David Viñas, y tres poemas publicados en 1961: "Jean Wahl", "Soledad" y "Hegel y los psicólogos".[14] Al rememorar Juan José Sebreli a su joven amigo, apareció el instante vívido del pianista tocando a Gershwin e incluso del cantante de tango. Apareció —en el relato de Roberto Jacoby— la historia del auto deportivo rojo que Masotta logró que le regalara Torcuato Di Tella, y que chocó a los pocos días. En el testimonio de Jorge Lafforgue (2005), la confirmación de la leyenda urbana acerca del yacaré que Masotta y René Cuellar tuvieron como mascota en su departamento en la avenida Pueyrredón.

Apareció la factura de la casa londinense Burberry donde encargó un traje que intuyo a cuadros escoceses. Un indicio más de su dandismo que asumía la forma de un estudiado desaliño. Aparecieron anécdotas en torno a la conocida foto en que él, Carlos Correas y Sebreli muy jóvenes, con estudiada pose, conversan y fuman en un café luego de ver por décima vez "Nido de ratas".

Apareció el dato de la redacción que mandó a hacer a sus alumnos de sexto grado (de doce años de edad) en una escuela pública donde fue maestro suplente por pocos meses en 1954, en medio de la quema de las iglesias, sobre el tema "Dios o Perón". Apareció el desconocido "Manifiesto celeste", en medio de los documentos internos de la I Bienal

—

14— Juan Carlos Martelli, *Antología de poesía nueva en la República Argentina*. Buenos Aires, Anuario, 1961.

de Historieta, que asume un género discursivo caro a la vanguardia para apuntalar la conformación de un campo específico de la historieta a nivel mundial.

Apareció el debate sobre la pornografía que organizó en su casa de Barcelona, entre intelectuales argentinos y españoles, en lo que fue quizá su última intervención. Apareció el testimonio de la lingüista francoargentina Sophie Fisher, quien ofició de intérprete en el único encuentro entre Lacan y Masotta en París, en 1975.

Esta larga lista de apariciones puede seguir y seguir. *Last but not least*, en 2015 me encontraba dando un seminario sobre poéticas políticas en América Latina en el Programa de Estudios Independientes del MACBA, en Barcelona, a un grupo tan crítico como entusiasta que incluía a Cloe Masotta (feliz encuentro). Mis días allí coincidieron con la alucinante muestra curada por Valentín Roma que hizo públicos por primera vez toda la producción visual del escritor argentino Osvaldo Lamborghini, que vivió sus últimos años casi sin salir de su casa: los originales del libro *Teatro proletario de cámara*, un nutrido conjunto de fotocollages y muchas libretas anotadas, dibujadas y pegoteadas, que retoman e intervienen libros, revistas porno y fanzines. Otro gran tesoro sumergido, guardado por décadas debajo de una cama. Estos materiales componen un relato ácido y nada festivo de la posdictadura, el pacto de la transición española, la movida y la transformación urbana que empezaba a despuntar en Barcelona. A la vez, son un registro crudo de la experiencia del exilio, de su encierro como un lugar elegido de observación, de sus pocos contactos allí. Y está plagado de sarcásticos apuntes sobre la política argentina (por ejemplo, transforma la consigna del sindicalista Augusto T. Vandor "Peronismo sin Perón" a "Peronismo sin Vandor", luego de su asesinato en 1969). El nombre de Masotta aparece por allí en los collages y cuadernos. Las listas de amigos o interlocutores que Lamborghini echa en falta. El pesar de no haber podido encontrarlo allí (esos dos años que median entre que uno murió y el otro llegó). Ambos comparten la capacidad de convertir la marginalidad en una condición productiva, y sus biografías padecen de un paralelismo desplazado: Lamborghini nació diez años más tarde en la misma cuidad que Masotta, Buenos Aires, y murió diez años más tarde también en la misma ciudad, Barcelona. El relato que hace Lamborghini de un (des)encuentro previo con Masotta, a mediados de la década de los sesenta dice mucho de su tensa relación especular:

> Una tarde Masotta hizo mi diagnóstico. Estábamos en el hall del Di Tella. Creo que esa vez llegué a irritarlo con mis pavadas, y entonces me dijo: "En vos la mala fe es *centro de gravedad*, derrumbe a tierra. En los escritores verdaderos, en cambio, la mala fe cobra el valor de un útil de trabajo: herramienta cortante, les sirve para punzar la superficie y, al mismo tiempo, no quedar atrapados: pueden infinitamente continuar, *desplazarse*. ¿Por qué no te vas un poco al carajo?" Avergonzado (pero) sin dejar pasar la oportunidad de reconocer con trampa, le contesté: "Porque no puedo, no puedo desplazarme, ¿no acabás de decírmelo vos mismo, acaso?". Lo cierto es que a partir de ese día, de esa tarde, me devolvió en silencio todos los textos que yo le llevaba para leer: *ni una palabra*. Comprendió que hasta ese mínimo de crédito, Ni Una Palabra, que alguna vez me había otorgado, contribuía al enredo y a la confusión: no sentía, Oscar, ninguna debilidad por los canallas.[15]

***

¿Por qué "La teoría como acción"? Masotta vislumbra en el Arte de los Medios una vanguardia cuyas realizaciones son potencialmente "susceptibles de recibir contenidos políticos revolucionarios". Pronostica la resistencia de las obras de los medios a volverse residuos museificables o archivables: se trata de un orden de objetos de una materialidad social que excede los límites de la obra de arte como se la ha concebido en la Modernidad. "No serán los objetos de los archivos de la burguesía sino temas de la conciencia post-revolucionaria".

La postulación de una praxis artística políticamente revolucionaria, potencialmente delineada en el Arte de los Medios se integra a su vez con la apuesta de Masotta por la renovación teórica del marxismo. En el prólogo a *Conciencia y estructura* alerta al lector contra encontrar en la recopilación

—

15— Osvaldo Lamborghini, *Novelas y cuentos I*. Buenos Aires, Sudamericana, 2003, p. 162.

de sus ensayos una "evolución" intelectual que disocie su antiguo compromiso político de sus intereses actuales:

> Yo no he evolucionado desde el marxismo al arte 'pop'; ni ocupándome de las obras de los artistas 'pop' traiciono, ni desdigo, ni abandono el marxismo de antaño... Al revés, al ocuparme de esa nueva tendencia viviente en la producción artística más contemporánea, entiendo permanecer fiel a los vacíos, a las exigencias y a las necesidades de la teoría marxista.[16]

A pesar de que Masotta nunca dejó de definirse como marxista, su vínculo con la izquierda partidaria fue tenso, en la medida en que su actividad intelectual no cuadraba con los modelos de "intelectual comprometido" (sartreano) o "intelectual orgánico" (gramsciano) que imperaban entonces. A contrapelo de la tendencia antiintelectualista que con el correr de la década de los sesenta imponía el pasaje a la acción directa como única vía del compromiso militante, reivindicó (para sí y para los intelectuales en general) un rol fundamentalmente teórico en el proceso histórico. Defiende enfáticamente el pensamiento y la teoría como la labor específica que corresponde a los intelectuales en medio de la gesta revolucionaria.

La incidencia de las ideas masottianas y del Arte de los Medios en las derivas inmediatamente posteriores de la vanguardia argentina, en particular su acelerado proceso de radicalización política a lo largo de 1968 —que culminó en la conocida realización colectiva *Tucumán arde*—, se señalan en el diagrama realizado para esta exposición por la artista e investigadora argentina Guillermina Mongan (y que acompaña este libro como desplegable).

Tucumán arde (1968) fue un intento (que quedó trunco, por la directa presión dictatorial que llevó a su interrupción y precipitó la decisión de los artistas de disolver los grupos, abandonar el arte y en varios casos abocarse a la militancia) de constituir un hecho contrainformacional que dispute las versiones oficiales sobre la crisis que asolaba la provincia norteña de Tucumán que circulaban en los medios masivos.

—

16— Oscar Masotta, prólogo a *Conciencia y estructura* (1968), en *Vanguardia y revolución*. Buenos Aires, Edhasa, 2004, p. 316.

En la misma saga de artefactos que disputan la intervención política en los medios masivos se puede pensar el Antiafiche que produce Jacoby en 1969, que circuló como parte de la publicación semiclandestina *Sobre (la cultura de liberación).* Se trata de un artefacto incómodo: es un póster que reclama no ser usado como tal. Es también un llamado a la acción: la muerte del guerrillero tiene sentido sólo si otros continúan su camino de lucha. Aunque lo más sorprendente del antiafiche es la anticipación con la que propone, tan poco después del asesinato de Guevara en Bolivia, una crítica precisa a la apropiación mediática de su imagen y su rápida conversión en ícono pop.

Pero, ¿qué ocurrió con estas potencialidades? ¿por qué la posibilidad política del Arte de los Medios no fue retomada por los movimientos de izquierda en ese momento?, o como se preguntaba Jacoby la primera vez que conversámos con él a principios de los años noventa:

> ¿Por qué el arte de los medios quedó encapsulado [...] en una especie de limbo? [...] La gente no hacía política pensando que existían los medios de comunicación. [...] No es que no se plantearan el uso de la comunicación, sino que no dieran cuenta de cómo los medios masivos generan los acontecimientos, determinan los comportamientos de la gente, conforman la realidad.[17]

Paradójicamente, fueron la industria cultural y el *establishment* político los que aprendieron rápidamente la lección sobre el poder de los medios de generar acontecimientos. Resta indagar en las concepciones que las izquierdas sostuvieron desde entonces no sólo sobre el lugar del arte en el proceso revolucionario, sino también acerca de las posibilidades de disputar poder en el terreno de los medios masivos y la industria cultural. Las experiencias de contrainformación y de comunicación alternativa, e incluso el uso de estrategias simbólicas en la acción política dan cuenta de que en esos años esa cuestión (hoy inevitable) ya estaba planteada.

—

17— Entrevista a Roberto Jacoby, 1991, en Ana Longoni y Mariano E. Mestman, "Masotta, Jacoby, Verón: Un arte de los medios de comunicación de masas", *Causas y azares*, año ii, núm. 3, Buenos Aires, Primavera de 1995, pp. 127-139.

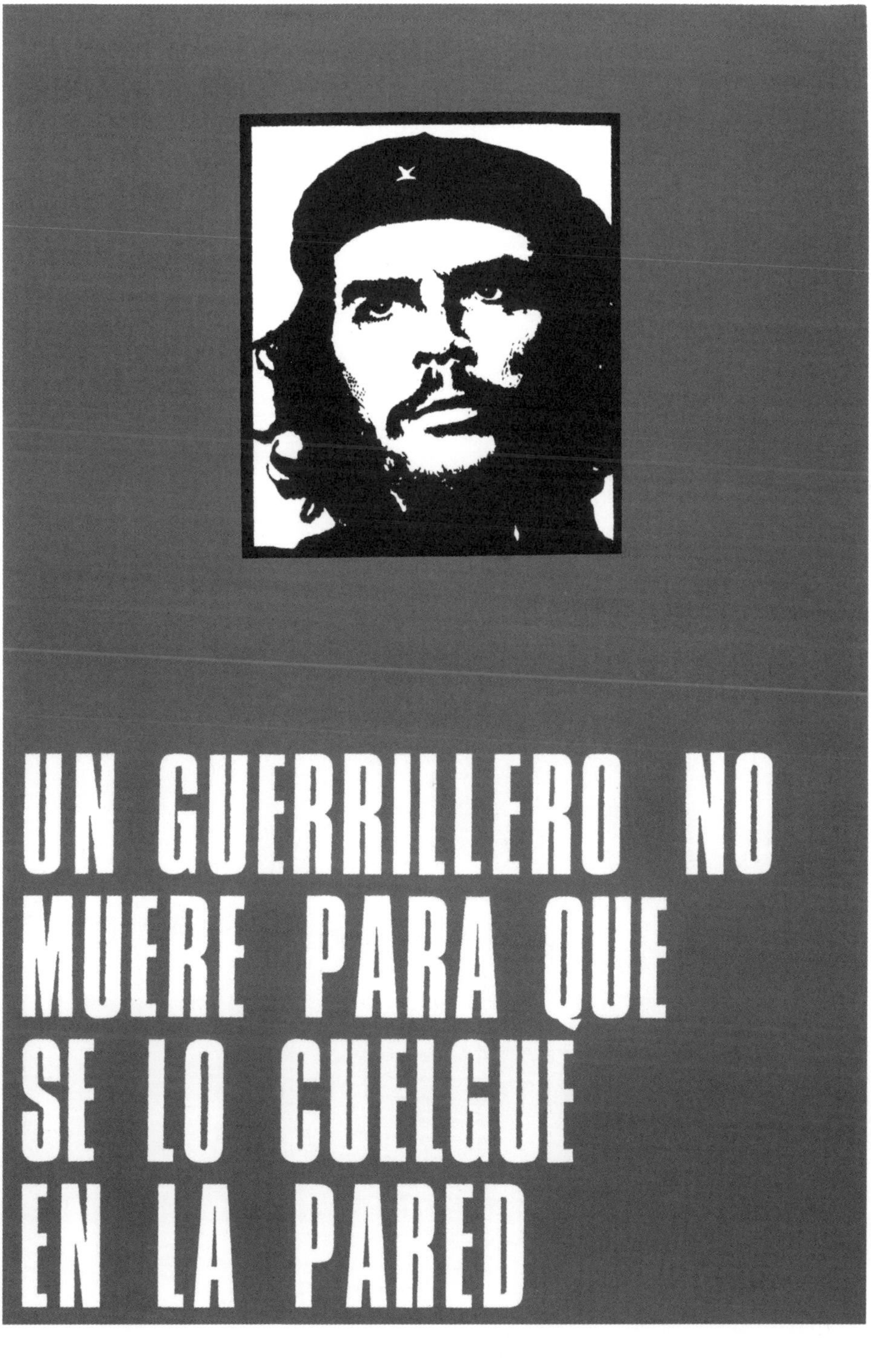

Roberto Jacoby, *Antiafiche*, 1969. Colección privada—Private collection [Cat. 115]

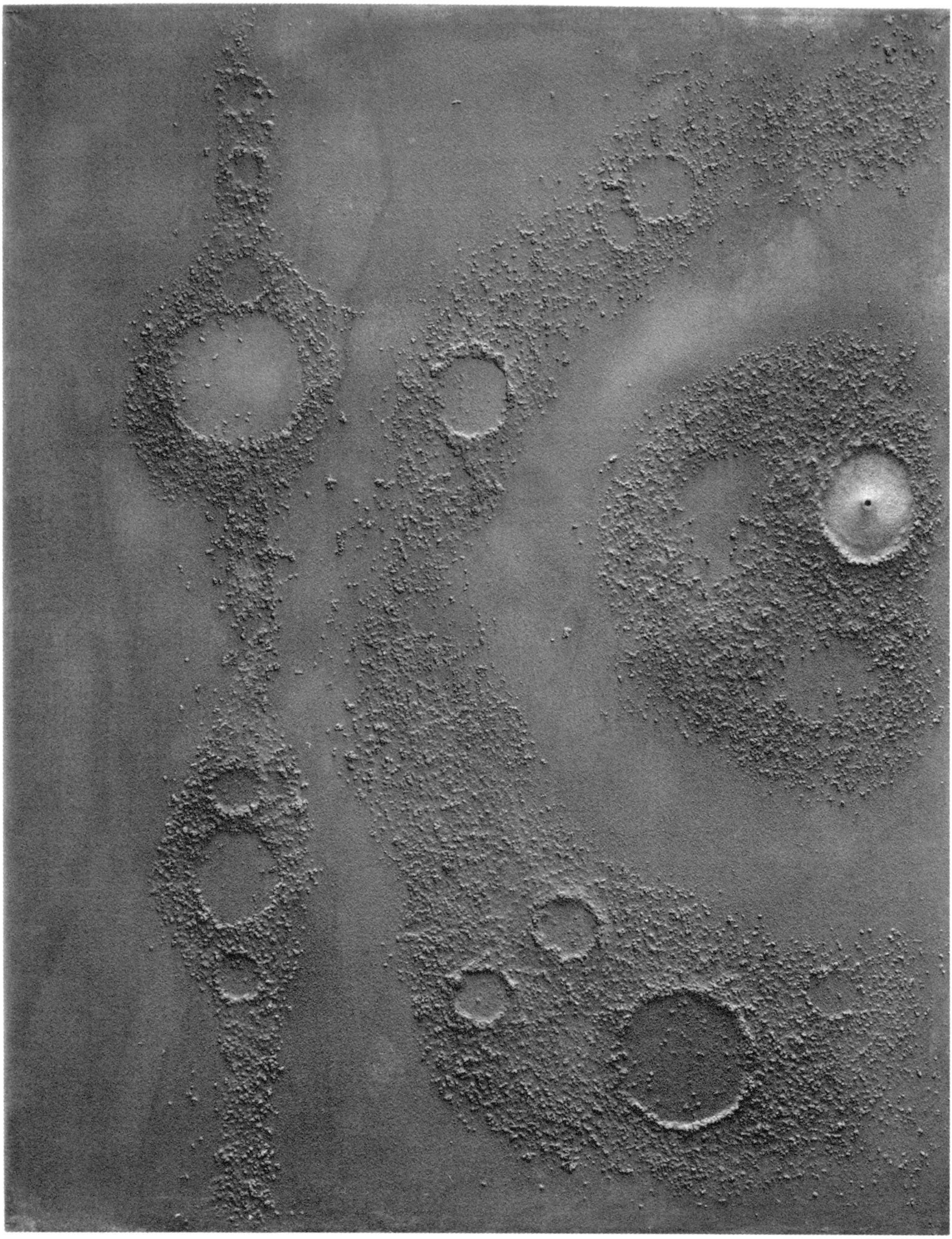

22 **Emilio Renart**, Sin título—Untitled, 1961. Colección particular—Private collection [Cat. 44]

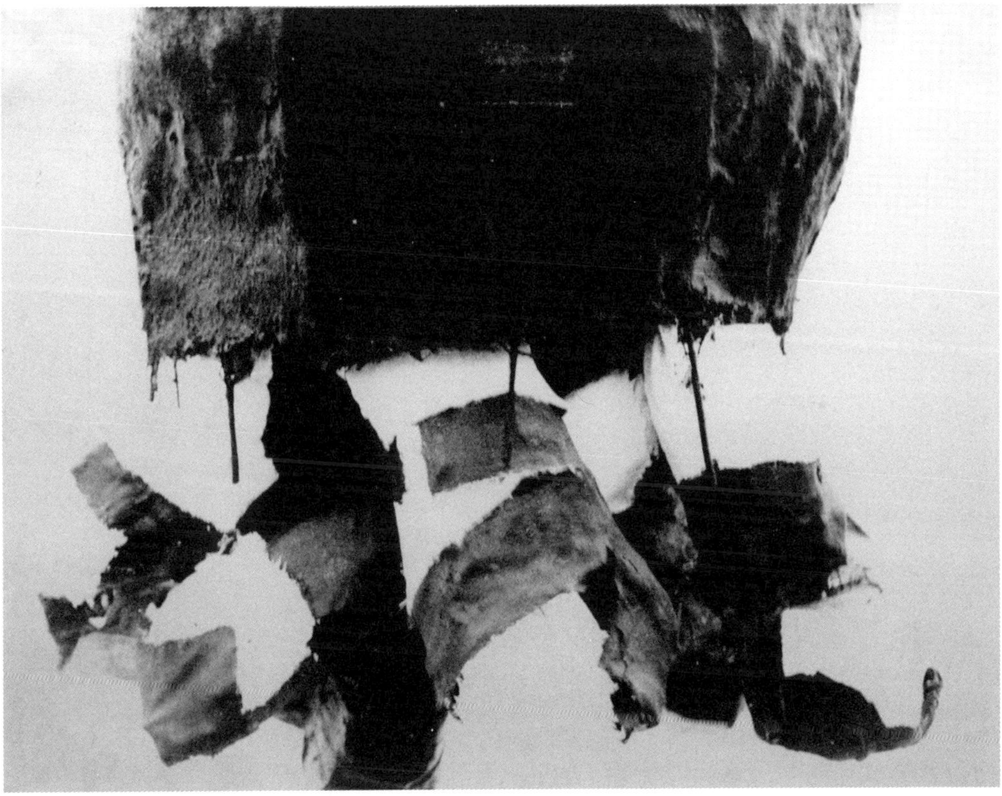

Rubén Santantonín, *Aerocosa n. 1—Aerothing n. 1*, 1963.
Colección particular—Private collection [Cat. 46]

Masotta and His Specters

ANA LONGONI

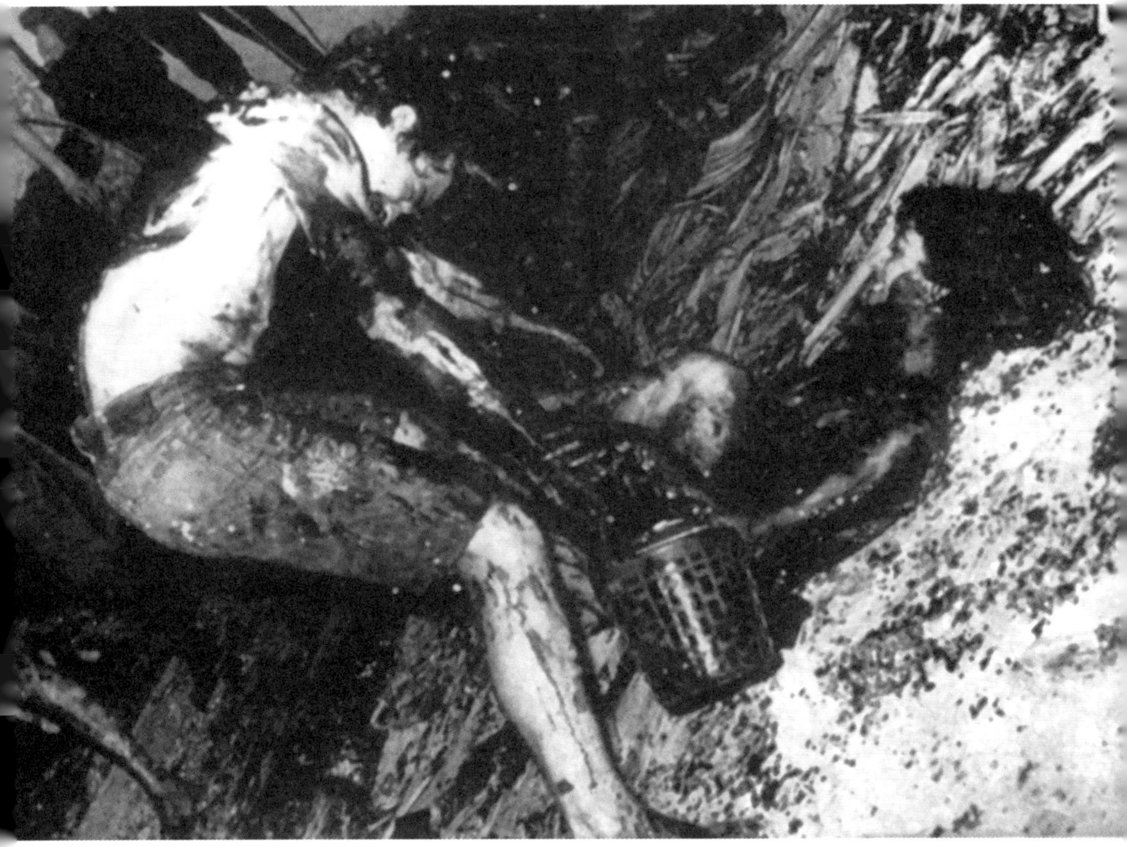

Carolee Schneemann, *Meat Joy*, repetida en el ciclo—reenacted in the cycle "Sobre Happenings", Buenos Aires, 1966. En la imagen—In the image: Gioia Fiorentino y—and Roberto Plate. Foto—Photo: Santt. Cortesía de—Courtesy of Roberto Jacoby [Cat. 66]

Today, November 8th, 2016, the French filmmaker and theorist Eric Bullot—with whom I recently spoke about the planned exhibition on Masotta's work—sends me a find: in an experimental Spanish film, *El lobby contra el cordero* [*The Lobby Against the Lamb*], shot between 1967 and 1968 by Aragonian director José Antonio Maenza, the book *Happenings* makes an appearance, written by Oscar Masotta and others and edited in Buenos Aires by Jorge Álvarez with a limited print run. An unobtainable book in a likewise unobtainable film.

It is a silent film, shot in Zaragoza, in which books appear at various intervals: books that are read, touched, covered in burnt matches. In one sequence a man, of whom we see only his arm, brushes past—and so caresses—books in a bookshop, pausing for a moment at *Happenings* before choosing the book he will go on to steal, concealing it inside his clothes.

Maenza sought to shoot "a film never intended to be finished."[1] In his next experiment, he filmed with the camera chassis empty: "Those who took part in the shoot were not told that the camera had at no point been loaded with film." This is the most surprising feature of this unexpected remnant: an experience that brings cinema into the field of the 'happening' and engages in dialogue (not by pure affinity or coincidence, we now know, but by dint of connection) with the contemporary ideas being produced at the same time by Masotta and the Media Art group around dematerialization (proposing to abolish the book and calling for the dissolution of art in social life). Two radical peripheral—or rather, decentralized—laboratories, operating in contexts of repression (the Argentinian artistic avant-garde under the Ongania dictatorship and the Spanish cinematographic vanguard in late Francoism), whose experiences were for too long forgotten until, in a sudden revelation, they appear to intertwine.

Lately, these revelations have been occurring to me often, inmmersed in the figure of Masotta. It is as though a specter had been invoked, after decades of silence and omission, and its capacity to provoke and connect distant scenes had multiplied.

—

1— Marcelo Expósito, presentation of the screening of *Hortensia/Beance* by Antonio Maenza, December 12, 2008, as part of the film cycle dedicated to Pere Portabella by the Bilbao Fine Arts Museum. Consulted at marceloexposito.net/pdf/exposito_maenza.pdf.

***

More than three years ago, Cuauhtémoc Medina proposed me a (new) challenge: to organize an exhibition on the intellectual itinerary of Oscar Masotta. Since the beginning, the idea was to center it not only on his relationship to art, his role as a theorist, promoter and practitioner within the Argentinian avant-garde in the nineteen-sixties, but on his manifold and polymorphous capacity for (always disruptive) intervention in fields such as literature, politics, the comic strip, artistic experimentation, psychoanalysis, etc.

Provocatively, Masotta defined himself in the fifties as an existentialist-Marxist-Peronist (an impermissible formulation for the orthodox left, which saw Peronism as a variant of Fascism). In the decade that follows, he explores the connections between political commitment and new theoretical paradigms. While other intellectuals confronted existentialism and structuralism as irreconcilable choices, Masotta synthesized their respective positions in the equation *conscience and structure*: "The philosophy of Marxism must be rediscovered and specified in the modern doctrines (or 'sciences') of languages, structures and the unconscious."[2]

His marginal position in relation to the institutions where he conducted his intellectual activities (the University of Buenos Aires, where he never completed his studies, or the Di Tella Institute where, from the little-known Committee of Adherents, where he shook the scene) and his memorable (not always forgiven) capacity for polemic, together mark out his legacy.

Medina entrusted me with this project on the basis of the book *Revolución en el arte* [*Revolution in Art*] that brought together then-dispersed and untraceable fragments by Masotta on art. When I prepared the book in 2004, I had been researching the political radicalization of the artistic avant-garde alongside Mariano Mestman for more than a decade, a question in which Masotta became an inescapable point of reference for us. However, we were surprised by his omission from accounts of art in the period. He was recognized as a literary critic (I began reading him in a

—

2— Oscar Masotta, "Roberto Arlt, Myself", in this Folio, p. 170.

literary theory course as part of my Literature degree during the eighties) or as someone who introduced Lacan to Latin American and Spanish audiences (a weighty attribute in the powerful sphere of Argentinian psychoanalysis). We were facing two distortions. On the one hand, his areas of activity remained disconnected, dissociated. On the other, his place as a driver, theorist and practitioner within the artistic avant-garde, as well as his having been the first to attend to the objects of mass culture, in particular the comic strip, had been all but erased.[3] The tension provoked by his multiple condition as theorist and producer, promoter and practitioner, is made explicit by him at every turn, conscious as he was of the disquiet it can induce.

Twelve years after the publication of that book, the situation is now quite different: certain initiatives[4] sparked international interest in Masotta's essays and artistic works, generating an invigorating mix of approaches of various different orders. In recent years his theoretical outputs as well as his artistic interventions have been reexamined, in particular his 'happenings' and media works produced in 1966.

In 1965, Masotta gave two talks at the Di Tella titled "Pop Art and Semantics," exploring the correlation between the two fields.[5] "He does not limit himself to introduce American pop; he also traces the outlines of an aesthetics,"[6] says Beatriz Sarlo. Masotta writes about pop without ever having traveled outside Argentina; that is, without any direct contact with many of the works he analyzes. He knew them only through photographic reproductions in magazines or books and through slides lent to him by Jorge Romero Brest. At the same time, he defends the specificity of the Argentinian avant-garde. Local references include Greco, Santantonin,

—

3— Masotta's interest in comic strips has produced two books and three editions of the journal *LD/ Literatura Dibujada*. He was also behind the first Bienal de la Historieta at the Di Tella in 1968.

4— I would emphasize in particular the book edited by Inés Katzenstein, *Listen Here Now! Argentine Art of the 1960s*. New York, MoMA, 2004.

5— Published two years later in book form: Oscar Masotta, *El pop-art*. Buenos Aires, Columba, 1967.

6— Beatriz Sarlo, *La batalla de las ideas*. Buenos Aires, Ariel, 2001, p. 96.

Minujín, Puzzovio, Squirru, Stoppani, Renart, Wells and Maza, whom he names "the Argentine image makers."

In 1966, following one of Masotta's seminars, his friends Roberto Jacoby, Raul Escari and Eduardo Costa founded the Media Art group. They depart from the idea that mass media are themselves capable of constituting events. The group's first undertaking, recognized today as the origin of the conceptual developments of contemporary art, was the *Antihappening*: the invention of an event (a "happening" that had never before taken place) that existed only in the form of its media coverage.

Spurred, perhaps, by the fact that "in a country where everyone speaks of *happening* without having seen much, it didn't seem a bad idea to make one," Masotta organized a cycle of happenings at the Di Tella. In the first one, *Para inducir al espiritu de la imagen* [*To Incite the Spirit of the Image*], he returns to a happening by La Monte Young that had impressed him months earlier in New York: "one was buffeted and enveloped by a deafening, continuous noise" that provoked "a forceful restructuring of the total perceptual field." After saying a few words, with his back to the public, and emptying an extinguisher, Masotta leaves the public for an hour[7] in front of twenty men and women (between forty-five and sixty years of age),[8] theatrical extras dressed as "the poor," who exposed themselves to being watched while brightly lit, "with a very sharp sound, at a very high, deafening volume," "mottled atop a platform." Masotta—who clarified to the public that these people would allow themselves to be peered at for a price exceeding that stipulated at the outset, while the public could see them after having paid an entry fee—defined his happening as "an explicit act of social sadism."[9]

—

7— La Monte Young's happening lasted five hours, and Masotta considered reducing the experience to two hours, though he finally halved it, a decision he later recognizes as a mistake: "I was more interested in the meaning of the situation than in its facticity, its concretion." (Oscar Masotta and others, *Happenings*. Buenos Aires, Jorge Álvarez, 1967, p. 169).

8— Masotta had planned to bring together between thirty and forty people of "lumpen" origin: beggars, street vendors, delivery boys. (*Ibid*., p. 168).

9— This happening bears a resemblance to *La familia obrera* [*The Working Family*] by Oscar Bony (1968) and includes experiences that have characterized the work of Spaniard, Santiago Sierra, for some years.

Masotta's second happening, *El helicoptero [The Helicopter]*, takes shape in two parallel instances. The public are divided into two groups on arrival at the Di Tella Institute, and are then moved to two different places: an abandoned train station in Olivos, in the northern section of Greater Buenos Aires, and a theater in the center of the capital. While the second group experiences a serie of confusing situations in the style of the "old happenings," the first wait for an hour without anything notable taking place. Suddenly, a helicopter hovers low over the place, carrying a well-known actress who waves to those present, then leaves. A few minutes after the helicopter episode, the remaining spectators arrive at Olivos.

Only half of the public had seen the helicopter. An apparent mistake put down to lateness had in fact been carefully planned so that part of the audience only had access to the occurrence by means of the story told by the rest. An inquiry into oral communication, "direct, face to face, reciprocal and in a single place."

Seeking to contrast the genres of happening and media art, shortly afterwards Masotta presented *El mensaje fantasma* [*The Phantom Message*], consisting in the televised transmission of a street poster put up days earlier in a central area of the city. The poster announced only that the same placard would be televised at a set date and time: the conundrum was revealed as an "end without end."

Also at the Di Tella, in that same intense year of 1966, Masotta and a group of artists arranged the cycle "Sobre happenings" [On Happenings], which consisted in bringing together fragments of happenings that had already occurred at other points across the globe. Using written or oral accounts and some scripts, they drew on happenings by Carolee Schneemann, Claus Oldenburg and Kirby. The idea was not to repeat happenings that had already taken place but to "produce, for the public, a situation similar to that experienced by archeologists and psychoanalysts."

***

Theorists, curators and artists are discovering in Masotta a hotbed of ideas and fertile experiences that not only add complexity to the history of the artistic avant-garde in the sixties but also enables them to consider the current drift of art and politics through resonances, anticipations, cul-de-sacs and failed or interrupted paths.

I will refer to some expressions of this abrupt (re)discovery. The formidable essay, "Looking at the Sky of Buenos Aires," which the Franco-Mexican writer, cineaste and researcher Olivier Debroise was writing in 2008—the year of his death, all the more cruel for its untimeliness—begins with the image of the public waiting for the helicopter to arrive during Masotta's 1966 happening in order to connect the contributions of the Argentinian avant-garde to the transformations of contemporary art.[10]

The North American curator, Juli Carson, together with the multimedia artist, Bruce Yonemoto, has put forward a reading of *El helicóptero* in Lacanian code, in an exercise that resulted in an installation within the exhibition *The Symbolic Landscape*.[11] The Spanish artist, Dora Garcia, has been promoting her project *Segunda Vez* [*Second Time*] since 2014, a project "that uses the figure of Oscar Masotta as the trigger for an investigation on art, politics and psychoanalysis," in the framework of which Masotta's happenings are repeated in San Sebastian, Buenos Aires, Brussels, Oslo and other cities. For his part, the French curator Pierre Bal Blanc undertook the conference-performance "Yo cometi un *happening*" [I Committed a Happening] at the MALBA in Buenos Aires, splitting the money he received for the talk amongst those in attendance, and a new edition of *Happenings* (translated to English) has been proposed in the framework of the next documenta 14 in 2017. The Argentinian collective Un Faulduo explore Masotta's pioneering intervention in the world of comic strip in performances, fanzines and a recent book.[12]

Carlos Masotta (a distant nephew of the author) has been working for some years on a film titled *No conocí a Oscar Masotta* [*I did not know Oscar Masotta*] and, together with Mario Camara, organized the workshop "Seis intentos

—

10—The complete version was published in this Folio, p. 84

11— At the University Art Gallery at the Claire Trevor School of the Arts, Los Angeles, 2013.

12— *La historieta en el (faulduo) mundo moderno*. Buenos Aires, Tren en movimiento, 2015.

frustrados para olvidar a Oscar Masotta" [Six Frustrated Attempts to Forget Oscar Masotta] in 2015 at the Biblioteca Nacional de Buenos Aires. In the same year, Federico Baeza and Fernanda Pinta began the cycle "Archivo oral de arte latinoamericano" [Oral Archive of Latin American Art] with the conference "Yo mismo, Oscar Masotta" [Myself, Oscar Masotta] (at the Museo La Ene, Buenos Aires), taking up the renowned autobiographical text with which Masotta presented his book on Roberto Arlt in 1965.[13]
Connected or coincidental, these different initiatives (from a list that is surely incomplete) reveal the existence of a Masotta-symptom whose drift it is too early to gauge.

***

How to set out an exhibition on Oscar Masotta? We began with a story to tell, or rather, several rough and dazzling stories, full of unlikely myths and furious polemics. But were there materials to sustain a consistent curatorial discourse? Far more than I could have imagined when I accepted the challenge, this last phase of research rent open gaps and threw up unexplored suggestions.

The involvement of Cloe Masotta, only daughter of Oscar, in the project, conducting a set of filmed interviews with different people in Spain and Argentina who had been linked with her father, meant much more to me than simply gathering new testimonies. It meant witnessing the discovery of a powerful affective map. Each interviewee shared treasured documents with us: framed photographs that took pride of place in their everyday landscapes, letters, publications, unpublished texts, and above all, stories, traces that swelled an unexpected archive.

During this process, letters written to his mother from exile emerged, first those sent from the boat, then from London and later Barcelona: nostalgia for tastes and affections, concern about the political persecution of their friends, economic hardships, the birth of his daughter.

The paintings he produced from the fifties onwards also emerged, showcasing a sensitive abstraction similar to the

—

13— Oscar Masotta, "Roberto Arlt, Myself," op. cit.

drawings on the dustcovers in which he wrapped certain copies of his books as gifts for friends: the artisanal nature of those thick, colored lines, transforming parts of the industrial print run into unique and personal objects. (Susana Lijtmaer insists these should not be considered works but rather "thinking exercises").

His early incursions into literature, too, emerged: fragments of an unfinished novel (*Los muertos* [*The dead*]) dedicated to David Viñas, and three poems published in 1961: "Jean Wahl," "Soledad" [Loneliness] and "Hegel y los psicólogos" [Hegel and the Psychologists].[14]

On remembering his young friend, a vivid image returned to Juan Jose Sebreli of the pianist playing Gershwin and even the tango singer. In Roberto Jacoby's account emerged the story of the red sports car Masotta managed to get Torcuato Di Tella to gift him, and which he crashed a few days later. In the testimony of Jorge Lafforgue (2005), we find confirmation of the urban legend surrounding the alligator kept as a pet by Masotta and Rene Cuellar in their flat on Pueyrredon Avenue.

A receipt from the London designer Burberry was found, where Masotta ordered a suit in (at a guess) Scottish tartan. Another sign of his dandyism, which took the form of a studied slovenliness. Anecdotes also emerged surrounding the well-known photograph in which Masotta, Carlos Correas and Sebreli, very young and striking studied poses, converse and smoke cigarettes in a café after seeing, for the tenth time, "Nido de Ratas" [Rats Nest].

A record came up of the piece of writing he asked his sixth-grade pupils (who were twelve years of age) to complete on the theme "God or Perón," in the midst of the so-called burning of the churches, at a public school where he taught for a few months in 1954. The unknown "Celestial Manifesto" emerged among internal documents belonging to the first Comic Strip Biennial, showcasing a discursive genre valued by the avant-garde in order to strengthen the formation of a specific field of comic strip worldwide.

The debate on pornography between Argentinian and Spanish intellectuals at Masotta's Barcelona home

—

14— Juan Carlos Martelli, *Antología de poesía nueva en la República Argentina*. Buenos Aires, Anuario, 1961.

also emerged, in what was perhaps his last intervention. Also emerged the testimony of the Franco-Argentine linguist Sophie Fisher, who acted as interpreter in the only meeting between Lacan and Masotta in Paris in 1975.

This long list of emergences goes on and on. Last but not least, in 2015 I gave a seminar on political poetics in Latin America at the Independent Studies Program [Programa de Estudios Independientes] of the MACBA, Barcelona, to a group as critical as it was enthusiastic, which included Cloe Masotta (a happy encounter). My days there coincided with the staggering show curated by Valentin Roma, which made public for the first time the complete visual production of the Argentinian writer, Osvaldo Lamborghini, who lived out his final years as a recluse: the original proofs of the book *Teatro proletario de camara* [*Proletarian Chamber Theater*], an ample collection of photo-collages and annotated notebooks, all scrawled and sticky, drawing from and intervening books, porno magazines and fanzines. Another submerged treasure, kept for decades under a bed. These materials make up a caustic and not at all celebratory account of the years following the dictatorship, the Spanish transition pact, the unrest and urban transformation that began to take place in Barcelona. At the same time, they are a raw record of the experience of exile, of enclosure as the exile's chosen vantage point, of his sparse connections. And it is full of sarcastic notes on Argentinian politics (for example, he transforms the motto of syndicalist Augusto T. Vandor, "Peronism without Perón," into "Peronism without Vandor," following his assassination in 1969). Masotta's name shows up here and there amongst the collages and notebooks. The lists of friends or interlocutors that Lamborghini had sought. The regret after not having found it there (those two years between the death of one and the arrival of the other). Both share the capacity to turn marginality into a productive condition, and their biographies suffer the effects of a displaced parallel: Lamborghini was born ten years later in the same city as Masotta, Buenos Aires, and died ten years later also in the same city, Barcelona. Lamborghini's account of a previous (missed) encounter with Masotta, in the middle of the sixties, speaks volumes about their tense, specular relationship:

> One afternoon Masotta gave me his diagnosis.
> We were in the hall at the Di Tella. I think on that occasion I ended up irritating him with my inane humor, and he said to me: "In you, bad faith is the *center of gravity*, down with you. For true writers, on the other hand, bad faith takes on the value of a tool: a blade, which they use to pierce the surface and, at the same time, to avoid getting trapped: they can go on infinitely, *displacing themselves*. Why don't you go just a little to hell?" Embarrassed, (but) without letting the chance slip by to admit it while catching him out, I responded: "Because I can't, I can't displace myself, have you not perhaps just told me that yourself?" The truth is that after that day, he gave me back all the texts I'd brought him to read: *not a single word.* He understood that even that modicum of credit, Not A Single Word, which he had once given me, contributed to the entanglement and confusion: Oscar had not the slightest soft spot for rogues.[15]

***

Why "Theory as Action"? In Media Art, Masotta glimpses an avant-garde whose production is potentially "susceptible to receiving revolutionary political content." He predicts the resistance of media works to becoming exhibitable or archivable residues: they are an order of objects possessing a social materiality that exceeds the limits of the work of art as conceived in Modernity. "They will not be objects of the archives of the bourgeoisie but rather issues of post-revolutionary consciousness."

The naming of a politically revolutionary artistic praxis, potentially outlined in Media Art, also joins Masotta's wager for the theoretical renewal of Marxism. In the prologue to *Conciencia y estructura* [*Consciousness and Structure*] he warns the reader against finding an intellectual "evolution" in the compilation of his essays that would decouple his old political commitments from his current interests:

> I have not evolved from Marxism to 'pop' art; nor, concerning myself with the works of 'pop' artists, am I betraying or

—

15— Osvaldo Lamborghini, *Novelas y cuentos I*. Buenos Aires, Sudamericana, 2003, p. 162.

> negating or abandoning my Marxism of yesteryear… On the contrary, concerning myself with this new, living tendency in the most contemporary of artistic production, is a way of staying faithful to the voids, the demands and the necessities of [Marxist] theory.[16]

In spite of the fact that Masotta never stopped defining himself as a Marxist, his link with the partisan left was a tense one insofar as his intellectual activity did not square with the then-dominant models of the (Sartrean) "committed intellectual" or the (Gramscian) "organic intellectual." Against the grain of the anti-intellectualist trend that, as the decade of the sixties ran on, insisted on a movement towards direct action as the only means of militant political commitment, he insisted on (for himself and for intellectuals in general) a fundamental theoretical role in the historical process. He emphatically defends thought and theory as the specific labor of intellectuals in the context of the revolutionary feat.

The incidence of Masottian ideas and Media Art in the movements immediately following the Argentinian avant-garde, in particular its rapid process of political radicalization throughout 1968—which culminated in the renowned collective undertaking, *Tucumán arde* [*Tucumán Burns*]—can be seen in the diagram produced for this exhibition by the Argentinian artist and researcher Guillermina Mongan (accompanying this book as a fold-out).

Tucumán arde (1968) was an attempt (cut short as a result of direct dictatorial pressure that led to its interruption and brought about the artists' decision to dissolve the groups, abandon artistic production and in several cases adopt militant tactics) to undertake a counter-informational act to dispute official narratives of the crisis in the northern province of Tucumán, as circulated in the mass media.

In the same series of artifacts disputing political interventions in the mass media, we can situate the Anti-Poster produced by Jacoby in 1969, which circulated as part of the semi-clandestine publication *Sobre (la cultura de liberacion)* [*On (the Culture of Liberation)*]. It is an awkward artifact: a poster that asks not to be used as such. It is also a call to

—

16— Oscar Masotta, prologue to *Conciencia y estructura* (1968), in Ana Longoni, *Vanguardia y revolución*, Buenos Aires, Edhasa, 2014, p. 316.

action: the death of a guerrilla fighter only makes sense if others continue his or her struggle. Though the most surprising element of this anti-poster is the anticipation with which it proposes, so shortly after the murder of Guevara in Bolivia, an incisive critique of the appropriation of his image by the media and his swift conversion into a pop icon.

But what became of these potentialities? Why were the political possibilities of Media Art not taken up by leftist movements of the time? Or, as Jacoby wondered the first time we spoke, at the beginning of the nineties:

> Why was media art contained [...] in a kind of limbo? [...] People didn't do politics with a mind to the existence of communications media. [...] It's not that they didn't consider the use of communication but that they didn't comprehend how mass media generates events, determines people's behavior, shapes reality. [17]

Paradoxically, the culture industry and the political establishment were the ones that quickly learned the lesson of the power of media to generate events. What remains is to examine the conceptions held since then by the left, not only regarding the role of art in the revolutionary process but also the possibility to dispute and contest power in the terrain of mass media and the culture industry. The experiences of counter-information and alternative communication, even the use of symbolic strategies in political action, attest to the fact that during those years that question (now inevitable) had already begun to be posed.

—

17— Interview with Roberto Jacoby, 1991, in Ana Longoni and Mariano E. Mestman, "Masotta, Jacoby, Verón: Un arte de los medios de comunicación de masas," *Causas y azares*, year ii, no. 3, Buenos Aires, Spring 1995, pp. 127-139.

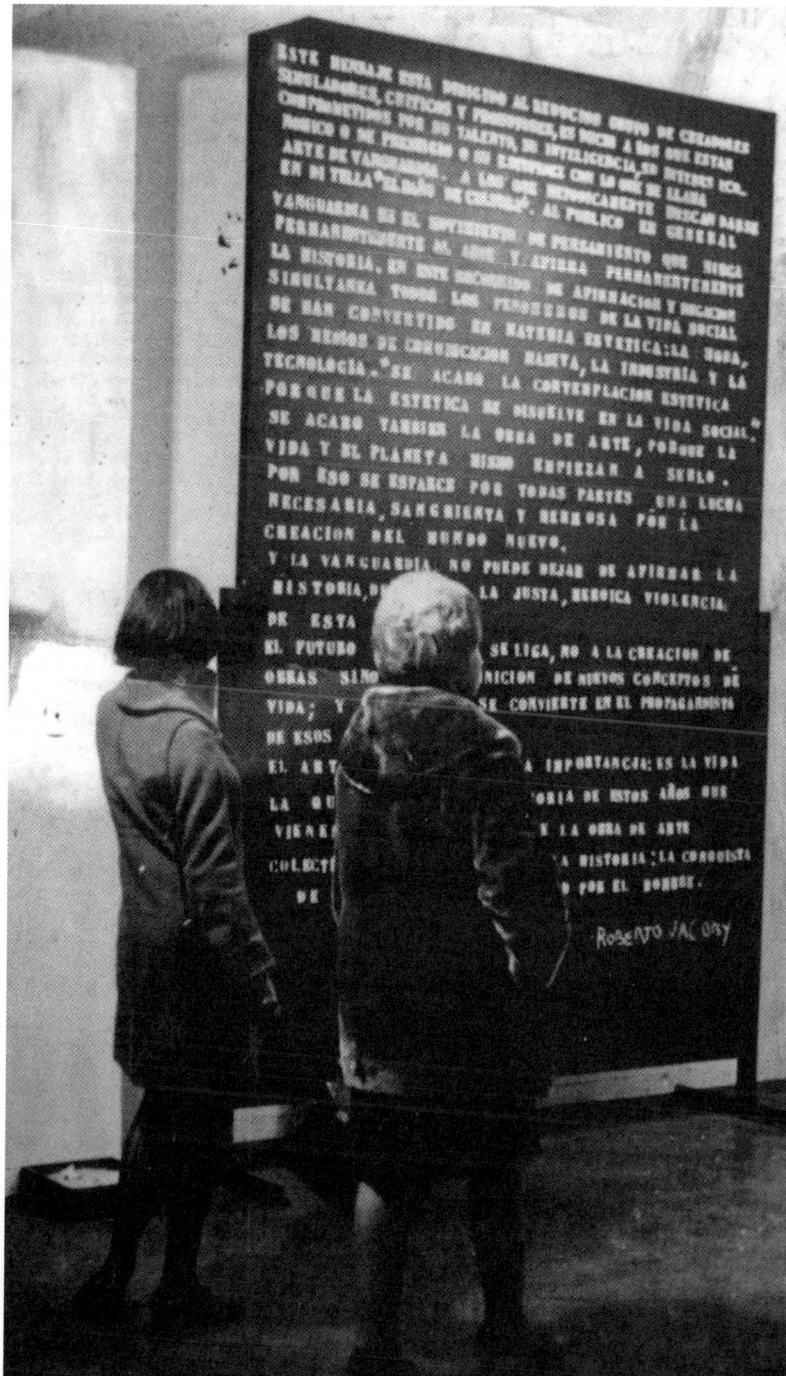

Roberto Jacoby, *Mensaje en Di Tella*, Buenos Aires, 1968

Historia de una transmisión

CLOE MASOTTA

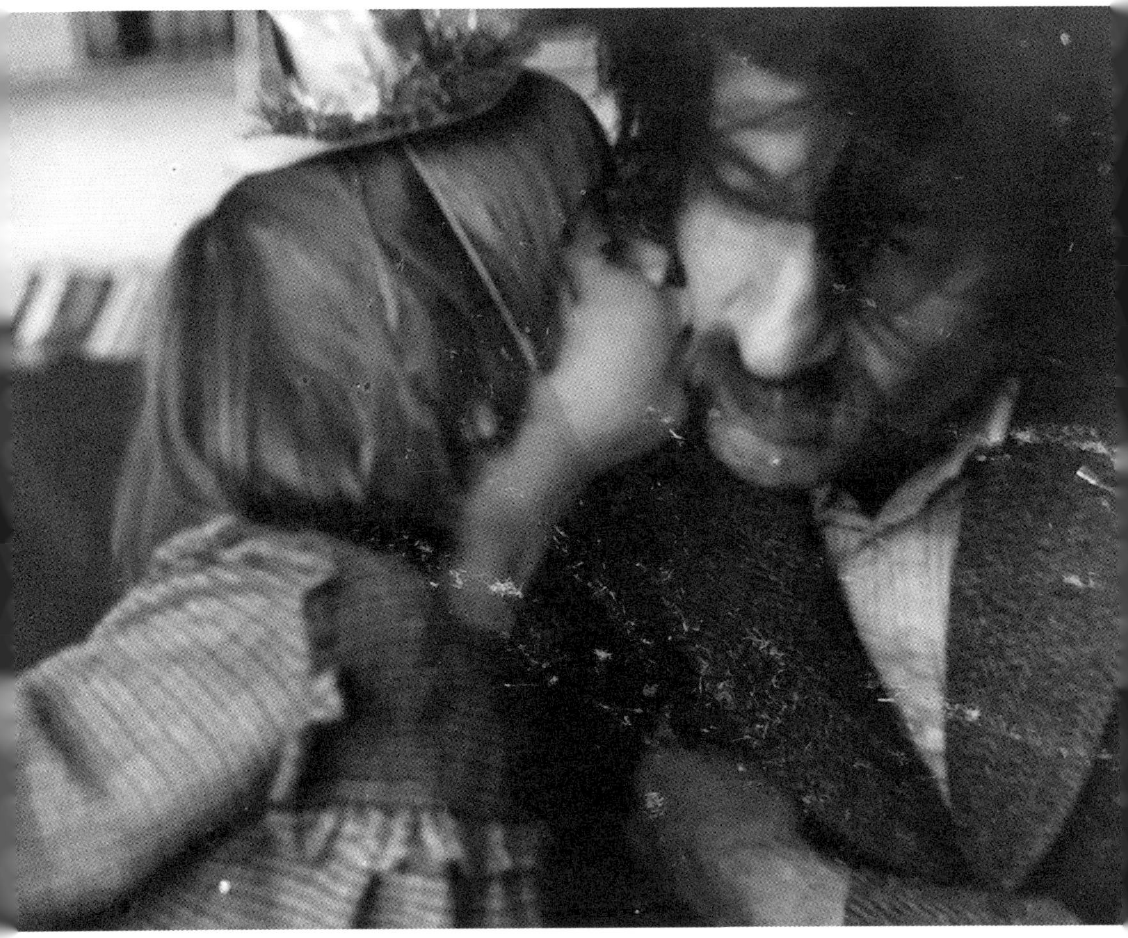

Fig. 4: Oscar y—and Cloe Masotta, Barcelona, *ca*. 1978. © Cloe Masotta

Barcelona, 10 de noviembre de 2016
Yo nací el 13 de febrero de 1977 en Barcelona. El 14, mi papá, Oscar Masotta, le escribe una carta a mi abuela Teresa, fechada un año antes.

Baile de números, baile de haches en mi nombre, que no la lleva, y baile también en el nombre de la clínica. Esto es algo que hoy encuentro encantador dado que es precisamente hacer danzar al lenguaje aquello a lo que, desde mi punto de vista, él se dedicó. Su vocación.

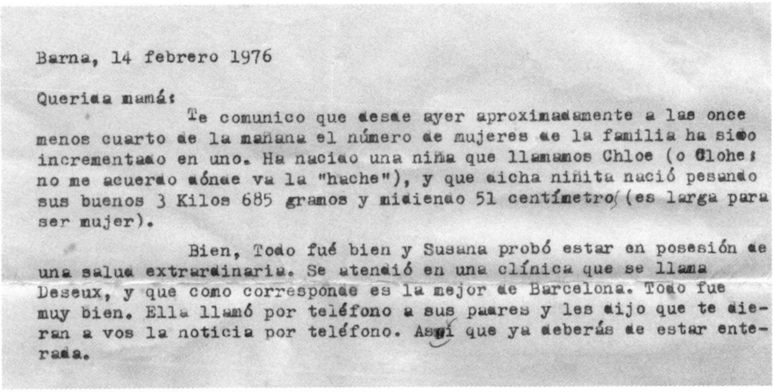

Barna, 14 febrero 1976

Querida mamá:

Te comunico que desde ayer aproximadamente a las once menos cuarto de la mañana el número de mujeres de la familia ha sido incrementado en uno. Ha nacido una niña que llamamos Chloe (o Clohe; no me acuerdo dónde va la "hache"), y que dicha niñita nació pesando sus buenos 3 Kilos 685 gramos y midiendo 51 centímetros (es larga para ser mujer).

Bien, Todo fué bien y Susana probó estar en posesión de una salud extrardinaria. Se atendió en una clínica que se llama Deseux, y que como corresponde es la mejor de Barcelona. Todo fue muy bien. Ella llamó por teléfono a sus padres y les dijo que te dieran a vos la noticia por teléfono. Así que ya deberás de estar enterada.

Fig. 1: Carta de Oscar Masotta a su madre anunciando el nacimiento de Cloe—Letter from Oscar Masotta to his mother announcing Cloe's birth, 1976 [Cat. 151]

Dos años y medio más tarde, el 13 de septiembre de 1979, mi papá muere en Barcelona de un cáncer de pulmón.

No conservo, a nivel consciente, ningún recuerdo ni impresión de aquellos escasos años en que lo conocí.

De niña, mi madre, Susana Lijtmaer, colgó en mi habitación una fotografía de él en blanco y negro, que no sé en qué momento dejó de estar ahí.

Crecí sin preguntar mucho por él, y empecé a construir su imagen a partir de las fotografías de dos álbumes familiares, uno granate y otro verde oliva, que han estado siempre guardados, llenos de polvo, en los pesados cajones de una cómoda antigua de madera y mármol. Poco más.

Ha sido con motivo de la exposición *Óscar Masotta: la teoría como acción*, comisariada por Ana Longoni en el MUAC que, después de muchos años de acercarme o alejarme, siempre con dificultad, a un relato ausente, he empezado a preguntar y a investigar su historia, ¿mi historia?, enredándome en ella a través de una serie de encuentros y entrevistas filmadas en España y en Argentina, con la colaboración de Andrés Duque. [Fig. 2, p. 45]

Dudo que sin él hubiera podido reunir el mismo coraje que hoy me impulsa a escribir este texto que se desarrolla en el presente inmediato de la escritura que me ocupa, y el tiempo suspendido de algunos fragmentos de un diario, de apenas cuatro o cinco páginas, que empecé a escribir hace dos años.

Historia de una transmisión

El 24 de diciembre de 1974 Oscar Masotta, mi padre —mi papá— desembarca en Barcelona. Desde allí escribe a Teresa, su madre —mi abuela— una carta "aún en papel de barco".

En 2014 conozco a Ana Longoni, quien, en unos meses, va a ser mi profesora en el Programa d'Estudis Independents en el MACBA. Me ofrece la posibilidad de participar en una exposición que está comisariando, que unos meses más tarde encontrará su título definitivo: *Oscar Masotta. La teoría como acción.*

Entrevistar a aquellos y aquellas que lo conocieron, amigos y amigas, artistas con los que colaboró, alumnos

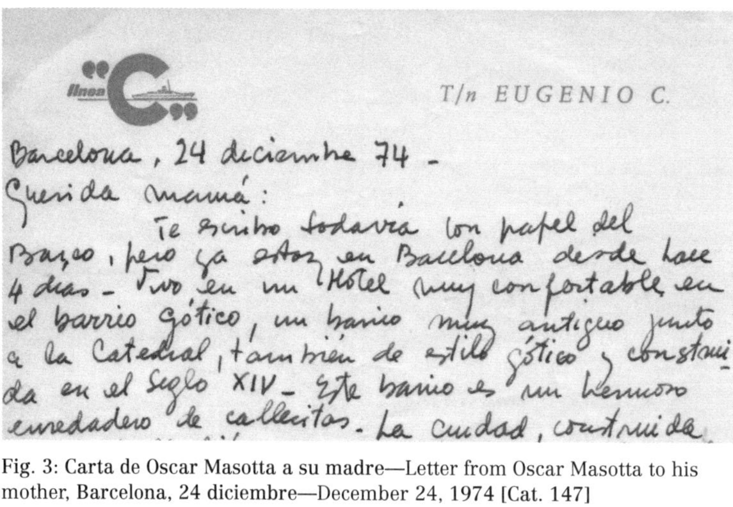
T/n EUGENIO C.

Barcelona, 24 diciembre 74 -
Querida mamá:
Te escribo todavía con papel del barco, pero ya estoy en Barcelona desde hace 4 días - Vivo en un Hotel muy confortable en el barrio gótico, un barrio muy antiguo junto a la Catedral, también de estilo gótico y construida en el Siglo XIV - Este barrio es un hermoso enredadero de callecitas. La ciudad, construida

Fig. 3: Carta de Oscar Masotta a su madre—Letter from Oscar Masotta to his mother, Barcelona, 24 diciembre—December 24, 1974 [Cat. 147]

y alumnas... me ha acercado no sólo a la historia de una transmisión sino a la transmisión de mi historia.

La interrupción...

24 de septiembre de 2014
Hace unos días Andrés me dijo "hazte con una libreta, anota todo lo que te venga a la cabeza, sin pensar que otros lo van a leer". Así que aquí empiezo a escribir para volcar en este papel en blanco la angustia que surge al inicio de mi participación activa en la exposición de Ana Longoni. [...]

Hasta ahora nunca quise "entro-meterme" en "los asuntos de mi padre".

Revolviendo mi cuenta de correo de *Yahoo* encontré incluso una invitación a una conferencia que hicieron sobre él en Princeton —si no recuerdo mal— que había olvidado por completo. Me ofrecían alojamiento, tal vez me habrían pagado el viaje. Lo había desalojado de mi memoria. [...]

Me costó mucho ir a comer con Ana Longoni, respondiendo a su invitación [...]

Pero decidí, no sé dónde salió la idea, ni de donde surgieron las fuerzas, hacer una propuesta.

Si algo sé de lo poco que sé es que mi padre, Oscar Masotta, transmitía.

En sus clases, a través de la palabra, ese parece ser que era su don.

Y tal vez mi herencia [...]

(El mismo día, escribo sobre la presentación de Valentín Roma, comisario de la exposición Osvaldo Lamborghini. Teatro proletario de cámara en el MACBA. En ella, en cierto modo, se hizo presente la figura de mi padre).

Soy *la hija de* Oscar Masotta, son mis orígenes... Pero en ellos se cifra una interrupción. Que hasta ahora ha sido silenciosa, pero que tal vez en los meses que vendrán, a medida que haga las entrevistas, se llenará de ruido, o de música.

(Propósito 1: no releeré lo que vaya escribiendo hasta el final de esta aventura. Cada día un salto de página a algo nuevo; avanzaré sin mirar atrás y, al final, sólo al final, volveré sobre mis pasos para reflexionar sobre mi recorrido.)

Lunes 9 de febrero de 2015
17:16.
Hoy Ana Longoni en su clase sobre vanguardias artísticas en la Argentina de los años sesenta, inicia su relato sobre la trayectoria artística de Oscar Masotta.

Y yo escribo esto mientras escucho su clase, el relato de cómo se reunían en el Bar Moderno. [...]

Después de la clase, escribo: Hay interrupciones que pueden suturarse con el relato de otros. Hoy asistí emocionada a la clase de Ana Longoni. Un proyecto empieza.

6 de mayo de 2016
La interrupción también se ha hecho con estas notas dispersas.

Ha pasado más de un año. He iniciado el proyecto con Ana. Junto con Andrés Duque viajamos a Madrid para entrevistar a Carmen Cuñat y Carmen Gallano.

De vuelta a Barcelona entrevistamos a Enric Berenguer y Miquel Bassols.

Falta editar, faltan entrevistas (Pepe Eiras, Vicente Palomera...).

Planeo el viaje a Buenos Aires en agosto con Andrés para realizar el resto de entrevistas.

Además, desde la última vez que escribí, he conocido a la artista Dora García que ha realizado una recreación del *happening El helicóptero* en Tabakalera en San Sebastián, filmado también como parte de su proyecto *Segunda vez*.

Hoy Dora, en un chat de Facebook, me ha invitado a participar en una publicación. Tejer, entretejer, relatar... ir transformando la interrupción en algo distinto, tal vez una suerte de sutura.

Sábado 27 de agosto de 2016
Llegué a Buenos Aires con Andrés el 17 de agosto.

He entrevistado a: Germán García, Oscar Steimberg, Eduardo Costa y Dulce Suaya.

Mañana entrevistaré a Juan José Sebreli.

Jueves 10 de noviembre de 2016
Uno de los encuentros más emotivos que viví en Buenos Aires no estará presente en la exposición, pero quisiera dedicarle unas líneas a dos personas muy cercanas a la

familia y esenciales para comprender la trayectoria intelectual de mi padre: Jorge Jinkis y Sara Glasman.

Ella me vio nacer. La recuerdo en agosto, arriba de unas largas escaleras mirándome con emoción 39 años más tarde.

Él fue un gran amigo de mi padre.

Junto con mi padre, ellos formaron parte del primer grupo de estudio de Lacan.

Con ellos descubrí otra fotografía de mi padre, muy joven, y esto es algo que me llamó especialmente la atención, cómo las distintas personas con las que me cité en Buenos Aires, tenían muchas veces una fotografía de él en sus casas, en sus despachos. Como sucede con aquellos amigos queridos, o aquellos a los que consideramos nuestros maestros.

Sábado 27 de agosto de 2016 (continuación)
Además de entrevistar a diferentes personas cercanas a mi padre, he ido a casa de mi tía Nelly, la casa en la que prácticamente nació mi papá. Y he recuperado una montaña de cartas y fotos que narran el exilio y que estarán también en la exposición.

Sí, soy la hija de Oscar Masotta. Y en este viaje he conocido un poco más a mi padre. Ahora ya más que padre, *papá*.

He aprendido muchas cosas.

Y una de ellas, la más importante de todas, no tiene que ver con su trayectoria intelectual, ni con lo que pensó, escribió, performó...

Está en las fotos, está en las cartas que escribía a mi abuelita.

Mi papá me quiso mucho y yo también a él.

***

A lo mejor hay que hacer un rodeo para llegar a algo así. A una forma. A un relato que empieza, precisamente en unas cuantas fotos viejas.

Familiares. [Fig. 4, p. 38]

Jueves 10 de noviembre de 2016
Hay otra figura esencial en esta historia, que tal vez no aparezca en la exposición, alguien a quien me gustaría evocar en este texto: Marcelo Ramírez Puig.

Mi madre me cuenta que a los dos días de llegar a Barcelona, que mi padre y ella, paseando por el barrio Gótico se encontraron con Marcelo, que tal vez estaba terminando medicina, y a Daniel Melgarejo, amigo de mi padre. Marcelo, que aún no era psicoanalista, se interesó mucho por su trabajo. Poco después, en Barcelona, impulsó y organizó los grupos de estudio de Lacan. [Fig. 5, p. 46]

El mismo rodeo que me ha acercado a mi padre me aproxima en estas líneas a Marcelo, que estuvo siempre presente durante toda mi infancia, ahuyentando los monstruos que acechaban en mi cuarto cuando lo llamaba a altas horas de la noche y me leía en un diccionario la definición de *monstruo* para que entendiera que era un ente irreal; o acompañándome al cine y a las librerías cuando descubría el placer de las imágenes y la lectura.

Marcelo murió el 8 de abril de 1989. Tenía sólo 45 años y estaba editando con Enric Berenguer los cursos de mi padre, que se publicarían en Paidós bajo el título *Lecturas de Psicoanálisis Freud, Lacan*.[1]

Aquí se interrumpe este texto.

Un hiato. Como el espacio entre imágenes, lleno de significado, de la edición de las entrevistas en video.

Una interrupción, que no un silencio.

—

1— Reunión de las lecciones que dictó Oscar Masotta en Barcelona a partir de 1975. Textos ordenados y seleccionados por Marcelo Ramírez Puig y Enric Berenguer. *Lecturas de psicoanálisis Freud, Lacan*. Buenos Aires, Paidós, 1992.

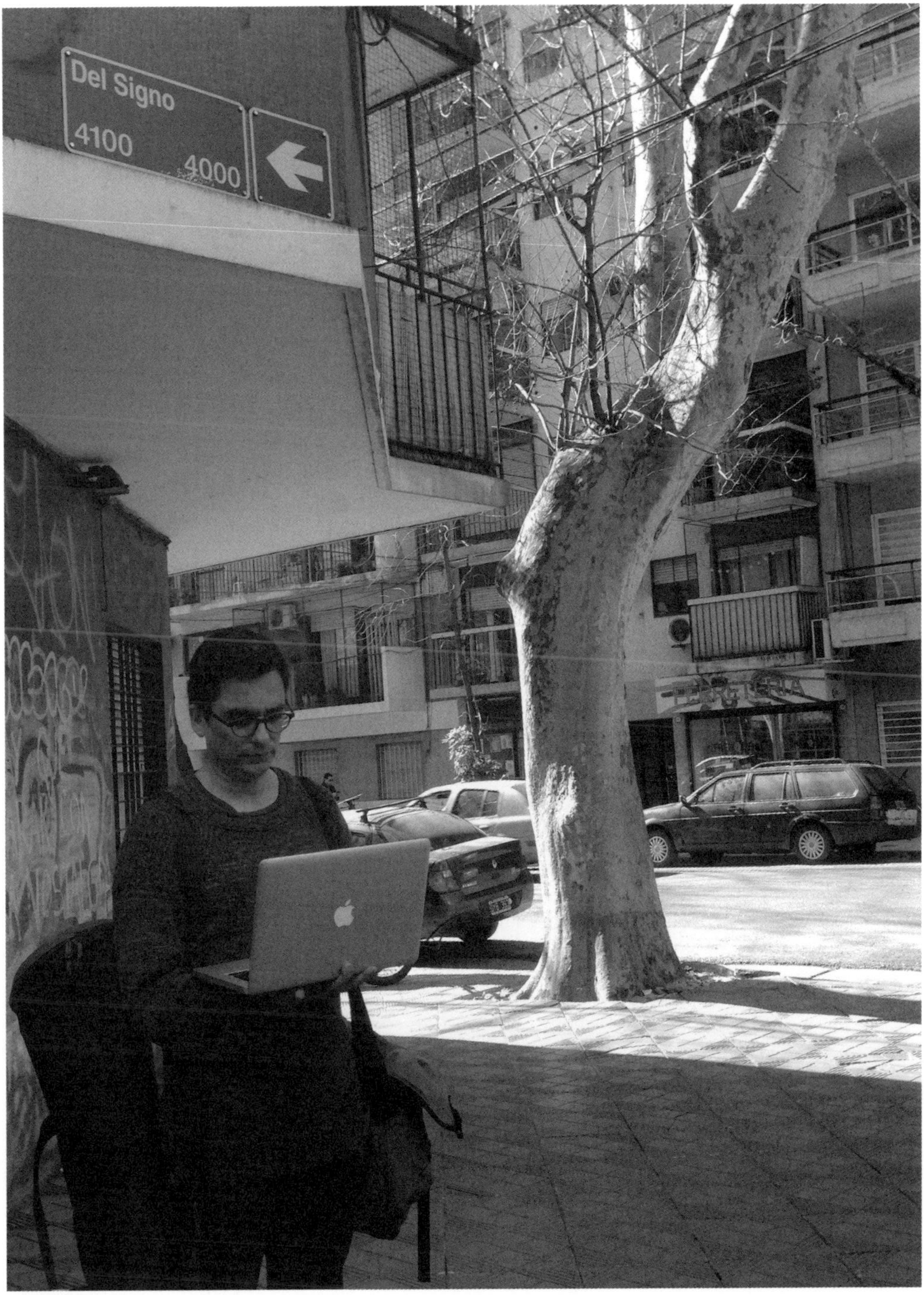

Fig. 2: Andrés Duque

The Story of a Transmission

CLOE MASOTTA

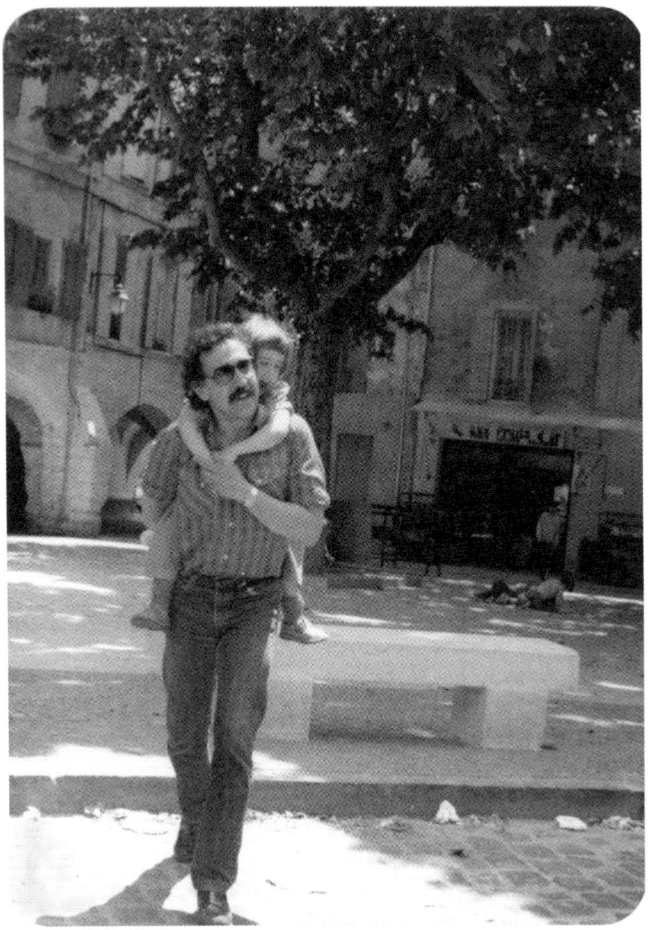

Fig. 5: Marcelo Ramírez Puig y—and Cloe Masotta, Barcelona, *ca*. 1980. © Cloe Masotta

Barcelona, November 10th, 2016
I was born on February 13th, 1977, in Barcelona. On the 14th, my dad, Oscar Masotta, writes a letter to my grandmother Teresa, dated a year earlier.

Dance of numbers, dance of aitches in my name, that doesn't have one in it; a dance, too, in the name of the clinic. Today, I find this charming, as making language dance was precisely, as I see it, what he dedicated his life to. His calling. [Fig. 1, p. 39]

Two and a half years later, on September 13th, 1979, my dad dies of lung cancer in Barcelona.

I do not consciously possess either memories or impressions of those few years during which I knew him.
When I was a child, my mother, Susana Lijtmaer, hung a black and white photograph of him in my room, which at some point ceased to be there.

I grew up without asking much about him, and I began to build an image of him out of the photographs in family albums, one maroon and another olive green, which have always been stowed away, covered in dust, in the heavy drawers of an old wooden and marble chest. Little else.

It has been as a result of the exhibition, *Oscar Masotta: Theory As Action*, curated by Ana Longoni at the MUAC, that, after many years of drawing close to and pulling away, always with difficulty, from an absent narrative, I have begun to ask about and research his story —my story?—, tying myself up in it through a series of meetings and interviews filmed in Spain and Argentina in collaboration with Andres Duque. [Fig. 2, p. 45]

Without him, I doubt I would have been able to muster the courage that today propels me in writing this text, set in the immediate present of the writing I am engaged in, and the suspended time of certain fragments of a diary of just four of five pages, which I began to work on two years ago.

The Story of a Transmission

On December 24th, 1974, Oscar Masotta, my father —my dad— disembarks in Barcelona. From there he writes to Teresa, his mother —my grandmother—, a letter "on paper taken straight from the boat."

In 2014 I meet Ana Longoni, who, a matter of months later, will be my lecturer on the Programa d'Estudis Independents [Independent Studies Program] at the MACBA. She offers me the chance to participate in an exhibition she is curating, which, a few months later, will arrive at its definitive title: *Oscar Masotta: Theory As Action*.

Interviewing those who knew him —friends, artists with whom he collaborated, students— has brought me close not just to the story of a transmission but to the transmission of my story. [Fig. 3, p. 40]

Interruption...

September 24th, 2014
A few days ago, Andres told me: "start a notebook, note down everything that comes into your head, imagining no-one else is going to read it." So I begin writing, to upturn the anguish that arises at the start of my active participation in Ana Longoni's exhibition. [...]

Until now, I have never wanted to "in-quire" into "my father's affairs."

Going over my Yahoo account, I even found an invitation to a conference about him at Princeton —if I remember correctly—, which I had entirely forgotten about. They offered me accommodation; they might even have paid for the trip. I had banished it from memory. [...]

I found it very hard to go out to eat with Ana Longoni, in response to her invitation [...]

But I decided —I don't know where the idea came from, or the energy— to put together a proposal.

If I know anything about him at all, it is that my father, Oscar Masotta, *transmitted*.

In his classes, by means of words, it seems this was his gift.

Perhaps also my inheritance.

(The same day, I write about the presentation by Valentin Roma, curator of the exhibition *Osvaldo Lamborghini: Proletarian Chamber Theater* at the MACBA. In it, in a certain way, the figure of my father was present).

I am *the daughter* of Oscar Masotta, these are my origins.

But in them is encoded an interruption that until now has been silent, but that perhaps, in the months to come, as I do interviews, will be filled with noise, or music.

(Proposal 1: I will not re-read what I write until the end of this adventure. Every day a page breaks to something new; I will move forward without looking back and, at the end, only at the end, will I retrace my steps and reflect on my journey).

Monday, February 9th, 2015

17:16

Today, in her classes on the artistic avant-gardes in Argentina in the sixties, Ana Longoni begins her account of the artistic journey of Oscar Masotta.

And I write this as I listen to her class, the account of how they met up at the Bar Moderno. [...]

After the class, I write: Some interruptions can be sutured with the accounts of others. Today I went to Ana Longoni's class full of excitement. A project is beginning.

May 6th, 2016

The interruption has also been realized in these diffuse notes.

More than a year has passed. I have started work on the project with Ana. Together with Andrés Duque, we travel to Madrid to interview Carmen Cuñat and Carmen Gallano.

Back in Barcelona, we interview Enric Berenguer and Miquel Bassols.

We have yet to edit, there are still interviews to do (Pepe Eiras, Vicente Palomera...).

I plan the trip with Andrés to Buenos Aires in August to conduct the remaining interviews.

On top of this, since the last time I wrote, I have met the artist Dora Garcia, who has done a re-enactment of the happening *El helicóptero* [*The Helicopter*] in Tabakalera in San Sebastian, which was also filmed as part of her project, *Segunda vez* [*Second Time*].

Today, in a Facebook chat, Dora has invited me to contribute to a publication. To weave, interweave, tell... To transform the interruption into something else, perhaps some kind of suture.

Saturday, August 27th, 2016
I arrived in Buenos Aires with Andrés on August 17th.

I have interviewed: Germán García, Oscar Steimberg, Eduardo Costa and Dulce Suaya. Tomorrow I will interview Juan José Sebreli.

Thursday, November 10th, 2016
One of the most emotional encounters I experienced in Buenos Aires will not be present in the exhibition, but I should like to dedicate a few lines to two people who are very close to the family and who are essential to an understanding of my father's intellectual journey: Jorge Jinkis and Sara Glasman.

She watched me being born. I remember her in August at the top of a long flight of stairs, looking at me intensely, 39 years later.

He was a great friend of my father.

Together with my father, they were part of the first Lacan study group.

With them, I discovered another photograph of my father, very young.

And this is something that particularly caught my attention, how the different people I met in Buenos Aires often had a photograph of him at their homes, in their offices. As happens with very dear friends, or those whom we consider our teachers.

Saturday, August 27th, 2016 (follow-up)
As well as interviewing different people close to my father, I have been to my aunt Nelly's house, the house in which my father was practically born. And I have recovered a pile of letters and photos chronicling the exile, which will also feature in the exhibition.

Yes, I am the daughter of Oscar Masotta. And on this journey I have come to know my father a little more. Now more than father: *dad*.

I have learned many things, and one of them, the most important of all, has nothing to do with his intellectual journey, or with what he thought, wrote, performed...

It is in the photos, it is in the letters he wrote to my grandmother.

My father loved me very much, and I him.

***

Perhaps you have to make a detour to arrive at something like this. A form. A story that begins, precisely, with some old photographs. Familiar ones. [Fig. 4, p. 38]

Thursday, November 10th, 2016
There is another key figure in this story who may not appear in the exhibition, someone I should like to evoke in this text: Marcelo Ramirez Puig.

My mother tells me that, two days after arriving in Barcelona, my father and her, wandering around the Gothic quarter, bumped into Marcelo, who was just finishing his medical training, and Daniel Melgarejo, a friend of my father's. Marcelo, not yet a psychoanalyst, was very interested in his work. A short time later, in Barcelona, he spearheaded and organized Lacan study groups. [Fig. 5, p. 46]

The same detour that has brought me closer to my father brings me to these lines from Marcelo, who was always present throughout my childhood, driving away the monsters hiding in my room when I called for him in the small hours, and reading out, from a dictionary, the definition of *monster* so that I might comprehend it wasn't a real being; or going with me to the cinema and to bookshops when I was discovering the pleasure of images and reading.

Marcelo died on April 8th, 1989. He was only 45 years old and was editing my father's courses together with Enric Berenguer. These would be published under the title *Lecturas de psicoanálisis Freud, Lacan* [*Readings in Psychoanalysis Freud, Lacan*].[1]

This text is interrupted here.

A hiatus. Like the space between images, full of meaning, in the final cut of the recorded interviews. An interruption, not a silence.

—

1—Collected lectures given by Oscar Masotta in Barcelona from 1975 onwards. Texts compiled and selected by Marcelo Ramirez Puig and Emric Berenguer. *Lecturas de psicoanálisis Freud, Lacan*. Buenos Aires, Paidós, 1992.

Mirando el cielo en Buenos Aires*

OLIVIER DEBROISE

* Conferencia dictada en la Universidad de California, San Diego, abril de 2008. Publicado completo por primera vez en español, con la traducción de Daniel Saldaña París.

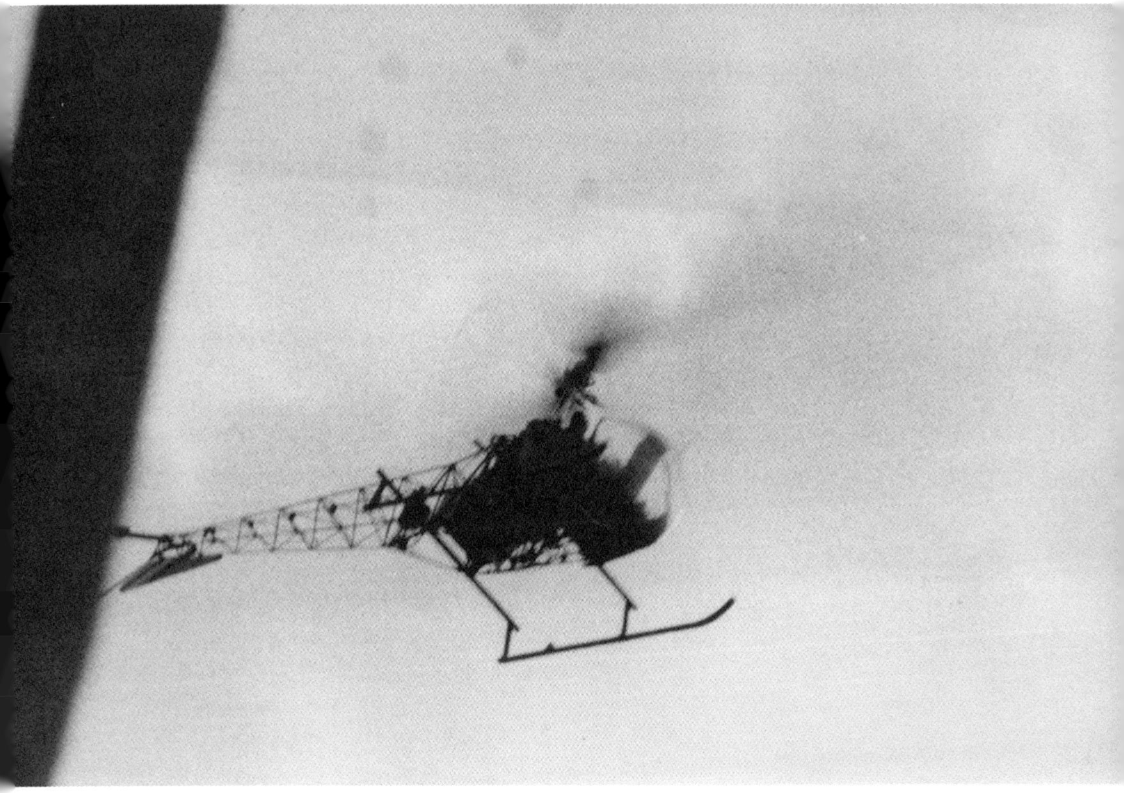

Oscar Masotta, *El Helicóptero—The Helicopter*, Buenos Aires, 1967. © Cloe Masotta y—and Susana Lijtmaer [Cat. 63]

La conferencia que leeré esta tarde se desarrolló a partir de una generosa beca del Getty Research Institute para un proyecto de libro que actualmente —y de modo provisional— se titula *Machines, Spacecrafts, Footsteps, Bombs and Artistic Change in the 1960s* [*Máquinas, naves espaciales, pasos, bombas y cambio artístico en la década de 1960*], que constituye un intento por examinar una serie de prácticas artísticas en varios países de América Latina en un momento en el que los artistas recurrían cada vez más a los desarrollos tecnológicos de la postguerra en el campo de las matemáticas (particularmente la cibernética y su relación con el lenguaje), la teoría de la información y el ascenso de la comunicación satelital, para desafiar su situación y el papel del arte en una sociedad dominada por los medios. Su utilización vendría a definir, en buena medida, aquello que más tarde sería llamado Arte Conceptual.

A pesar de que mi investigación se centra en algunos estudios de caso en América Latina, este proyecto tiene ramificaciones naturales en otras regiones, en particular en el Reino Unido, Francia y los Estados Unidos, puesto que tiene relación con los intensos debates en torno a la guerra de Vietnam —que, entre otras cosas, fue también una guerra mediática— y su corolario: el acercamiento de los intelectuales, científicos y artistas en todo el mundo. Esto afectó incluso a la escena artística de Nueva York, usualmente cerrada en sí misma. En 1970, por ejemplo, Kynaston L. McShine, curador del Museum of Modern Art de Nueva York y organizador de *Information*, la emblemática exposición que, en cierto sentido, marca el cierre del periodo aquí considerado, presentó orgullosamente en la exposición (en sus propias palabras) a "algunos artistas muy importantes de Argentina, Brasil, Canadá y Yugoslavia", así como a artistas estadounidenses ya entonces bien conocidos como Dan Graham, Sol LeWitt, Richard Long o Robert Morris. McShine declaró con cierta candidez en su ensayo para el catálogo que:

> En un mundo del arte que está más al tanto de la obra actual, a través de reproducciones y de la amplia transmisión de la información vía periódicos, y que ha sido alterado por la televisión, el cine y los satélites, así como por el "jet", los artistas pueden ahora ser verdaderamente

> internacionales; relacionarse con sus pares es ahora comparativamente fácil. El problema del historiador del arte respecto a quién hizo qué primero está alcanzando casi el punto en que tales disputas deben dirimirse fijando la hora exacta. Los artistas usan cada vez más el correo, los telegramas, las máquinas de telex, etcétera, para la transmisión de las obras mismas —fotografías, películas, documentos— o de la información sobre su trabajo. Tanto para los artistas como para su público esta es una situación estimulante y abierta, y ciertamente menos provinciana que hace cinco años. Ya no es imperativo para un artista estar en París o Nueva York. Aquellos que están lejos de los "centros artísticos" contribuyen con más facilidad, sin el protocolo a menudo artificial que en otra época resultaba indispensable para obtener reconocimiento.[1]

A la distancia, la cita de McShine parece reflejar su optimismo. De hecho, durante este breve periodo de tiempo sí hubo intensas corrientes que transgredieron los límites, incluyendo los del localismo y el provincianismo, desafiando el modo en que se ha trazado la historia del arte reciente. Mientras la escena neoyorquina se volvía completamente endogámica hacia mediados de los años sesenta, como sostuvo Amy Newman en su historia de la revista *Artforum*,[2] la historia del arte latinoamericano se escribe comúnmente en términos de una oposición general al *mainstream* europeo y norteamericano, sobre todo por razones nacionalistas pero también en términos de debates Derecha/Izquierda y colonial/postcolonial dentro de cada contexto local. Por ello, la producción artística del siglo XX latinoamericano se discute usualmente en términos de lo meramente epistémico, excluyendo —dicho esto de manera muy general— otras posibles lecturas, en particular cualquier análisis morfológico —por no decir "formalista". Si esto es verdad para el arte moderno —por ejemplo, en el caso de los encuentros entre David Alfaro Siqueiros y Jackson Pollock en Nueva York en

—

1— Kynaston McShine, "Essay", *Information*, Nueva York, Museum of Modern Art, 1970, p. 140.

2— Amy Newman, *Challenging Art: Artforum*, 1962-1974, Soho, Nueva York, 2000.

1935, y lo que sucedió a raíz de ellos—, se vuelve aún más difícil en los años sesenta, cuando los artistas empezaron a acotar la posible mercantilización de sus prácticas mediante el uso de estrategias destinadas —en términos de Allan Kaprow— a borrar los límites entre el arte y la vida. Tales estrategias, paradójicamente, retienen las obras y las prácticas artísticas en un breve lapso de tiempo, de modo que sólo tienen derecho a hablar de ellas quienes han experimentado ese momento, invalidando así cualquier aproximación de la historia del arte, cualquier descripción o análisis. Lo único que se puede hacer como respuesta a la obra es notar su aparición en la línea del tiempo. Así es, de hecho, como se ha escrito la historia canónica del arte conceptual global, usualmente por mano de los propios artistas o sus allegados: se escribe en el momento mismo de la producción de la obra, con todo el sesgo que ello implica en términos de egocentrismo, chovinismo, líneas partidistas y, en casos recientes, esfuerzos paradójicos por reinstalar, en el mercado del arte, obras calculadamente producidas al margen del sistema de galerías y museos.

No tengo tiempo hoy de discutir a profundidad estos temas, y por ello voy a dejar muchas de mis dudas y preocupaciones de lado, de momento. Simplemente me gustaría decir que este proyecto de libro busca forzar estos límites: primero, porque creo que la manera en que estas historias se generan es un asunto fascinante en sí mismo, y que pueden ser entendidas, aunque sea desde el punto de vista de la crítica literaria, como escritos sobre arte. Y, en segundo lugar, el supuesto de que los artistas —no sólo en América Latina sino también en Nueva York, Ámsterdam, Belgrado o París— no estaban al tanto de lo que pasaba en el mundo es sencillamente insuficiente. A pesar de que, en virtud de su ubicación en un contexto particular y en una historia dada, algunos artistas se resistieron a establecer contactos —o a hablar siquiera de ello—, sí mantuvieron diálogos y en muchos casos fueron parte de intrincadas redes, adelantándose por varias décadas a las redes de la economía global.

Una súbita moda, surgida a mediados de los años cincuenta pero que llegó a su cúspide con una serie de exposiciones en los principales museos del mundo entre 1965 y 1971, es la relacionada con el entusiasmo (generalmente en los Estados Unidos) o las críticas (en Europa, Japón y ciertas regiones de América Latina) de los artistas (y algunos curadores) hacia las estructuras de las máquinas, la cibernética y los sistemas de comunicación e información; esta tendencia fue también adoptada en América Latina. Por ejemplo, la emblemática exposición de Raisa Reichardt de 1968 en el ICA de Londres, *Cybernetic Serendipity*, basada en las teorías de Norbert Weiner y en la primera generación de computadoras creadas en los Laboratorios Bell en Nueva York, fue exhibida también en Buenos Aires un año después, en el entonces recién fundado Centro de Arte y Comunicación. Pero no todo era tan simple en aquella época, y la recepción de la era de la información, con todas sus implicaciones, fue no obstante algo conflictiva. El artista brasileño Hélio Oiticica, por ejemplo, desarrolló en las favelas de Río de Janeiro, a mediados de los sesenta, su serie *Bólides* [*Bólidos*] (1963) que, más allá de incluir obvias referencias a Mondrian y, de manera especial, al constructivismo de Max Bill, puede leerse como un comentario irónico sobre la transformación urbana de Brasil y los logros megalómanos de Oscar Niemeyer en la construcción de Brasilia como capital cinética, diseñada no para el peatón ("Brasilia no tiene esquinas de calles", afirmó Niemeyer orgulloso en su momento) sino para ser transitada en coche.

Aunque en otra escala, un antagonismo paralelo pero opuesto puede encontrarse en las reacciones radicales del artista de origen alemán Mathias Goeritz, entonces afincado en México (en la imagen, manipulando la estructura articulada de 1962 *Bicho*, de Lygia Clark, en el estudio londinense de David Medalla, en 1965). El propio Goeritz se convirtió en pionero del arte ambiental con la construcción en 1952 de su Museo Experimental El Eco en la Ciudad de México; se opuso vehementemente a las máquinas autodestructivas de Jean Tinguely en 1960, repartiendo volantes de protesta a las puertas del Museum of Modern Art mientras *Homage to New York* ardía y se desintegraba, y unos años después —bajo la atenta mirada de un joven artista del *happening* llamado Yve-Alain Bois, mostrado aquí a la derecha—, continuó desestimando los objetos relacionales y las acciones de Lygia Clark. Mientras los franco-argentinos del Groupe de Recherche d'Art Visuel (GRAV), siguiendo a Tinguely y a la mucho menos conocida artista colombiana Feliza Burzstyn —quien creaba esculturas motoras— se volvían cada vez más críticos, desafiando tanto la idea de la escultura como la productividad de las máquinas al tiempo que la era de la información tomaba forma, el Los Ángeles County Museum of Art, en 1967, se embarcaba —en colaboración con compañías como AT&T, Rand Corporation, Lockheed Aircraft, IBM y los estudios Universal, entre otros— en un proyecto multimillonario curado por Jane Livingstone, que comisionó a unos ochenta artistas para trabajar con ingenieros en el desarrollo de piezas que tuvieran la tecnología como base. El *Art and Technology Program* del LACMA sólo confirmaría (como si fuera necesario hacerlo) los conflictos inherentes en la relación entre los artistas, los presidentes corporativos, los contadores y los ingenieros, ya que la mayoría de los proyectos fueron un fracaso total desde el punto de vista de su factibilidad —*Icebag*, pieza más sencilla de Claes Oldenburg (en colaboración con los estudios Disney), y el papel tapiz holográfico de Andy Warhol (con el apoyo de la RCA), son dos obras que no trastocaron las tareas generales de las corporaciones ni su método operativo, como sí hicieron otras, que llegaron a provocar una transformación brutal en la carrera de un artista. Un ejemplo de dicha transformación puede verse en Hans Haacke, quien, después de exponerse a las rígidas exigencias contractuales de las empresas involucradas en el proyecto del LACMA, abandonó súbitamente sus investigaciones en cinética e inauguró lo que más tarde sería conocido como Crítica Institucional.

Estas tensiones entre las prácticas artísticas y la ingeniería estaban ya en el núcleo del Experiment in Art and Technology, laboratorio fundado en Nueva York por el ingeniero sueco y antiguo asistente de Tinguely en las máquinas autodestructivas de finales de los años cincuenta, Billy Klüver, junto con Robert Raushenberg. El laboratorio incluía, entre otros artistas estrechamente vinculados con la galería Howard Wise de Nueva York, a miembros del Groupe de Recherche d'Art Visuel, además de a los chilenos Enrique Castro-Cid, becario de la Casandra Foundation de William Copley y protegido de Marcel Duchamp que diseñó robots a partir de las teorías de Norbert Wiener, y Juan Downey, quien en la época exploraba las ondas de radio, la humedad y la respiración, y que introdujo el *feedback* humano —otro concepto derivado de la cibernética y la teoría de la información— como componente esencial de la interactividad en su trabajo. Finalmente, la artista argentina Marta Minujín creó su *Minuphone* con Billy Klüver y el Experiment in Art and Technology, también en Nueva York, en 1967.

De lo que se habla aquí es de una red compleja, que implicaba una buena cantidad de viajes, llamadas telefónicas, correo y una variedad de intercambios entre artistas e instituciones culturales de la época —y que representa un desafío para el historiador del arte, ya que las fuentes están dispersas a lo largo de al menos tres continentes y una docena de países.

La mayoría de las obras producidas en ese periodo han dejado de existir, en parte porque esos experimentos tecnológicos se volvieron rápidamente obsoletos e inoperantes, pero también porque el entusiasmo se evaporó del discurso tan pronto como el mundo del arte evolucionó en otras direcciones. Me gustaría desarrollar, esta noche, uno de los capítulos de esa historia. Abordaré obras de arte que apenas existieron —y que, al menos en un caso, no llegaron a existir siquiera—; obras que no fueron realizadas por artistas, aunque no podemos entender el significado de su *inexistencia* fuera del arte sino como una respuesta a la existencia misma del arte.

La tarde del 16 de octubre de 1966, unas ochenta personas se reunieron frente a la puerta de vidrio del Centro de Artes Visuales del Instituto Di Tella, en el número 936 de la calle Florida en Buenos Aires. No tenían una idea precisa de lo que iba a pasar, aunque habían leído un volante informativo pegado algunos días antes en la cafetería del Centro, o bien habían recibido su propia copia de la invitación, que incluía una lista de los participantes del evento de aquel día: un *happening* titulado *El Helicóptero* (1966), organizado por un joven profesor de filosofía de la Universidad de Buenos Aires, Oscar Masotta, que había sido invitado recientemente a dar una conferencia sobre arte y filosofía en el Di Tella.

El Instituto Torcuato Di Tella de Investigación en Humanidades fue creado en 1958 como fundación sin fines de lucro respaldada por la compañía SIAM-Di Tella, líder en la fabricación de electrodomésticos y automóviles en América Latina desde los años cuarenta. El Centro de Artes Visuales abrió dos años más tarde, originalmente para albergar la colección de maestros europeos del fundador de la empresa, Torcuato Di Tella —fallecido diez años antes. Sin embargo, en unos pocos años se convirtió en un centro para la expansión del arte contemporáneo, invitando a críticos y curadores como Clement Greenberg, Pierre Restany, Allan Solomon y Lawrence Alloway a ser jurados de su muy discutido premio anual, concedido a artistas como Robert Morris, Sol LeWitt o Bridget Riley, así como a los argentinos Marta Minujín o Luis Felipe Noé, por mencionar a unos pocos solamente. El director del Centro de Artes Visuales, el historiador del arte Jorge Romero Brest, estaba bien conectado en el mundo del arte internacional pero, más allá de eso —y esto es un logro notable en el sistema artístico de la época, extremadamente polarizado—, respaldaba un muy amplio rango de prácticas artísticas, del informalismo argentino y la "New Figuration" a la abstracción radical, el Pop, Op, los artistas californianos del montaje [*California Assemblage*] y, como se verá, algunos muy tempranos esfuerzos en la deconstrucción del objeto de arte, el *happening* y la Crítica Institucional. Por todo ello, el Di Tella era excepcional en América Latina, donde las instituciones culturales son generalmente operadas por el Estado y destinadas a la promoción de artistas locales, bien emblemáticos de una identidad nacional o bien —cuando esta aproximación se volvió insostenible en un mundo cambiante y globalizado— poseedores de un estilo muy personal, relegando casi todo lo demás a los márgenes. A pesar de las críticas, tanto de la derecha —que vio en el Di Tella a un defensor de la vanguardia internacional que desafiaba el estatus del arte en su dimensión patrimonial— como de la izquierda —que lo vio como un agente elitista del imperialismo—, el Di Tella fue un motor importante en la Argentina.

En el invierno argentino de 1966, cuando tuvo lugar un anticipado aunque finalmente "blando" golpe militar —descrito en su momento como "la Revolución Argentina"—, el Di Tella, bajo la influencia de Oscar Masotta, se embarcó en un nuevo proyecto, aplazado unos meses por los acontecimientos políticos pero que en última instancia se realizó: una serie de conferencias titulada *Sobre happenings, happening*, que incluía recreaciones de *happenings* y la presentación de invitados internacionales, reunidos para discutir esta nueva forma de la práctica artística.

Oscar Masotta es una figura prácticamente olvidada ahora, excepto quizás en el campo de los estudios lacanianos. Y eso, porque en los años setenta Masotta desafiaría al maestro psicoanalista en su propio territorio, creando su propia escuela de psicoanálisis post-lacaniano en Barcelona. Pero en 1965, con tan solo 27 años, Masotta daba clases en la Universidad de Buenos Aires, dictaba conferencias en el Di Tella y editaba una serie de libros sobre medios y comunicación. Producto de la nueva apertura, posterior a la era peronista, Masotta fue uno de los primeros lectores y traductores al español de Lacan, Claude Levi-Strauss y Roland Barthes; admiraba a Jean-Paul Sartre —era imposible no admirarlo entonces—, y escribió un libro entero sobre el Pop Art en los Estados Unidos entre 1964 y 1965, a pesar de que no había visto en persona ninguna de las obras que discutía de Andy Warhol, George Segal, Robert Indiana o Roy Lichtenstein. Sin embargo, tenía una justificación para ello —probablemente inspirada por su lectura de Lacan—, y es a partir de ella que debe entenderse tanto su práctica posterior como su aproximación al arte:

> Crítica a todo realismo, entonces: en Lichtenstein, en Indiana, en Warhol, no se trata ya de "informar" sobre la realidad, y menos de reproducirla. Se trata en cambio de informar sobre una información preexistente, o si se quiere, de representar lo representado.[3]

Por tanto, como Masotta expresó un año más tarde, la exposición directa al Pop Art no es, de hecho, necesaria, puesto que las obras sólo transmiten "un código que es mensaje en sí mismo, y sólo generan la posibilidad de comunicar significado". En este punto, Masotta seguía una línea de crítica del Pop como "interrupción de la representación" e "integración total" de la obra de arte en la economía política del signo-mercancía, crítica similar a la desarrollada en esos mismos años por Barthes y

—

3— Oscar Masotta, *El pop-art*, Buenos Aires, Columba, 1967. Incluido en Oscar Masotta, *Revolución en el arte: pop-art, happenings y arte de los medios en la década del sesenta*, Buenos Aires, Edhasa, 2004, pp. 115-116.

Baudrillard.[4] Masotta pudo viajar por primera vez fuera de la Argentina a finales de 1965 gracias a una beca del Di Tella: primero, a Nueva York, para dictar una conferencia en el MoMA por la inauguración de una muestra itinerante de arte argentino, *Beyond Geometry*. Durante este breve viaje conoció a Allan Kaprow, Claes Oldenburg y Al Hansen; asistió a unos diez *happenings* en Nueva York; continuó el viaje por su cuenta hacia París, donde vio *120 minutes dédiées au Divin Marquis*, de Jean-Jacques Lebel.

De regreso en Buenos Aires a fines de abril de 1966, con pilas de libros, revistas, *flyers* y nuevas ideas, Masotta se vio enfrentado a un clima de crecientes ansiedades políticas que explotaban en direcciones contrapuestas: una escalada de conciencia política, por un lado, y una rápida adaptación de la sociedad urbana a la era de la información, por el otro. Uno de los principales acontecimientos de ese otoño puede servir como metáfora para ese ambiente, puesto que combina tanto información como política, y a la postre se convertiría en el punto de partida de los meses por venir: la exposición colectiva en una galería privada *Homage to Vietnam* [*Homenaje a Vietnam*]. La exposición contó con la participación de unos 120 artistas, incluidos algunos estudiantes de arte jóvenes que expusieron ahí por primera vez: Ricardo Carreira, entre los más extremistas, presentó una gran alberca de sangre en la galería y, simultáneamente, en otros puntos de la ciudad,[5] mientras que Roberto Jacoby instaló una serie de maniquíes ensangrentados, interpretaciones tridimensionales de las fotografías de los periódicos que mostraban a las víctimas del Napalm, y León Ferrari expuso una pieza previamente censurada: una serie de cajas con jets F-15 que cargaban bombas con la forma de Cristo o la virgen María.

Poco después de que se inaugurara la exposición, Roberto Jacoby comenzó a reunirse en el Café Moderno con otros dos estudiantes de Masotta: Eduardo Costa, un poeta y editor de la revista literaria de vanguardia

—

4— Hal Foster, "Death in America", *October*, 75, Invierno de 1996, p. 38.

5— Ana Longoni, "El Deshabituador: Ricardo Carreira en los inicios del conceptualismo", en *Arte y literatura en la Argentina del siglo XX*, Buenos Aires, Fundación Telefónica; Fundación Espigas, 2006, pp. 61-106.

Airón, y un joven crítico literario, Raúl Escari. Jacoby era, por mucho, el más comprometido políticamente: estaba involucrado en sindicatos de estudiantes de arte, a sus 17 años se enroló en el ejército guerrillero de Ernesto "Che" Guevara en la frontera entre Bolivia y Argentina, y era un miembro pleno del Partido Comunista. Para finales de mayo —a pesar de que seguía trabajando en la obra basada en objetos que expondría más tarde ese mismo año—, Jacoby había considerado ya publicar el catálogo de una exposición inexistente. Partiendo de una broma post-dadaísta bastante simple sobre el mundillo del arte —y recordando *Yves, peintures*, de Yves Klein, catálogo de una exposición ficticia de 1954—[6], el proyecto evolucionó hacia una propuesta más compleja que el trío realizaría en julio, justo en el momento en que los medios, en Argentina, empezaban a reportar claros signos de cerrazón y censura.

La pieza se tituló originalmente *Happening de la participación total*, y su único soporte —en el sentido básico, técnico en que una obra requiere un soporte físico— serían los medios mismos. El 15 de agosto de 1966, Jacoby, Costa y Escari enviaron un comunicado de prensa a periódicos y revistas —incluyendo fotografías, declaraciones de los participantes, etcétera— sobre un *happening* organizado en la casa de un galerista que involucraba celebridades locales, incluyendo al mundialmente famoso bailarín español de flamenco Antonio Gades. El acontecimiento inexistente fue reseñado varias veces en revistas y periódicos durante las semanas sucesivas, e incluso cambió de nombre dado que un reseñista mencionó el uso de un jabalí muerto durante el *happening*: se convirtió en *Happening para un jabalí difunto*, como se le conoce ahora —quizás en oblicua referencia al *How to Explain Painting to a Dead Hare* [*Cómo explicar pintura a una liebre muerta*] de Joseph Beuys, que tuvo lugar en Düsseldorf en noviembre de 1965 y sobre el que Masotta pudo haber leído o escuchado algo durante su viaje europeo. Puede que no sea completamente accidental el hecho de que, casi al mismo tiempo, Dan Graham estuviera

—

6— Nicolas Charlet e Yves Klein, *Yves Klein*, París, Biro, 2000, p. 30.

escribiendo una conferencia y diseñando una publicación a doble página para *Arts Magazine* que se convertiría en su primera obra basada en los medios de comunicación, *Homes for America* [*Hogares para América*], publicada en el número de diciembre de 1966 de la revista —aunque en un formato distinto, dado que el diseñador debió haber pensado que se trataba sin más de otro artículo sin importancia escrito por un artista.

Tres meses más tarde, el 30 de octubre, Jacoby, Costa y Escari lanzaron su manifiesto, *Un arte de los medios de comunicación*, revelando la estafa y sus intenciones: "En una civilización de masas, el público no está en contacto directo con los hechos culturales, sino que se informan de ellos a través de los medios de comunicación [...] El arte actual (fundamentalmente el Pop) tomaba, a veces, para su constitución, elementos, técnicas, de la comunicación de masas, deconectándolas de su contexto natural [...] A diferencia del Pop, nosotros pretendemos constituir la obra en el interior de dichos medios".[7] La revelación molestó a un buen número de lectores y asiduos de las exposiciones, y algunos incluso escribieron cartas de protesta en los periódicos —entre ellos Octavio Paz, entonces embajador de México en Nueva Delhi, quien escribió una carta simplona a Eduardo Costa el 11 de noviembre, desestimando el valor artístico de la pieza aunque reconociendo su importancia desde un punto de vista exclusivamente sociológico. Unas cuantas personas, sin embargo, aprobaron el significado de la obra; una de ellas fue Eliseo Verón, sociólogo y experto en comunicaciones, además de amigo de Masotta, quien claramente entendió las intenciones de estos pioneros de la Crítica Institucional:

> La característica central de la experiencia de Costa, Escari y Jacoby es que produce una ruptura dentro de la estructura informativa, mediante el uso de los mecanismos internos mismos de esa estructura. En efecto, el lector se informa que fue informado sobre algo que nunca ocurrió, lo cual implica una reducción al absurdo de la noción misma

—

7— Eduardo Costa, Raúl Escari y Roberto Jacoby, "Un arte de los medios de comunicación", *El mundo*, Octubre 30, 1966; en Oscar Masotta *et al.*, *Happenings*, Buenos Aires, Editorial Jorge Álvarez, 1967, p. 121.

de información, y por extensión, la imagen insólita de los medios de comunicación de masas funcionando en el vacío.[8]

Lo que estaba aquí a discusión era un entusiasmo general hacia las ideas extremadamente optimistas de Marshall McLuhan y su devastadora influencia en el mundo del arte, gracias a las cuales el Pop Art —y el *happening* como una de las formas del Pop— pasó de ser una crítica del arte a un estilo de vida. La teoría de la información estaba a la alza en casi todo el mundo en un momento en el que los primeros satélites —Telstar (1962) y Early Bird (1965)— acortaban la larga distancia en la transmisión de voz y datos, y el público empezaba a darse cuenta de que "el hombre en la luna" no era ya una fantasía propia de los cómics de ciencia ficción, sino un hecho muy bien publicitado que dentro de poco se haría realidad. McLuhan se había convertido en una celebridad mediática y una figura de culto, impartiendo conferencias en vivo en la CBS, asistiendo a —y teorizando sobre— *Exploding Plastic Inevitable* [*Inevitable explosión plástica*] de Andy Warhol con Velvet Underground, y asistiendo asimismo a *happenings*.[9] En Argentina, el mcluhanismo había infectado ya a su primera víctima: Marta Minujín.

En 1960, con sólo 17 años de edad, Minujín recibió una beca de la embajada francesa en Argentina y se instaló en París, donde muy pronto entró en contacto con los Nouveaux Réalistes, un grupo formado por Pierre Resatany a fines de 1959 en el estudio de Yves Klein, y que incluía a Tinguely, Arman, Jacques de la Villeglé y Martian Raysses, entre otros. Dejando de lado a Klein, todos trabajaban con objetos encontrados y deshechos —de la Villeglé, con capas de anuncios que arrancaba de los muros de la ciudad; Tinguely, con fragmentos de metal que animaba mediante motores. Minujín empezó siguiendo el ejemplo de los Nuveaux Réalistes, trabajando con objetos encontrados; en su caso, con unos colchones rayados que encontró en contenedores de basura de hospital y con los que hizo esculturas a las que uno podía entrar. En 1963, justo antes de regresar a la Argentina,

—

8— Eliseo Verón, "Comunicación de masas", en *Ibid.* p. 137.

9— Ver Branden W. Joseph, "'My Mind Split Open': Andy Warhol's Exploding Plastic Inevitable", *Grey Room*: 8, Verano de 2002, pp. 80-107.

Minujín realizó una acción a la que después llamaría su "primer *happening*", al quemar públicamente todas las obras que había hecho en Francia, en el patio trasero del estudio de Tinguely en el Impasse Ronsin, celebrado ya entonces por el mundo *underground* parisino como el espacio abierto en el que Nicky de Saint-Phalle —la musa de Tinguely— pintaba las paredes públicamente y creaba esculturas informales tridimensionales, hechas con mangueras y una variedad de pistolas cargadas con pigmentos brillantes.

El primer *happening* de Minujín —aunque en 1964 ella lo llamó *Suceso plástico* o *Evento visual*— tuvo lugar en un estadio en Montevideo, Uruguay, y consistió en un desfile de motociclistas sexys y musculosos, mujeres con sobrepeso, muchachas en minifalda que besaban a los 200 invitados, parejas amarradas entre sí en abrazos sensuales, y un helicóptero que lanzó harina, corazones de lechuga y 500 pollos muertos sobre el público. Este acto de provocación más bien naíf, que por supuesto fue exhaustivamente reseñado en la televisión y en la prensa tanto en Uruguay como en Argentina, parece haber replicado, en muchos de sus elementos, *Canto al océano*, un evento que más tarde se haría legendario creado por el director de teatro y actor chileno Alejandro Jodorowsky en un balneario de la Ciudad de México en 1963, y que también involucraba parejas bailando, mujeres con sobrepeso, enanos y un helicóptero que debía lanzar pollos, vivos y muertos, sobre el público. El uso reiterado de animales vivos y muertos, en particular pollos, en los primeros *happenings* parece ser una cita directa de Kaprow, quien hizo una declaración estructuralista sobre esta recurrencia en 1966:

> La única forma que tiene una cosa es cómo se ve o qué hace. Es decir, si un pollo corre, come alimento de pollo y se posa, esa es toda la composición requerida y toda la composición sobre la que debe pensar el experimentador. No se trata de algo de informe, pues el cerebro sólo puede funcionar siguiendo patrones. Es simplemente la evasión ante la distinción artística habitual entre la materia (el medio) y su maleabilidad (la forma).[10]

—

10— Allan Kaprow, "Experimental Art", *Art News*, 65, 1 de marzo de 1966.

En los *happenings* de Kaprow, las reacciones azarosas de los pollos bien podrían comunicar ideas sobre la violencia y lo accidental en eventos por lo demás regulados con precisión. Los *Efímeros* de Jodorowsky —como llamó a su versión mexicana de los *happenings*— se relacionan claramente con rituales paganos de sangre, aunque con una cualidad más marcadamente teatral y la inclusión de componentes grotescos tomados del surrealismo europeo tardío —en particular, de la imaginería de las películas de Luis Buñuel— y, como veremos, algunos ingredientes místicos de Jean-Jacques Lebel. *Canto al océano* de Jodorowsky nunca sucedió plenamente, pues el helicóptero se hundió en la alberca durante el ensayo, el día antes de que tuviera lugar la acción.[11]

Minujín se volvería famosa un año más tarde con *La Menesunda*, una obra colectiva que produjo con el pintor Rubén Sanantonín y con la colaboración de un grupo de artistas más jóvenes que incluía a David Lamelas (de acuerdo con Inés Katzenstein, "el título es un localismo que sugiere drogas, trastorno, desorden").[12]

La obra consistió en una instalación de dos pisos que el participante tenía que recorrer, exponiéndose a diferentes "interacciones fenomenológicas": un corredor iluminado con neón frente a una serie de televisores a todo volumen; un cuarto con una cama enorme donde una pareja desnuda podría tener sexo (o no), envueltos en grabaciones atronadoras de tráfico urbano; luego había que internarse en una cabeza de mujer gigante hecha en *papier-mâché*, donde uno podía maquillarse o hacerse manicure; después avanzar hacia un dispositivo que colgaba del techo y que te llevaba a un cuarto cuyo suelo estaba cubierto de chicle inflado por ventiladores; y finalmente a un cuarto oscuro que olía a consultorio dental, mantenido a temperatura bajo cero, con un teléfono desde el que uno debía llamar a un número específico para salir exitosamente de *La Menesunda* y volver a la poco silenciosa calle Florida.

—

11— Cuauhtémoc Medina, "Pánico recuperado", en Olivier Debroise (ed.), *La era de la discrepancia: arte y cultura visual en México, 1968-1997*. México, Universidad Nacional Autónoma de México, 2006, p. 90.

12— Ines Katzenstein (ed.), *Escritos de vanguardia: Arte argentino de los años '60*, MoMA, Fundación Proa y Fundación Espigas, 2007, p. 23.

De hecho, *La Menesunda*, concebida como una especie de ceremonia de iniciación que conduce al espectador a través de diferentes "campos" que activaban simultánea o consecutivamente cada uno de los sentidos, se inspiró muy probablemente en un dispositivo del Groupe de Recherche d'Art Visuel (GRAV) presentado en la III Bienal de Artistas Jóvenes de París en 1963, *Labyrinth I* [*Laberinto I*], replicada unos meses después en el Museu de Arte Moderna en Río de Janeiro. Sin embargo, el *Labyrinth* del GRAV era más austero, basado en los patrones geométricos que el grupo había investigado desde 1960 para construir sus máquinas cinéticas. Esta pieza tenía, de hecho, un aparato menos exigente (y menos autoritario), a pesar del cartel a la entrada que decía "Está prohibido *No* interactuar". Al mecanismo de base científica de *Labyrinth* del GRAV, Minujín añadió ingredientes pop de moda tomados de los *happening*s estadounidenses de principios de los años sesenta: un desorden generalizado, muebles diseminados (como en los *happening*s de Jim Dine, Allan Kaprow, Nam June Paik y Al Hansen), hojas de plástico transparente aislando distintos campos (en Kaprow); paredes pintadas coloridamente; la cabeza enorme de *papier mâché* (en referencia a *Store*, de Kienholz y Oldenburg, de 1963); maquillaje y referencias a la moda; ruidos industriales distorsionados (habituales en John Cage y LaMonte Young); estaciones de radio sintonizadas aleatoriamente y acumulación de aparatos de televisión (el sello de Nam June Paik); e, inevitablemente, música rock (que todos en ese campo, empezando por Warhol, usaban en el momento). Las referencias sexuales explícitas eran, no obstante, más características de los *happening*s europeos o japoneses, y eran sumamente desaprobadas entre los artistas estadounidenses, aunque tenían cierta presencia en los ambientes de Al Hansen: como Allan Kaprow declararía más tarde, "Al era impulsivo. Los *happening*s eran poéticos. Al era abiertamente aventurado. Los *happenings* eran calladamente exploratorios".[13] A pesar de que *La Menesunda* no era, estrictamente hablando, un

—

13— Allan Kaprow entrevistado por Kristine Stiles, en Paul Schimmel *et al.*, *Out of Actions: Between Performance and the Object, 1949-1979*. Los Ángeles; Thames and Hudson, Nueva York, The Museum of Contemporary Art, Los Ángeles; Thames and Hudson, 1998, p. 315.

happening sino más bien un ambiente dentro del cual el "espectador" se transformaba en "happener", lo cierto es que condensaba los elementos característicos de la estética del *happening*.

La Menesunda fue un éxito inmediato en Buenos Aires: durante el mes y medio que estuvo abierta al público en el Di Tella, largas filas se formaban en la calle para entrar a la máquina artística, saliendo de ella con los sentimientos de quien ha vivido una experiencia onírica, y de primera mano, del arte —del Pop Art, más específicamente. Como declaró Jorge Glusberg: "Sin temor a exagerar, con *La Menesunda*, el Di Tella se hizo famoso fuera de los circuitos intelectuales de Buenos Aires", lo cual implica que el *happening* se convirtió instantáneamente en una forma de arte notoria, mientras que Marta Minujín —que para entonces ya había inventado su personaje como una mezcla de Andy Warhol y Nicky de Saint-Phalle— aparecía con sus característicos overoles dorados en fiestas, entrevistas de televisión y sesiones fotográficas, presentándose como *el* referente de algo que era descrito bien como totalmente *cool* —una palabra tomada de McLuhan— o como totalmente decadente en la cultura argentina.[14] Incluso llegó a reportarse que se había visto a Minujín patinando sobre la 5ª Avenida de Nueva York junto con... Herbert Marshall McLuhan en persona.[15]

La respuesta de Masotta a esta súbita moda del *happening* fue bastante similar, de hecho, al razonamiento de Allan Kaprow sobre aquello que él mismo, en esencia, había creado. En el otoño de 1967, Kaprow exclamó en *Art News*:

> A partir de ahora, cualquiera que pretenda escribir o hablar de manera inteligente sobre el happening debe aclarar a qué tipo de fenómeno se refiere: "*happening*" es ya una palabra de uso cotidiano. Y sin embargo puede significar casi cualquier cosa para quienes la oyen y la utilizan. Considérese lo siguiente: Un comercial de cosméticos, compuesto por un torbellino de ruidos sugerentes y

—

14— Jorge Glusberg y Marta Minujín, *Marta Minujín*. Buenos Aires, Ediciones de Arte Gaglianone: Colección Unión Carbide, 1986, sin paginación.

15— "Señoras y Señores: Vientos", *Primera plana*, V: 219, marzo 3, 1967.

> efectistas, seguidos por el nombre del producto, termina con la frase, en tono sensual: "Eso fue un *happening*, por Revlon" [...] Grupos de hippies, discotecas, asociaciones de padres de familia, reuniones del Club de Rotarios, una banda de rock famosa, un disco de moda de The Supremes, un juego para fiestas, al menos dos películas comerciales [...] todos han sido designados como *happenings* [...] Hubo incluso un analista político que el invierno pasado caracterizó cínicamente nuestra guerra en Vietnam como "un *happening* fuera de control".[16]

Lo que claramente se estaba saliendo de control en el otoño de 1966 era el *happening* mismo como forma de arte. El *Happening para un jabalí difunto* no fue comprendido realmente, pero Marta Minujín estaba produciendo entonces —otra vez bajo el paraguas del Di Tella— una obra más ambiciosa, *Simultaneidad en simultaneidad*, proyecto en colaboración con Allan Kaprow en Nueva York y Wolf Vostell en Berlín. La pieza fue diseñada muy probablemente para activar la declaración de McLuhan de 1963 (de *Agentbite of Outwit*): "Post-alfabetizados [...] los medios electrónicos constriñen el mundo a una tribu o pueblo donde todo sucede a todos al mismo tiempo: todos saben sobre, y por lo tanto participan en, todo lo que sucede al momento en que sucede".[17]

Simultaneidad en simultaneidad tuvo lugar en dos diferentes fechas, 13 y 24 de octubre. Esta pieza merece un análisis y un examen a mayor profundidad, ya que las múltiples versiones, tanto del guión como de los resultados, resultan confusas en extremo. Me gustaría citar solamente el reporte que al respecto hizo Michael Kirby para *The Drama Review* [*La revisión del drama*] en 1968 —a pesar de que, hasta donde sé, Kirby no asistió al evento—:

> *Simultaneidad en simultaneidad* [...] fue probablemente la primera pieza de performance de la historia que utilizó diversos medios de comunicación de manera coordinada.

—

16— Allan Kaprow, "Pinpointing *Happenings*", *Art News* 66, 6 de Octubre de 1967.

17— Marshall Mcluhan, *Agentbite of Outwit* (1963), http://www.chass.utoronto.ca/mcluhan-studies/v1_iss2/1_2art6.htm [consultado el 13 de febrero de 2008].

Durante una parte de la obra, cada "espectador" estaba solo en su propia casa: sólo unos pocos percibieron todas las dimensiones del performance, pero algunos aspectos de éste estaban disponibles para cualquiera que tuviera un aparato de televisión o radio.

La pieza [...] fue concebida originalmente como parte de una presentación intercontinental. Al mismo tiempo que Minujín realizaba su parte en Argentina, Allan Kaprow en los Estados Unidos y Wolf Vostell en Alemania debían ejecutar sus performances. Entre los tres habían hablado de utilizar el satélite de comunicaciones Telstar para transmitir video de una parte del *performance* a otra, así como de que los artistas viajaran de un país a otro para poder aparecer en persona en más de una "sección", etcétera.

[...] Desde luego, las imágenes de televisión de las piezas de Vostell y Kaprow no salieron realmente de Alemania ni de los Estados Unidos. El trozo de carne vacuna y el coche cubierto con crema batida fueron replicados por Minujín a partir de descripciones de las obras y videograbados en Buenos Aires. Puesto que la publicidad previa al performance acentuó los aspectos internacionales de lo que debió haber sido una obra colaborativa, Minujín sintió que tenía que crear ella misma los elementos faltantes. Por tanto, una pieza que era absolutamente concreta en su concepción y no involucraba ningún elemento ficticio se convirtió, parcialmente, en una pieza cercana al teatro tradicional, con su "artificio" y su "simulación" —salvo que en este caso el público creyó la simulación. Resultó doblemente irónico, por ello, que Marta Minujín descubriera, una semana después aproximadamente, que Allan Kaprow no había podido llamarla por teléfono a la Argentina. La voz que, tanto ella como el público, asumieron era de Kaprow en realidad era de un amigo suyo que "trataba de ayudar". "Los medios", dijo Minujín, "me mintieron a mí también".[18]

Durante el domingo que transcurrió entre las dos partes de *Simultaneidad en simultaneidad* de Minujín, Oscar Masotta presentó *El Helicóptero*, por lo que tal obra, que es el objeto

—

18— Michael Kirby, "Marta Minujín's *Simultaneity in Simultaneity*", *The Drama Review: TDR*, 12: 3, Primavera de 1968, p. 152.

de esta charla, debe leerse, sin lugar a dudas, en el contexto de la controversial pieza de Minujín.

El 16 de octubre, seis autobuses estacionados frente al Di Tella esperaban para llevar a los asistentes a dos diferentes emplazamientos. Según el último dígito de su boleto (par o non), abordarían en el primero o el segundo grupo de tres autobuses. Los ayudantes del Di Tella informaron a los participantes de que los horarios serían extremadamente puntuales. Los seis autobuses dejaron la calle Florida con exactamente cinco minutos de diferencia: el primer grupo a las 2:40 y el segundo a las 2:45. Los primeros avanzaron 18 cuadras en dirección este, alejándose de la calle Florida, hasta un pequeño teatro independiente llamado Theatrón, en un sótano de la concurrida zona de las avenidas Santa Fe y Pueyrredón. Al mismo tiempo, los otros tres autobuses se dirigieron al norte, más allá del aeropuerto, hasta la ahora abandonada estación de trenes Juan Anchorena, en un barrio lujoso con vistas al Río de la Plata. Es decir que aunque ambos grupos participaron de la misma acción, fueron separados desde el comienzo. Aun cuando ambas partes de la obra tuvieran lugar simultáneamente, para los propósitos de esta conferencia y para un mejor entendimiento de lo que pasó ese día hablaré de ellas de manera independiente, e intentaré unirlas de nuevo en el tiempo presente de aquel domingo —y en la evaluación que Masotta hizo de los resultados.

Comenzaré —como el propio Masotta hace en su reporte del evento—[19] con el grupo que fue llevado al Theatrón. Durante 25 minutos, exactamente, quienes asistieron al pequeño teatro subterráneo se vieron expuestos a una música rock a altos volúmenes, interpretada en vivo por miembros del Taller Experimental Audiovisual Di Tella (una batería, dos guitarras eléctricas), mientras una película en 16 milímetros de 8 minutos de duración, producida para la ocasión por el artista Oscar Bony, se proyectaba

—

19— Oscar Masotta, "Después del pop: nosotros desmaterializamos", conferencia en el Instituto Di Tella, 21 de julio de1967, publicada originalmente en *Conciencia y estructura*. Buenos Aires, Editorial J. Álvarez, 1969. El texto se incluye también en Oscar Masotta, *Revolución en el arte: pop art, happenings y arte de los medios en la década del sesenta*. Buenos Aires, Edhasa, 2004. Las referencias de paginación subsecuentes remiten a esta última edición.

en una pared. La película comenzaba con un zoom lento al interior de un escusado, y después cortaba a un personaje cubierto en vendas, retorciéndose para liberarse. De acuerdo con Masotta, se trataba de una cita de un *happening* de Claes Oldenburg, probablemente *Injun*, ejecutado en Dallas en 1962, que también incluía escusados, vendaje y película. Los movimientos del personaje en pantalla eran replicados en el cuarto por la cantante Nacha Guevara, que abordaba a miembros del público de manera sexual. A las 3:25 pm, los ayudantes forzaron a los invitados a salir corriendo del teatro y abordar los autobuses en dirección a un segundo destino.

El guion de Masotta para el Theatrón —que él llamaba "el viejo *happening*"— era obviamente una parodia, un compuesto que integraba ingredientes propios de la época: rock o free jazz, una configuración desordenada, aspectos sexualmente explícitos, etcétera: los elementos estructurales preestablecidos que hacían del *happening* una forma artística identificable, distinta de otras, eran, de hecho, el tema subyacente en *El Helicóptero* de Masotta.

Si los excesos de Minujín pueden perdonarse en el contexto de una escena artística pueblerina y distante como la de Buenos Aires, que buscaba desesperadamente convertirse en una "capital de la vanguardia", Masotta no podía exonerar en cambio al artista francés Jean-Jacques Lebel, quien fuera invitado a presentarse en el Di Tella —muy probablemente gracias a la influencia de Minujín— a mediados de 1966. No está claro cuál de sus *happenings* presentó Lebel en el teatro del segundo piso del Di Tella, pero no importa, pues todos, en ese periodo, seguían más o menos las misma líneas: el artista/protagonista se dirige agresivamente a los agentes/actores que deben participar en la acción, pero que terminan siendo más víctimas que activadores, receptores pasivos de una serie de asaltos.[20] Los *happenings* de Lebel —que incluían el uso extendido de LSD o mescalina— eran abiertamente sexuales, aunque al final se trataba más bien de un ejercicio de voyerismo bajo la apariencia de un

—

20— Jean-Jacques Lebel, *Le Happening*. París, Denoël, 1966. Este libro fue traducido al español y publicado por una editorial en la que Masotta supervisaba una colección sobre comunicación y lingüística: *El Happening*, trad. de Enrique Molina. Buenos Aires, Nueva Visión, 1967 (las citas proceden de esta edición).

inventario de perversidades que quizás pueden parecernos banales hoy en día, pero que todavía eran tabú en una sociedad burguesa anterior a 1968 que apenas adquiría consciencia de los riesgos de un mundo determinado por los medios masivos o, para ponerlo en otras palabras, que apenas emergía de su inocencia prefreudiana.[21] Además, los *happenings* de Lebel (como se volvería evidente con su interpretación de la obra teatral de Pablo Picasso *El deseo atrapado por la cola* —aunque una traducción correcta del francés podría ser "atrapado por el pito"—, representada en la playa en Saint Tropez con la banda de rock Soft Machine y el propio maestro en el verano de 1967) eran siempre muy machistas ("Aparecen dos mujeres a quienes apenas se distingue, y juegan al badmington").[22] Masotta se mostraba extremadamente receloso no de las implicaciones sexuales de la propuesta de Lebel *per se*, sino de su uso de la sexualidad:

> [Del] *happening* de Lebel se podría decir: un "collage" neo-naturalista-expresionista. Pero este iconoclasta, que sostiene una estética de la mierda y que piensa a la simultaneidad como desorden, no abandonaba en cambio esas coordenadas tradicionales del teatro tradicional. [...] Sin rechazar la actitud beligerante de Lebel —ni ese aire de fanfarronismo orgiástico y negro que envuelve a sus *happenings* y a su persona— no será ocioso recordar hasta qué punto la violencia de las actitudes no sirve para justificar las contradicciones y los meandros de ciertos planteos estéticos.[23]

La segunda parte de *El Helicóptero* —"el nuevo *happening*", de acuerdo con Masotta— era radicalmente distinta, aunque inseparable de la primera.

El segundo grupo de autobuses llegó a la estación de trenes Anchorena. Ahí, los participantes no tenían nada que

—

21— En las notas para el guion de *Dechirex*, su *happening* para el Segundo Festival de Libre Expresión de 1965, Lebel presume que la mitad de los 400 espectadores que asistieron al evento no quisieron salir de la sala, y pidieron "más" hasta que apagaron las luces. *Ibid*, p. 87.

22— Guion de *Dechirex* (1965). *Ibid.*, p. 85.

23— Masotta (2004), pp. 353 y 354.

hacer salvo mirar el vasto horizonte sobre el río. Tenían que quedarse ahí de pie, junto a las vías abandonadas, esperando. Y no pasó nada. Debieron sentirse como actores de *Esperando a Godot*, una referencia clave de la época. En un momento dado desearon haber estado en el otro grupo, divirtiéndose en el Theatrón, justo mientras aquellos que estaban en el sombrío sótano deseaban formar parte del grupo que miraba el cielo sobre Buenos Aires. El jardín del vecino parece siempre más verde...

Finalmente, a las 4 pm apareció un helicóptero sobrevolando la plataforma que daba al río. Junto al piloto, una hermosa y joven estrella de cine llamada Beatriz Matar miraba hacia el grupo. Después el helicóptero se fue.

Dos minutos más tarde, los primeros tres autobuses llegaron a Anchorena. Ambos grupos se mezclaron.

Luego todos volvieron al Di Tella, y eso fue todo.

Este *happening* no fue reseñado o siquiera mencionado en la prensa —una diferencia importante respecto al evento de gran popularidad de Minujín. Intencionalmente, la única evidencia de su existencia es una serie de fotografías y el texto de la conferencia que impartió Masotta en el Di Tella unos meses más tarde: "Después del pop: nosotros desmaterializamos", cuyo concepto fue tomado de una declaración de *El Lissitsky* en la que Masotta establece la configuración para su "nuevo *happening*" o, en palabras de Roberto Jacoby, para el "anti-*happening*".

De acuerdo con el ensayo *Le Happening* de Jean-Jacques Lebel de 1966, publicado por Masotta un año más tarde: "El *happening* hace intervenir en el mito la experiencia directamente vivida". De esta forma, Lebel atacaba la reticencia de Merleau-Ponty hacia la alucinación (es decir, hacia el uso de drogas) como un aspecto de la fenomenología; del mismo modo, el francés rechaza los métodos de la historia del arte que Kaprow pone en práctica en la New York State University —y que según él contradicen las aspiraciones libertarias del *happening*— y cuestiona la crítica de Mircea Eliade del "valor de iniciación" del *happening* como un "nuevo ritual en la vida contemporánea". En contra de todos ellos, Lebel afirma: "Antes de decidir que el autor de un *happening* es un hierofante hay que establecer una diferencia esencial. La ceremonia conducida por el chamán se desarrolla según un esquema que es el soporte de un rito completo, y el desarrollo de esa ceremonia obedece estrictamente a un dogma, a una teoría cosmogónica; el artista que se entrega a un *happening*, al contrario, busca su cosmogonía en la acción".[24] La declaración de Lebel recuerda la descripción, en Jacques Lacan, del mito como un "ceremonial de los itinerarios establecidos" en el que la construcción de la narrativa que llenará el vacío de la privación se trata "de topografía y no de un paseo al azar".[25]

La teoría de Lebel provee pistas esenciales para entender *El Helicóptero* de Masotta. Si, de acuerdo con Lebel, el *happening* pertenece a una esfera de construcciones míticas que oculta a las fobias, el "happener" es entonces una suerte de chamán o psicoanalista lacaniano que exhuma el objeto simbólico del deseo. La respuesta de Masotta toma la forma de una deconstrucción estructuralista del mito del *happening*.

En su estructura, *El Helicóptero* es, de hecho, una transcripción exacta de uno de los textos cruciales de Claude Levi-Strauss, *La gesta de Asdiwal*, de 1958, cuya primera traducción al inglés —utilizada por Masotta— apareció en la compilación de Edmund Leach de 1964, *The Structural Study of Myth and Totemism*. Se trata de una de las más tempranas contribuciones inglesas a la antropología estructural, y es también el texto al que Lacan recurre para elaborar la descripción antropológica del mito dentro del psicoanálisis.[26] No entraré en detalles en esta presentación: baste decir que Masotta estructuró *El Helicóptero* siguiendo los esquemas binarios de diversas versiones de la historia de Asdiwal tal y como la cuentan los Kwakiutl de la Columbia Británica. Incluso la orientación del evento (el eje Este-Oeste de la ruta entre la Calle Florida y el Theatrón; y Norte-Sur de Florida a Anchorena) es una cuidadosa transposición, en Buenos Aires, de la geografía de los ríos Nass y Skeena, como lo son las oposiciones litoral/interior, caza marina/caza de

—

24— Lebel, *op. cit.* p. 98.

25— Jacques Lacan, "Á quoi sert le mythe?", *Le séminaire de Jacques Lacan. Livre IV. La relation d'objet 1956-1957*. París, Éditions du Seuil, 1994, pp. 249-251.

26— Edmund Ronald Leach et al., *The Structural Study of Myth and Totemism*. Londres, Tavistock Publications, 1967. La definición de Lacan del mito y su estructura (*Ibid.* p. 253) parafrasea el ensayo de Merleau-Ponty casi literalmente.

montaña que estructuran los itinerarios de Asdiwal desde una vida celestial con poderes sobrenaturales a la humilde curación de los leones marinos en una cueva submarina, y su viaje de regreso a la orilla en el estómago del león marino —que, en la versión de Masotta, se convirtió en el abarrotado Theatrón y la expulsión de los participantes después de media hora de estrés. Cada oposición binaria funcionaba en el mismo esquema: sótano/cielo; ruido/silencio; barrio comercial y concurrido/área residencial de clase media; la agresión sexual de Nacha Guevara al público al estilo de Jean-Jacques Lebel/la presencia etérea de Beatriz Matar en el cielo; el escusado al que se le jala la cadena/el helicóptero, etcétera. Cada componente de estas oposiciones es *débil* según la terminología de Levi-Strauss: no tiene significado hasta que se le confronta con su contraparte. En palabras del propio Masotta, tomadas de su guion:

> Todo comentario "puntual", esto es, una a una de las imágenes o de los objetos interiores a *El Helicóptero* será equivocada. Las imágenes expresionistas de Theatrón no podrían ser juzgadas ni entendidas por sí mismas: habría que pensarlas en relación a las imágenes de Anchorena, que *no* lo eran. Las *presencias*, esto es, los objetos perceptibles, visibles, presentes, sólo cobraban sentido (como los fonemas en un mensaje lingüístico) en el interior de un *código* y por lo mismo en relación a las *ausencias* (*ej.*: el *significado* de lo que ocurría en Theatrón estaba en Anchorena, y viceversa).[27]

Masotta se refiere aquí obviamente a la teoría de Levi-Strauss sobre la incapacidad del héroe, dentro del mito, para resolver *el conflicto interno* (en términos de Lacan: el vacío) mientras no sea capaz de aprehender toda la narrativa de su propia vida, que de hecho es el *tema estructural* del II Seminario de Lacan sobre "La carta robada", de Edgar Allan Poe, dictado en 1954, que Masotta estaba traduciendo en aquel entonces.

Lo que tenemos aquí es un *détournement* casi perfecto, que sucede simultáneamente en el texto y en el paisaje

—

27— Masotta (2004), pp. 363 y 364.

urbano, en la vena de los intentos de Guy Debord y los Situacionistas por recuperar la sensibilidad infantil en contra del desarrollo del mundo postindustrial y mediatizado; a pesar de esto, de acuerdo con los cómplices de Masotta, Roberto Jacoby y Eduardo Costa, parece que él no conocía las teorías de Debord, asunto que requiere una mayor exploración —pues a veces, como me gustaría establecer en esta conferencia, las mismas fuentes producen efectos similares en contextos diversos, incluso si no parecen relacionados a primera vista.[28]

Masotta es incluso más preciso cuando se trata del helicóptero, que a su vez se relaciona con valores concernientes a los niveles del cielo en el pensamiento mítico (particularmente entre los Zuni del sureste americano, incluyendo —de ahí su relevancia aquí— la escalera cosmológica que va de los coyotes a los buitres a las águilas, que se traduce en la cadena alimenticia en la escalera de vegetales a carroñeros a predadores, de femenino a femenino/masculino, a masculino, etc.):

> ¿Pero por qué un helicóptero y no un bimotor? Y si hubiera yo elegido un bimotor, ¿por qué un bimotor y no un *Jet*?
>
> Ahora bien, estas últimas preguntas son fundamentales: ellas convierten al helicóptero en "diferencial", lo definen por lo que *no* es. Por lo mismo el helicóptero me servía para "pensar" el cielo: en tanto hay diferencias [...] entre los tres tipos de aviones, se podría decir que el helicóptero pertenece al "bajo cielo" y que los aviones a propulsión al "alto cielo". Y como a su turno hay diferencia entre los aviones a propulsión y los de motores a hélice, se podría decir mejor que el helicóptero es una máquina de "primer bajo cielo". El helicóptero, de esta manera, "dividía" el cielo y retroactuaba, por decirlo así, sobre nuestro primer nivel cosmológico.[29]

—

28— "Con Debord lamentablemente nunca tomamos contacto. Otra habría sido la historia, pero no te imaginas el provincialismo de Buenos Aires en ese tiempo. Mucho después me he preguntado por qué razón Luis Felipe Noé y su grupo, que estaban en un diálogo estético con el grupo Cobra no hablaban de los situacionistas. De todos modos, nuestra banda era un kindergarten por comparación con el tremendo Debord y sus amigos", Roberto Jacoby al autor, 26 de enero de 2008.

29— Masotta (2004), pp. 366 y 367.

El helicóptero como dispositivo de vuelo no estaba cargado, en ese entonces, con las horribles connotaciones que llegaría a tener en los años setenta, cuando se utilizó más y más como fuerza de represión y después en películas como *Apocalypse Now* de Francis Ford Coppola, en 1979. En 1966 era todavía un artefacto para los ricos y famosos en el imaginario colectivo: pienso, desde luego, en el memorable vuelo de la estatua de Cristo sobre Roma (en *La Dolce Vita*, de Fellini), pero también en Raf Vallone lanzando rosas desde un helicóptero sobre su yate en honor a Melina Mercouri (en *Phaedra* de Jules Dassin, de 1962). Era también un vehículo amado por los artistas por sus cualidades espectaculares, como en *Volume Temporarire, Empaquetage for the Minneapolis School of Art* [*Volumen temporal, empaquetado para la Escuela de Arte de Minneapólis*] (1966), de Christo y, como hemos visto, en los *happenings* de Jodorowsky y Minujín, que usarían helicópteros nuevamente en acciones realizadas en Medellín, Colombia, en 1981, y en Buenos Aires en 1986.

Masotta, claro, no podía haber imaginado en 1966 que menos de una década después, de conformidad con las teorías militares francesas sobre la guerra contrarrevolucionaria aplicadas primero en Hanoi en los años cincuenta y después en Argel a principios de los sesenta, helicópteros similares despegarían de noche desde el Aeroparque de Buenos Aires, cargados con personas sacadas de las cámaras de tortura subterráneas del centro para aventarlas en medio del Río de la Plata, imitando paradójicamente su *happening*. Un recuerdo perturbador que todavía atormenta a la ciudad.

En aquel entonces, muy pocas personas entendieron las intenciones de Masotta, sobre todo porque nadie experimentó el *happening* como una totalidad, ni lo importante que era para él *neutralizar* la idea del *happening* como un mito, ritual o ceremonia, incitando a la gente a hablar: "*El Helicóptero* ponía de manifiesto la vocación comunicacional de los *happenings*, puesto que su diseño [...] conducía a una situación final que exigía el relato oral".[30] En cualquier caso, Masotta era totalmente consciente de que

—

30— *Ibid.* p. 374

una crítica del *happening* desde el *happening* mismo tenía sus límites:

> No se me escapa además que un *happening* no puede ser reducido a ninguna interpretación verbal o escrita: no es lo mismo pensar con palabras que pensar con "cosas". Inversamente, una cierta verbalización siempre es posible y está indicada, puesto que las "cosas" del universo social concreto no pueden no manifestar sus diferencias entre sí [...] Las sociedades globales no podrían ser estudiadas sin atravesar esos vastos *sistemas de connotación* que se hallan en las bases de la vida y los mitos sociales.[31]

Aquí me detendré por ahora pero —como en las películas— me gustaría terminar dando una idea de lo que sucedió con los personajes tras los eventos tratados.

Unas semanas después, Masotta produjo un *happening* menos conocido que consistía en contratar a una docena de extras cinematográficos, a quienes el público en el teatro del Di Tella debía mirar, sencillamente, durante media hora: una clara respuesta a *Simultaneidad...* de Minujín y que anticipaba *The Working-Class Family* [*La familia de la clase trabajadora*] de Oscar Bony, pieza presentada en el Di Tella un año más tarde y, más recientemente, el uso que hace Santiago Sierra de obreros, prostitutas o migrantes remunerados para exposiciones en galerías. Después, en diciembre, Masotta organizó su taller *Sobre happenings, happening*, destinado a proporcionar una mejor comprensión de lo que el *happening* era realmente, y que incluía la recreación (o, como decimos ahora, la reinvención) de tres piezas seminales: *Autobodies* de Oldenburg, presentado originalmente en un estacionamiento de Los Ángeles en 1963; *Meat Joy* [*Alegría de la carne*] de Carolee Schneemann, mostrado por primera vez en París durante el Festival de la Libre Expresión de 1964 organizado por Lebel; y un *happening* con guion y sin título de Michael Kirby al que Masotta asistió en Nueva York a principios de ese mismo año.[32] Un

—

31— *Ibid.* pp. 372 y 373

32— La fuente de Masotta para estas recreaciones fue el libro de Michael Kirby y Jim Dine, *Happenings, An Illustrated Anthology*, Dutton, Nueva York, 1965;

año más tarde, Masotta publicó el procedimiento de aquel evento, sin incluir referencias a *El Helicóptero*.

Para fines de 1966, la "Revolución argentina" había pasado: la economía nacional se caía a pedazos; el gobierno militar reestructuraba el mundo intelectual de forma prudente pero firme —primero cortando crédito a las universidades, después eliminando puestos clave sobre todo en las humanidades, lo cual empujaría al auto exilio a una generación entera de académicos que se instalaron en Francia, Suecia, México y, por un breve periodo, Chile. Aunque aún operaba con presupuesto de la empresa, el Di Tella tuvo que pedir financiamiento adicional de corporaciones estadounidenses (primero de Philip Morris, después Rockefeller y Ford) para seguir operando a tiempo completo; pero el Instituto y los bares circundantes de la calle Florida eran vigilados de cerca. Todo el mundo lo sabía y, por supuesto, eso importaba... En 1968 la empresa, alegando problemas financieros, cerró el Centro de Artes Visuales.

En 1968, Roberto Jacoby fue una de las fuerzas detrás de *Tucumán arde*, un acontecimiento sociopolítico en torno a una huelga de trabajadores de la caña de azúcar que utilizó las estrategias de *Un arte de los medios de comunicación* para llamar la atención lo más posible, y que terminó en un clima de censura y represión relacionado con las verdaderas razones por las que cerró el Di Tella. Este súbito choque de arte proto-conceptual y políticas radicales recibió mucha atención, y las acciones de estos "Hijos de Marx y de Mondrian" —para usar el titular que les dedicó la revista francesa de vanguardia *Robho*— se erigieron en un modelo de prácticas artísticas y *agit-prop* durante el movimiento juvenil mundial de 1968, particularmente en América Latina: *Tucumán arde* define todavía la historia del arte conceptual de la región y se ha convertido en un punto de partida único para muchos académicos del campo, incluidos Ana Longoni, Mari Carmen Ramírez y Luis Camnitzer, quienes asumen que éste es el único camino para América Latina. Cabe señalar además que *Tucumán arde* tuvo una repercusión importante en la historia del arte estadounidense: es entonces cuando Lucy Lippard —quien

—

el guion de *Meat Joy* se publicó en *Some/thing*, Hawk's Well Press, Nueva York, 1-2, invierno de 1965.

se hallaba entonces en Argentina con una beca Guggenheim— dio un giro a su carrera, dejó la revista de orientación greenbergiana *Artforum* y empezó a escribir sobre la desmaterialización del objeto artístico.

En los años setenta, conforme la represión aumentó, Roberto Jacoby pasó a la clandestinidad, se dedicó a administrar un bar en el centro de Buenos Aires, y sobrevivió —a saber cómo— a la dictadura. Tuvo un regreso a fines de los ochenta, liderando su banda de rock, Virus, y convirtiéndose en un activista del sida a través de su Proyecto Venus. Actualmente es el editor de una de las más agudas revistas sobre arte de Sudamérica: *Ramona*.

Eduardo Costa, al igual que otros tantos artistas argentinos (Liliana Porter, César Paternosto, Leandro Katz, David Lamelas) se instaló en Nueva York. De todos ellos, Costa fue el único que hizo carrera como artista conceptual. Durante los años setenta, Costa creó obras relacionadas con el antiguo grupo de *Un arte de los medios de comunicación*. Su pieza *Una obra que es esencialmente la misma que una pieza realizada por cualquiera de los primeros artistas conceptuales, fechada dos años antes que el original y firmada por otra persona*, exhibida por vez primera como parte de *Art in the Mind*, una de las más tempranas exposiciones puramente conceptuales, montada en Oberlin College a comienzos de 1970, se refiere directamente a los artistas que fechaban sus obras como si fueran anteriores para ser los "primeros" en la línea del tiempo del arte conceptual, y buscaba desafiar tanto la práctica artística como las narrativas canónicas de la historia del arte académica que ya entonces estaban en curso.

Oscar Masotta dejó Argentina en 1974 para irse a Londres y más tarde a París, donde finalmente conoció a Jacques Lacan —quien alabó su inteligencia. A pesar de contar con el respaldo de algunos de los más cercanos discípulos de Lacan —como Maud Mannoni—, se peleó con el hijastro y editor de Lacan, Jacques-Alain Milles, y fue expulsado de la Escuela Francesa de Psicoanálisis Freudiano. Exiliado en Barcelona, fundó la rama española de los estudios lacanianos bajo el agonizante régimen de Franco. Se casó y tuvo una hija. Murió de cáncer a los 49 años, en Barcelona, en 1979. Una rama argentina del psicoanálisis lleva su nombre.

Marta Minujín volvió a vivir a Nueva York en 1967. En colaboración con el Experiment in Art and Technology y con AT&T construyó *Minuphone* en 1967 y, un año después, el *Minucode*, una versión refinada y mucho más compleja de su *Simultaneidad*... que se exhibió en la Society of the Americas a fines de 1967, y luego una vez más como parte de la exposición *Information*.

Marta está viva y bien y vive en Buenos Aires. Todavía es rubia y todavía viste sus característicos overoles.

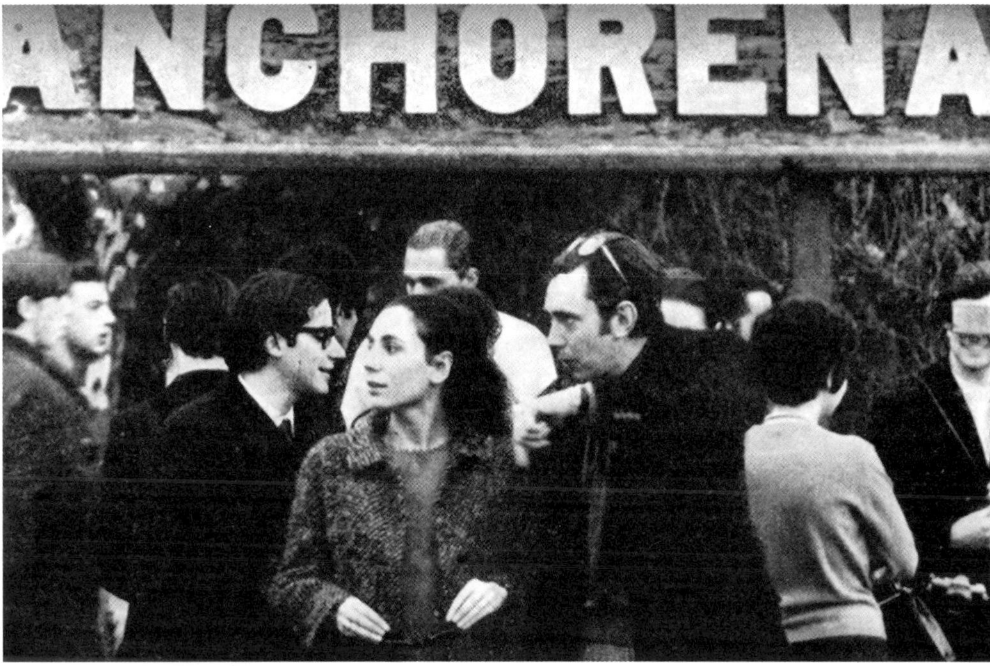

Oscar Masotta, *El Helicóptero—The Helicopter*, Buenos Aires, 1967. © Cloe Masotta y—and Susana Lijtmaer [Cat. 63]

Looking at the Sky in Buenos Aires*

OLIVIER DEBROISE

* University of California San Diego, April 2008

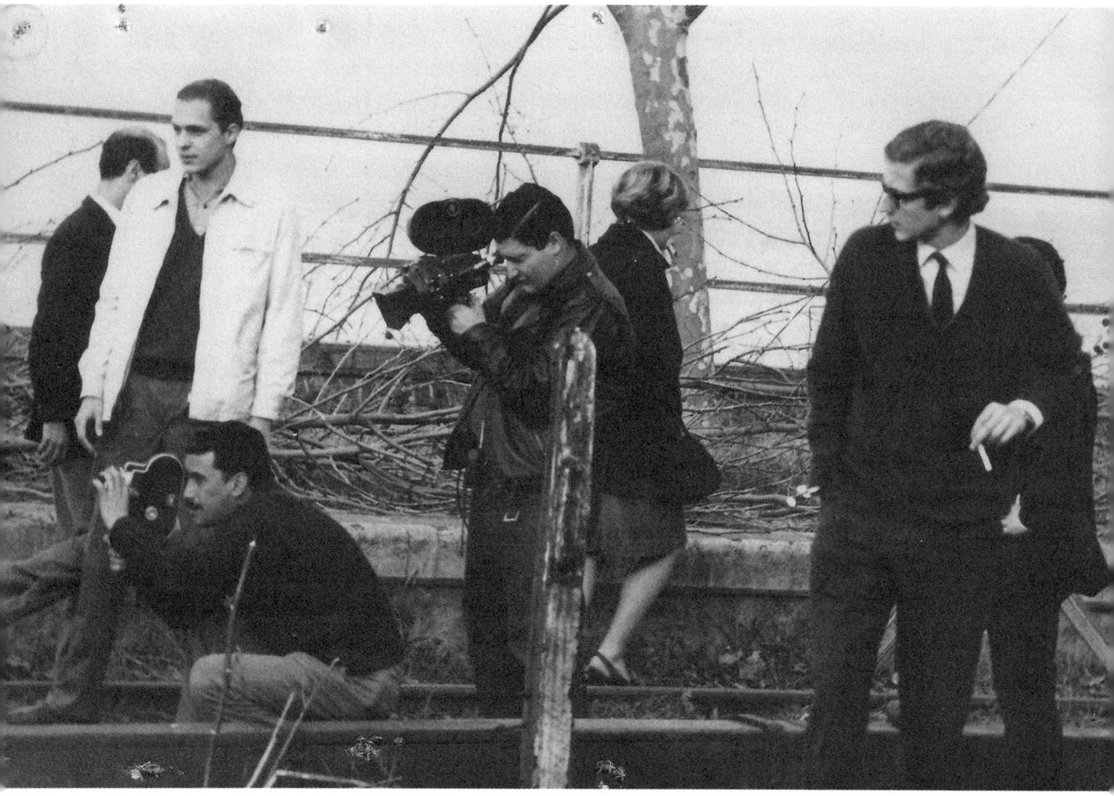

Oscar Masotta, *El Helicóptero—The Helicopter*, Buenos Aires, 1967.
Cortesía de—Courtesy of Eduardo Costa [Cat. 63]

The paper I will read this evening developed out of a generous fellowship from the Getty Research Institute for a book project currently—and temporarily—titled *Machines, Spacecrafts, Footsteps, Bombs and Artistic Change in the 1960s*, which is an attempt to examine a series of artistic practices in several Latin American countries at a time when postwar technological developments in mathematics (particularly cybernetics in its relation to language), information theory and the raise of satellite communication, were increasingly being used by artists to challenge their current situation and the role of art in a media-dominated society. Their usage would eventually come to define, in large part, what would later be called Conceptual art.

Even though my research focuses on a few cases studies in Latin America, this project has natural ramifications for other regions, in particular the UK, France and the United States, as it is related with the intense debates in the context of intense debates over the development of the war in Vietnam—which, among other elements, was also a media war—and its corollary, a rapprochement of intellectuals, scientists and artists worldwide. This affected even the self-enclosed New York art scene: in 1970, for instance, Kynaston L. McShine, curator at the Museum of Modern Art in New York and organizer of the milestone *Information* show that, in a way, marks the closure of the period under consideration here, and who (in his own words) proudly introduced in the show "some very important artists from Argentina, Brazil, Canada and Yugoslavia," as well as already well-known American artists such as Dan Graham, Sol LeWitt, Richard Long or Robert Morris. McShine stated quite candidly in his catalogue essay that:

> With an art world that knows more readily about current work, through reproductions and the wide dissemination of information via periodicals, and that has been altered by television, films, and satellites, as well as the "jet," it is now possible for artists to be truly international; exchange with their peers is now comparatively simple. The art historian's problem of who did what first is almost getting to the point of having to date by the hour. Increasingly artists use the mail, telegrams, telex machines, etc., for transmission of works themselves—photographs, films, documents—or of

information about their activity. For both artists and their public it is a stimulating and open situation, and certainly less parochial than even five years ago. It is no longer imperative for an artist to be in Paris or New York. Those far from the "art centers" contribute more easily, without the often-artificial protocol that at one time seemed essential for recognition.[1]

From a distance, McShine's comments seem to reflect his optimism. In fact, during this brief moment in time, there were strong currents that did cross boundaries including those of localism, and parochialism, challenging the way the recent history of art has been drawn. While, as Amy Newman already substantiated in her history of *Artforum* magazine, the New York scene became entirely self-contained in the mid-1960s,[2] the history of Latin American art is commonly written in terms of a generally accepted opposition to the European or North American *mainstream*, generally for nationalistic reasons but also in terms of Right-Left and/or colonial-postcolonial debates within each local context. Thus, artistic production in twentieth-century Latin America is usually discussed in terms of the purely epistemic, evacuating—in very general ways—other possible readings, in particular any morphological—so as not to say "formalist"—analysis. If this is true in modern art—for example, the case of David Alfaro Siqueiros' encounters with Jackson Pollock in New York in 1935 and what would happen as a result of them—, it becomes even more difficult in the 1960s, when artists began to reduce the possible commodification of their practice by using strategies—in Allan Kaprow's terms—to blur the limits between art and life. These strategies, paradoxically, contain works and artistic practices in a brief moment in time, such that no one but those who experienced that moment have a right to talk about it, thus invalidating any art-historical approach, description or analysis. The only thing that can be done in response to the work is to note this advent on the time line. This is actually how the

—

1— Kynaston McShine, "Essay," *Information*. New York, Museum of Modern Art, 1970, p. 140.

2— Amy Newman, *Challenging Art: Artforum*. 1962-1974, Soho, New York, 2000.

canonical history of global Conceptual art has been written, usually by the artists themselves or their close relatives: in the very moment of production of the work, with all the bias this implies in terms of egocentrism, local chauvinism, party lines, and in some recent cases, paradoxical efforts to reinstate into the art market works calculatingly created on the margins of galleries or museum apparatuses.

I do not have time today to discuss these issues at length, and so I am leaving many of my doubts and concerns aside for now. I would just like to say that this book project pushes against these limits: first, because I think the way these histories have been put together is a fascinating subject in itself, and they can be approached, if only from the point of view of literary criticism, as texts written about art. And second, because the assumption that artists, not only in Latin America but also in New York, Amsterdam, Belgrade or Paris, were not aware of what was going on in the world is simply insufficient. Although for the sake of their position in a particular context and a precise history they resisted making contacts—or talking about it—, they actually maintained dialogues, and in many cases were part of intricate networks, sometime preceding by decades those of the global economy.

A sudden craze, beginning in the mid-fifties, but that reached its peak in a series of exhibitions at major museums worldwide between 1965 and 1971, relates to the artists' (and some curators') enthusiasm for (generally in the United States) or critiques (in Europe, Japan and certain regions of Latin America) of the structures of machines, cybernetics, and communication and information systems, also embraced by Latin Americans. For example, Raisa Reichardt's 1968 landmark exhibition at the ICA in London, *Cybernetic Serendipity*, based on Norbert Wiener's theories and the first generation computers created at Bell Lab in New York, was also shown in Buenos Aires a year later at the recently founded Centro de Arte y Comunicacion. But not everything was as simple at the time, and the reception of the information age, with all its implications, was nonetheless somehow conflictive. The Brazilian artist, Hélio Oiticica, for instance, developed his *Bolid* series in Rio de Janeiro's favelas in the mid-1960s, which, besides their obvious references to Mondrian and, moreover, to Max Bill's constructivism, can also be read as ironical comments on Brazil's urban transformation and Oscar Niemeyer's megalomaniac achievement with the construction of Brasilia as a kinetic capital, designed not to be walked ("Brasilia has no street corners," he proudly affirmed at the time) but to be navigated by car.

Although on a different scale, a parallel but opposite antagonism can be found in the radical reactions of German born artist Mathias Goeritz, then living in Mexico (shown here manipulating Lygia Clark's 1962 articulated structure *Bicho* in David Medalla's London studio in 1965). Goeritz himself became a pioneer of environment art with the construction in 1952 of his Museo Experimental El Eco in Mexico City; he vehemently resisted Jean Tinguely's self-destructive machines in 1960, distributing flyers in protest at the doors of the Museum of Modern Art while *Homage to New York* was burning and disintegrating, and a few years later—under the scrutinizing eye of a young, happening artist named Yve-Alain Bois, shown here on the right—, he continued dismissing Lygia Clark's relational objects and actions. While the French-Argentinean Groupe de Recherche d'Art Visuel (GRAV), following Tinguely and the far lesser known Colombian artist, Feliza Burzstyn, who created motor-animated sculptures, were progressively becoming more critical, challenging both the idea of sculpture and the productivity of machines as the information age was being shaped, in 1967 the Los Angeles County Museum of Art, was embarking—in collaboration with companies such as AT&T, Rand Corporation, Lockheed Aircraft, IBM and Universal Studios, among others—on a multimillion-dollar project curated by Jane Livingstone, commissioning some 80 artists to work with engineers on developing technologically based pieces. LACMA's *Art and Technology Program* would only confirm (if confirmation were needed) the inherent conflicts in the relations between artists, corporate CEO's, accountants and engineers, as most projects turned into outright failures from the point of view of their feasibility—Claes Oldenburg's straightforward *Icebag*, a collaboration with Disney studios, and Andy Warhol's holographic wallpaper (with the support of RCA) are two works that did not disrupt the corporations' general running and operation, as others did—leading to the brutal transformation of an artist's career. An example of this transformation is the artist Hans Haacke, who, after being exposed to the rigid contractual demands of the corporations involved in LACMA's project, suddenly abandoned his research in kinetics and inaugurated what would become known as Institutional Critique.

Such tensions between artistic practices and engineering were already at work at the core of Experiment in Art and Technology, the New York City-based lab organized by the Swedish engineer and former assistant to Tinguely's self-destructive machines in the late 1950s, Billy Klüver, and Robert Rauschenberg. The lab included, among other artists closely linked to the Howard Wise gallery in New York, members of the Groupe de Recherche d'Art Visuel, two Chilean artist Enrique Castro-Cid, a fellow of William Copley's Cassandra Foundation and a protégé of Marcel Duchamp, who designed robots based on Norbert Wiener's theories, and also Juan Downey, who was then exploring radio waves, humidity and breathing, and introducing human *feedback*—another derivation of cybernetics and information theory—as an essential component of interactivity within his work. Finally, the Argentinean artist, Marta Minujín, created her *Minuphone* with Billy Klüver and the Experiment in Art and Technology, also in New York, in 1967.

What we are discussing here is a complex network that involved extensive traveling, phone calls, mail, and a variety of exchanges between artists and cultural institutions of the period—and which also presents a challenge for the art historian, as the sources are dispersed across at least three continents and a dozen different countries.

Most of the works produced in that period no longer exist, in part because those technological experiments became quickly outdated and inoperable, but also because the ecstasy quickly evaporated out of the discourse while the art world was evolving in other directions. Tonight I would like to develop one of the chapters of this story. I will discuss works of art that barely existed—and, in at least one case, did not exist at all –, works that were not even made by artists, though we cannot understand the meaning of their *inexistence* outside of art as anything other than a response to the very existence of art.

On the afternoon of October 16th, 1966, some eighty people met at the glass door of the Centro de Artes Visuales of the Di Tella Institute on 936 calle Florida in Buenos Aires. They had no clear idea of what would happen that day, though they had either read a flyer posted days earlier in the cafeteria at the Centro or else received their own copy of the invitation, which included a list of participants of the day's event: a happening called *El Helicóptero* [*The Helicopter*] (1966), organized by a young professor of philosophy at the University of Buenos Aires, Oscar Masotta, who had recently been invited to lecture on art and philosophy at the Di Tella.

The Torcuato Di Tella Research Institute in the Humanities was created in 1958 as a non-profit foundation, backed by the SIAM-Di Tella Corporation, one of the leading manufacturers of appliances and automobiles in Latin America since the 1940s. The Centro de Artes Visuales opened two years later, originally to house the collection of European masters belonging to the corporation's founder, Torcuato Di Tella—who had died 10 years earlier. Yet it would become, within a few years, a center for the expansion of contemporary art, inviting critics and curators including Clement Greenberg, Pierre Restany, Allan Solomon and Lawrence Alloway to be on the jury of its much-discussed annual prize, which had awarded artists such as Robert Morris, Sol LeWitt, and Bridget Riley, and Argentinean artists Marta Minujín and Luis Felipe Noé, to mention just a few. The director of the Centro de Artes Visuales, art historian Jorge Romero Brest, was well connected in the international art world, but, moreover—and this is a remarkable achievement in the extremely polarized art system of the period—, he backed a wide range of artistic practices from Argentinean Informalism and "New Figuration" to hard-edged Abstraction, Pop, Op, Californian Assemblage, and, as we will see, some very early efforts towards a deconstruction of the art object, Happenings and Institutional Critique. The Di Tella was thus exceptional in Latin America, where cultural institutions are generally state-run and promote local artists as emblematic of national identity or—when this became impossible to sustain in a changing, globalized, world—when they establish a very personal style, dismissing almost everything at the margins. Despite critiques both from the right—which saw the Di Tella as advocating an international avant-garde that challenged the status of art in its patrimonial dimension—and from the left—which saw it as an elitist agent of imperialism—, the Di Tella was a driving force in Argentina.

In the Argentinean winter of 1966 when an anticipated, though finally "soft," military coup took place—described at the time as "La Revolución argentina"—, the Di Tella, under the influence of Oscar Masotta, embarked on a new project, delayed by a few months by political events but which eventually took place: a lecture series titled *Happenings on Happening*, which included reenactments and featured international guests who came together to discuss this new form of artistic practice.

Oscar Masotta is all but forgotten now, except perhaps in the field of Lacanian studies. This is because in the 1970s, Masotta would challenge the master psychoanalyst on his own turf, creating his own post-Lacanian school of psychoanalysis in Barcelona. But in 1965, aged just 27, Masotta taught at the University of Buenos Aires, lectured at the Di Tella, and edited a book series on communication and media. A product of the newly open post-Perón era, Masotta was one of the first readers and translators of Lacan, Claude Levi-Strauss and Roland Barthes into Spanish; he admired Jean-Paul Sartre—it was impossible not to at the time—, and wrote a full-length book on Pop Art in the US between 1964 and 1965, though he had not seen any of the works he discussed by Andy Warhol, George Segal, Robert Indiana or Roy Lichtenstein in person. He had a justification though—probably inspired by his reading of Lacan –, through which both his further practice and his approach to art should be understood:

> As critics of realism, Lichtenstein, Indiana or Warhol do not attempt to "inform us" about the real, and even less, to reproduce it. They try, rather, to inform us about preexisting information, or, to put it another way, to represent the represented.[3]

Thus, as Masotta expressed a year later, direct exposure to Pop Art was not in fact necessary as the works only convey "a code that is the message in itself, and only generate the possibility of communicating meaning. In this respect,

—

3— Oscar Masotta, *El pop-art*. Buenos Aires, Columba, 1967. Reprinted in Oscar Masotta, *Revolución en el arte: pop-art, happenings y arte de los medios en la década del sesenta*. Buenos Aires, Edhasa, 2004, pp. 115-116.

Masotta was following a similar line of critique of Pop as a "disruption of representation" and "total integration" of the art work into the political economy of the commodity-sign" developed in those same years by Barthes and Baudrillard.[4]

Masotta was able to travel outside Argentina for the first time in late 1965, thanks to a Di Tella grant: first to New York, to lecture at the MoMA in the wake of a touring exhibition of Argentinean art, *Beyond Geometry*. On this brief journey, he met Allan Kaprow, Claes Oldenburg and Al Hansen; he attended some 10 happenings in New York City; then went on alone to Paris, where he saw Jean-Jacques Lebel's *120 minutes dédiées au Divin Marquis*.

Returning to Buenos Aires in late April 1966, with piles of books, magazines, flyers and new ideas, Masotta was faced with increasing political anxieties exploding in two opposite directions: an escalation of political awareness on the one hand, and a rapid adaptation of urban society to the information era on the other. One of the major events of that autumn serves as a metaphor for this ambiance, as it combines both information and politics and would become a starting point for the months to come: a group exhibition in a private gallery, *Homage to Vietnam*. The exhibition included the participation of some 120 artists including whom were several young art students exhibiting for the first time: among the most extreme, Ricardo Carreira presented a large pool of blood in the gallery and, simultaneously, in other spots in the city—[5],while Roberto Jacoby installed a series of bloody mannequins, three dimensional renditions of newspaper photographs depicting victims of napalm, and Leon Ferrari exhibited his previously censored series of boxes with model F-15 jets carrying bombs in the shape of Christ or the Virgin Mary.

Soon after the exhibition opened, Roberto Jacoby began meeting in the Café Moderno with two other students of Masotta: Eduardo Costa, a poet and editor of the literary avant-garde magazine *Airon*, and a young literary critic,

—

4— Hal Foster, "Death in America," *October*, 75, Winter 1996, p. 38.

5— Ana Longoni, "El Deshabituador: Ricardo Carreira en los inicios del conceptualismo," in *Arte y literatura en la Argentina del siglo XX*. Buenos Aires, Fundacion Telefónica; Fundacion Espigas, 2006, pp. 61-106.

Raúl Escari. Jacoby was by far the most politically engaged: he was involved in art student unions, and at 17 he joined Ernesto (Che) Guevara's guerrilla army on the Bolivian-Argentinean border and was a full member of the Communist Party. By the end of May—though he was still working on his only object-based art work which he would show later in the year—Jacoby had already considered publishing a catalogue of an exhibition that had never taken place. From a quite simple post-Dadaist joke on the artistic milieu—recalling Yves Klein's *Yves, peintures*, a fake exhibition catalogue of 1954—[6], the project evolved into a more complex proposal that the trio would carry out in July, just at the moment when the media in Argentina began reporting clear signs of closure and censorship.

The piece was originally called *A Happening of Total Participation*, and its only support—in the basic, technical sense that an artwork requires a physical support—would be the media itself. On August 15th, 1966, Jacoby, Costa and Escari sent a press release to newspapers and magazines —including photographs, statements about the participants, etc.— about a Happening staged at the home of a gallery owner, involving some local celebrities including the world-famous Spanish flamenco dancer Antonio Gadés. The non-existent event was reviewed on several occasions in newspapers and magazines in the following weeks, and even changed its name as a reviewer mentioned the use of a dead boar during the Happening: it became, as it is now known, *The Happening for a Dead Boar*—perhaps a circumspect reference to Joseph Beuys' *How to Explain Painting to a Dead Hare*, performed in Düsseldorf in November of 1965, which Masotta might have read or heard about while in Europe. It might be not have been entirely accidental that, at almost the same time, Dan Graham was writing a paper and designing a double page display for *Arts Magazine* that would become his first media-based art work, *Homes for America*, published in the December 1966 issue of the magazine—albeit in a different format, as the designer must have assumed it was just another meaningless article by an artist.

—

6— Nicolas Charlet and Yves Klein, *Yves Klein*. Paris, Biro, 2000, p. 30.

Three months later, on October 30th, Jacoby, Costa and Escari released their manifesto, *Art in the media*, disclosing their scam and their intentions: "In a mass civilization people are not in direct contact with cultural events; rather they are informed about them via the media ... In the course of coming into being, contemporary art (basically Pop) sometimes took elements and techniques from the mass media, disconnecting them from their original context ... As opposed to Pop Art, we intend to create a work within those media."[7] The revelation annoyed quite a few readers and exhibition goers—some of them writing letters of protest in the newspapers—among them Octavio Paz, then the Mexican ambassador in New Delhi, who wrote a dull letter to Eduardo Costa on November 11th, dismissing the artistic value of the piece while recognizing its importance from a purely sociological point of view. A few individuals, nonetheless, approved of its meaning; one of them was Eliseo Verón, a sociologist and communications expert and a friend of Masotta, who clearly understood the intentions of these pioneers of Institutional Critique:

> The central characteristic of Costa, Escari and Jacoby's experience was the production of a rupture within the information structure, using the internal mechanism that structures it. In fact, the reader is informed that he has been informed about something that never happened, which weakens down to the absurd the very notion of information and, by extension, create an uncanny image of mass media operating in the void.[8]

What was under discussion here, was a general enthusiasm towards Marshall McLuhan's overly optimistic ideas and his devastating influence on the art world had turned

—

7— Eduardo Costa, Raul Escari and Roberto Jacoby, "Un arte de los medios de comunicacion," *El mundo*, October 30th, 1966; reprinted in Oscar Masotta, *Happenings*, Editorial J. Alvarez, Buenos Aires, 1967. Translated as "A Mass-Mediatic Art" in Mari Carmen Ramirez, et al., *Inverted Utopias: Avant-garde Art in Latin America*, Yale University Press; Museum of Fine Arts Houston, New Haven, Houston, 2004 p. 530-531; and as "An Art of Communications Media" in Ines Katzenstein, *Listen, Here, Now...*, p. 223. I am using Katzenstein's versión here (translated by Eileen Brockbank).

8— Eliseo Verón, "Comunicacion de masas," *El mundo*, October 30, 1966, reprinted in Oscar Masotta, op. cit., p. 137.

Pop Art—and Happening as a form of Pop—from being a critique of art to a lifestyle. Information theory was on the rise almost everywhere in the world at a time when the first satellites—Telstar (1962) and Early Bird (1965)—were shortening long distance voice and data transmission, and the public were beginning to realize that the "man on the moon" was no longer a sci-fi comic-book fantasy but a well-publicized fact that before too long would be made real. McLuhan had become a media celebrity and a cult figure, lecturing live on CBS, attending—and theorizing on—Andy Warhol's *Exploding Plastic Inevitable* with the Velvet Underground, and attending happenings.[9] In Argentina, McLuhanism had already infected its first victim: Marta Minujín.

In 1960, at just 17 years of age, Minujín was awarded a fellowship by the French embassy in Argentina and settled in Paris, where she quickly made contact with the Nouveaux Réalistes, a group formed in late 1959 by Pierre Restany at Yves Klein's studio, and which included Tinguely, Arman, Jacques de la Villeglé and Martial Raysses, among others. Apart from Klein, all were working with found objects and debris—de la Villeglé, with layers of advertisements he stripped from the city walls; Tinguely, with fragments of metal works he animated using motors. Minujín began following the Nouveaux Réalistes' example by working with found objects; in her case, striped mattresses she encountered in hospital garbage bins and with which she made penetrable sculptures. In 1963, just before returning to Argentina, she performed what she would later call "her first Happening," publicly burning all the works she had made in France in the backyard of Tinguely's studio in the Impasse Ronsin, already celebrated within the Paris underground as the open-air space where Nicky de Saint-Phalle—Tinguely's muse—would publicly paint walls and tridimensional informal sculptures made out of hoses and an assortment of guns loaded with brightly colored pigments.

Minujín's first Happening—although in 1964 she called it a "Suceso plástico" or "visual event"—was set up in a stadium in Montevideo, Uruguay, and consisted of a parade

—

9— See Branden W. Joseph, "'My Mind Split Open': Andy Warhol's Exploding Plastic Inevitable," *Grey Room: 8*, Summer 2002, 80-107.

of sexy muscular motorcyclists, overweight women, young girls in miniskirts kissing the 200 guests, couples locked to one another in sensual embraces, and a helicopter throwing flour, lettuce heads and 500 dead chickens over the audience. This rather naïve act of provocation, which was of course exhaustively reviewed on television and in the press both in Uruguay and Argentina, seems to have replicated in many of its elements *Song to the Ocean*, an event that would eventually become legendary, created by the Chilean actor and stage director Alejandro Jodorowsky in a public swimming pool in Mexico City in 1963, and which also involved dancing couples, overweight women, dwarfs and a helicopter that was supposed to throw chickens, dead and alive, over the audience. The reiterative use of dead and live animals, particularly chickens, in early Happenings seems to be a direct quotation from Kaprow, who made a structuralist statement about this recurrence in 1966:

> The only form a thing has is what it looks like or does. That is, if a chicken runs, eat chicken feed, and roosts, that is all the composition required and all the composition the experimenter needs to think about. This is not nonform, for the brain can only function in patterned ways. It is simply an avoidance of the familiar artistic distinction between matter (the medium) and its malleability (the form).[10]

In Kaprow's Happenings, the haphazard reactions of chickens might very well carry ideas of violence and the accidental in events otherwise precisely regulated. Jodorowsky's *Efímeros*—as he called his Mexican version of Happenings—clearly relate to bloody pagan rituals, having a more distinctly theatrical quality and using grotesque components issued from late European Surrealism—in particular, the imagery of Luis Buñuel's films—and, as we will see, some of Jean-Jacques Lebel's mystical ingredients. Jodorowsky's *Song to the Ocean* never occurred in its full dimension, as the helicopter accidentally plunged into the pool during a rehearsal a day before the action was to take place. [11]

—

10— Allan Kaprow, "Experimental Art," *Art News*, 65: 1, March 1966.

11— Cuauhtémoc Medina, "Recovering Panic," in Olivier Debroise (ed.), *La era*

Minujín would become a celebrity a year later with *La Menesunda*, a collective work she produced with the painter Rubén Sanantonín and with the collaboration of a group of younger artists including David Lamelas (according to Inés Katzenstein, "the title is a slang word suggesting drugs, disorder, mess"[12]).

The work consisted of a two-floor installation that the participant had to pass through, exposing him or herself to different "phenomenological interactions": a neon-lit corridor facing a series of television sets at full volume; a room with a huge bed where a naked couple could have sex (or not), surrounded by ear-shattering recordings of city traffic; then down to the interior of a gigantic woman's head made out of papier-mâché, where one could be made-up or have a manicure; then to a device hanging from the roof that would carry you into a white room whose floor was covered with soft bubble gum blown by fans; and finally into a black room smelling like a dental practice and kept below freezing, with a telephone on which one had to dial a specific number to exit *La Menesunda* and return to the not-so-quiet calle Florida.

In fact, *La Menesunda* conceived as a sort of initiation ceremony, carrying the spectator through different "fields" and activating each of the senses simultaneously or consecutively, was very likely inspired by *Labyrinth I*, a device the Groupe de Recherche d'Art Visuel (GRAV) presented at the 3rd Young Artists Paris Biennale in 1963 and replicated a few months later at the Museu de Arte Moderna in Río de Janeiro. However, the GRAV's *Labyrinth* was more austere, based on the geometric patterns the group had been investigating since 1960 to build their kinetic machines. This was, in fact, a less demanding (and less authoritarian) apparatus—despite a wall label at the entrance that read: "It is forbidden *Not* to interact." To the scientifically-based mechanism of the GRAV's *Labyrinth*, Minujín had added trendy pop ingredients taken from early-60s American happenings, a general

—

de la discrepancia: arte y cultura visual en México, 1968-1997, Mexico, Universidad Nacional Autonoma de México, 2006, p. 97.

12— Inés Katzenstein (ed.), *Escritos de vanguardia: Arte argentino de los años '60*, MoMA, Fundación Proa y Fundación Espigas, 2007, p. 23.

messiness, scattered pieces of furniture (as in Jim Dine; Allan Kaprow, Nam June Paik and Al Hansen's Happenings), transparent plastic sheets isolating different fields (in Kaprow); colorful painted walls; the enormous papier-mâché head (referencing Kienholz and Oldenburg's *Store* of 1963); make-up and references to fashion; distorted industrial or urban noises (common to John Cage and LaMonte Young); randomly tuned radio stations and accumulations of TV sets (Nam June Paik's landmark); and, inevitably, rock music (that everyone in the field, starting with Warhol, was using). The explicit sexual references were, nonetheless, more characteristic of Japanese or European Happenings and were highly discouraged among US artists, though they were present in Hal Hansen's Environments: as Allan Kaprow would state later, "Al was impulsive. Happenings were poetics. Al was openly adventuresome. Happenings were quietly exploratory."[13] Even though *La Menesunda* was not, strictly speaking, a Happening but more of an Environment within which the "viewer" could transform himself into a "happener," it encapsulated every element of the Happening's aesthetic.

La Menesunda was an immediate success in Buenos Aires: during the month and a half that it was on display at the Di Tella, long lines formed in the street before participants were introduced into the art-machine, stepping out of it with feelings characteristic of a dreamlike experience of art—of *Pop* Art, more specifically—first hand. As Jorge Glusberg stated: "Without exaggeration, with *La Menesunda* the Di Tella became famous outside Buenos Aires' intellectual circles," implying that Happening instantly became a notorious art form, while Marta Minujín—who had already invented her persona at the intersection of Andy Warhol and Nicky de Saint-Phalle, appeared in her signature golden overalls at parties, television interviews and photo shoots, presenting herself as *the* landmark for something that was described as either totally *cool*—a word imported from McLuhan—or totally decadent, in Argentinean culture.[14] She was even reported to

—

13— Allan Kaprow interviewed by Kristine Stiles, in Paul Schimmel, et al., *Out of Actions: Between Performance and the Object, 1949-1979*. The Museum of Contemporary Art, Los Angeles; Thames and Hudson, New York, 1998, p. 315.

14— Jorge Glusberg and Marta Minujín, *Marta Minujín*, Buenos Aires, Ediciones de Arte Gaglianone: Colección Union Carbide, 1986, unpaginated.

have been seen roller-skating on 5th Avenue in New York City, along with... Herbert Marshall McLuhan himself.[15]

Masotta's response to that sudden Happening craze was not in fact so distant from Allan Kaprow's reasoning about what he had essentially created. In the fall of 1967, Kaprow exclaimed in *Art News*:

> From now on, anyone who would write or speak intelligently about Happenings must declare what sort of phenomenon he is referring to: "Happening" is a household word. Yet it means almost anything to the households, which hear it and use it. Consider the following: [...] A cosmetics commercial, composed of a swirl of gimmicked, suggestive noises leading to the name of the product, end sexily 'That was a Happening—by Revlon' [...] Hippie groups, discotheques, PTA meetings, Rotary Club outings, a popular rock-n-roll band, a hip record by The Supremes, a party game kit, at least two regular-run movies—are all called Happenings [...] there was even a news analyst last winter who cynically judged our war in Vietnam as "a Happening gone out of control."[16]

What was clearly going out of control in the fall of 1966 was Happening itself as an art form. The *Happening for a Dead Boar* was not yet understood for what it was, but Marta Minujín was producing—again under the umbrella of the Di Tella—a more ambitious work, *Simultaneity in Simultaneity*, a collaborative project with Allan Kaprow in New York and Wolf Vostell in Berlin. The piece was very likely designed to activate McLuhan's 1963 statement (from "Agentbite of Outwit"): "Post-literate [...] electronic media contract the world to a tribe or village where everything happens to everyone at the same time: everyone knows about, and therefore participates in, everything that is happening the moment it happens."[17]

Simultaneity in Simultaneity took place on two different dates, October 13th and 24th. This piece deserves a more in depth analysis and cross-examination, as the multiple

—

15— "Señoras y Señores: Vientos," *Primera plana*, V: 219, March 3rd, 1967.

16— Allan Kaprow, "Pinpointing Happenings," *Art News*, 66: October 6th, 1967.

17— Marshall Mcluhan, *Agentbite of Outwit* (1963), http://www.chass.utoronto.ca/mcluhan-studies/v1_iss2/1_2art6.htm [02/13/2008].

versions, both of the script and the results, are extremely confusing. I would just like to quote Michael Kirby's report of the work for *The Drama Review* in 1968—even though, as far as I know, he did not actually attend the event:

> *Simultaneity in Simultaneity* [...] was probably the first performance piece in history to make use of several coordinated mass media. In part of the work, each "spectator" was alone in his own home: relatively few perceived every dimension of the performance, but aspects of it were available to anyone with a radio or television set.
>
> The piece [...] was originally conceived as part of an intercontinental presentation. At the same time that Minujín's work was being done in Argentina, Allan Kaprow in the United States and Wolf Vostell in Germany were to do performances. The three had talked of making use of the Telstar communications satellite to transmit video material from one part of the performance to another, of flying performers from one country to another so that they could appear in person in more than one "section," etc.
>
> [...] Of course the television images of Vostell's and Kaprow's pieces had not actually come from Germany and the United States. The side of beef and the car covered with whipped cream had been derived by Minujín from descriptions of their work and video-taped in Buenos Aires. Because pre-performance publicity had stressed the international aspects of what was to have been a cooperative work, Minujín felt she had to create the missing elements herself. Thus a piece which, in concept, was absolutely concrete and involved no fiction at all, became, in part, similar to traditional theatre with its "artifice" and "pretense" —except that in this case the pretense was believed by the audience. It was doubly ironic, therefore, when Marta Minujín found out a week or so later that Allan Kaprow had not been able to get his call through to Argentina. The voice which she and the audience thought was Kaprow's actually belonged to a friend of hers who was trying "to help." "The media," said Minujín, "lied to me, too." [18]

—

18— Michael Kirby, "Marta Minujín's 'Simultaneity in Simultaneity'," *The Drama Review: TDR*, 12: 3, Spring 1968, p. 152.

On the Sunday between the two parts of Minujín's *Simultaneity in Simultaneity*, Oscar Masotta made *El Helicóptero*, so this work, which is the main focus of this talk, must certainly be read in the context of Minujín's controversial piece.

On October 16th, six shuttles were parked in front of the Di Tella to take the visitors to two different locations. According to the last digit of their ticket (odd or even), they were to board the first or the last group of three shuttles. The Di Tella attendants also informed participants that the schedule was to be extremely precise. All six shuttles left calle Florida scrupulously with 5 minutes difference: the first at 2:40, the second at 2:45, etc. The first shuttles traveled eastward 18 blocks away from calle Florida, to a small independent theater named Theatron in a basement in a busy district at the crossing of Santa Fe and Pueyrredón avenues. At the same time, the other three went north, passing the airport, up to the now abandoned Juan Anchorena train station in a fancy neighborhood overlooking the Río de la Plata. So, while both groups were involved in the same action, they were separated from the start. Although both components of the event were carried out simultaneously, for the purposes of this talk and for a clearer understanding of what happened on that day, I will discuss them independently and will try to tie them back together in the here and now of that Sunday—and Masotta's own assessment of it.

I will start—as Masotta himself does in his report of the event[19]—with those taken to Theatron. For precisely twenty-five minutes, participants in the small underground theater were exposed to loud rock music, performed live by three members of the Di Tella Audiovisual Experimental Workshop (one drum, two electric guitars), while an eight-minute-long 16 millimeter film, produced for the occasion by artist Oscar Bony, was projected on a wall. The film began with a slow zooming inside a toilet, then cut to a figure covered with white bandages, writhing to free himself. According to Masotta, this was a quotation from a Claes Oldenburg Happening, probably

—

19— Oscar Masotta, "Después del pop: nosotros desmaterializamos," lecture at the Di Tella Institute, July 21st, 1967, published in *Conciencia y estructura*. Buenos Aires, Editorial J. Álvarez, 1969 (an abbreviated English version can be found in Inés Katzenstein, *Listen, Here, Now!: Argentine Art of the 1960s : Writings of the Avant-garde*, Museum of Modern Art, New York, 2004).

Injun, performed in Dallas in 1962, which also included flushing toilets, bondage and film. The movements of the figure on the screen were replicated in the room by singer Nacha Guevara, sexually addressing members of the audience. At 3:25 pm, the attendants forced the guests to rush out of the theater and board the shuttle taking them to their second destination.

Masotta's script for Theatron—which he called "the old happening"—, was obviously a parody, a composite interlacing of the ingredients at work at the time: rock or free jazz; messy setting; overtly sexual elements, etc.; the pre-established structural elements that would make Happening distinguishable from other art forms, which were, in fact, the underlying subject of Masotta's *El Helicóptero*.

If Minujín's excesses could be forgiven in the context of a distant and parochial art scene like that of Buenos Aires, which sought desperately to become "an avant-garde capital," Masotta could not exonerate the French artist Jean-Jacques Lebel, who had been invited to perform at the Di Tella—very likely under Minujín's influence—in mid 1966. It is unclear which of his happenings Lebel presented at the Di Tella's second floor theater, but it does not matter as they were all, at this time, drawing along the same lines: the performer/protagonist aggressively addressing agents/actors that were supposed to participate in the action, but were more victims than activators, passive recipients of a series of assaults.[20] Lebel's happenings—which included extensive use of LSD or mescaline—were overtly sexual, though in the end more an exercise in voyeurism in the guise of an inventory of perversities that might seem banal in our time, but which were still taboo in the pre-68 bourgeois society that was just becoming aware of the risks of a media-driven world or, to put it differently, that was just emerging from pre-Freudian innocence.[21] Furthermore, Lebel's happenings (as would become obvious

—

20— Jean-Jacques Lebel, *Le Happening*, Denoël, Paris, 1966; translated in an abbreviated version as "On the Necessity of Violation," *The Drama Review: TDR*, 13: October 1st, 1968. This book was translated into Spanish in 1967 and published by a house where Masotta was overseeing a series on communication and linguistics (*El Happening*, Nueva Visión, Buenos Aires).

21— In the notes for the script of *Dechirex*, his happening for the Second Festival de Libre Expression of 1965, Lebel implies that half of the 400 viewers attending the event did not want to leave the room, asking for "more," until the lights were turned off. Ibid, p. 73.

with his interpretation of Pablo Picasso's play *Desire Caught by the Tail*—although a correct translation of the French would be "caught by the dick"—, performed on the beach in Saint Tropez with the Soft Machines rock band and the master himself in the Summer of 1967) were always very macho ("Two women that one can barely see appear playing badminton"[22]). Masotta was extremely suspicious, not of the sexual implications of Lebel's proposal per se but of his use of sexuality: "Lebel's happening may be described as a neo-naturalist-expressionist 'collage'. But this iconoclast who demands an aesthetic of shit and thinks that simultaneity is disorder, cannot extract himself from the traditionalistic coordinates of traditional theater … Without rejecting Lebel's belligerent attitude—or the boasting, dark orgy surrounding his happenings and persona—it seems necessary to recall that violent attitudes do not always justify the contradictions and meanderings of some aesthetic undertakings."[23]

So, the second component of *El Helicóptero*—"the new Happening," according to Masotta—, was radically different, though inseparable from the first.

The second set of shuttles arrived at the Anchorena train station. There, the participants had nothing to do but watch the vast horizon on the river. They were to stand there, next to the abandoned railroad tracks, just waiting. And nothing happened. They must have felt like actors in *Waiting for Godot*, a key reference at the time. At a certain point they would have wished to be in the other group having more fun at Theatron, just as those in the gloomy basement wished they were with the group watching the sky over Buenos Aires. The grass is always greener…

Eventually… at 4 pm, a helicopter showed up and flew over the platform overlooking the river. Next to the pilot, a beautiful young movie star named Beatriz Matar looked out onto the small crowd. Then the helicopter left.

Two minutes later, the first three shuttles arrived at Anchorena. Both groups mingled.

Then everybody was brought back to the Di Tella and that was it.

—

22— Script for *Dechirex* (1965). *Ibid.*, p. 71.

23— Oscar Masotta, "Después del pop…," p. 228.

This happening was not reviewed or even mentioned in the press—a crucial difference from Minujín's high-profile event. The only evidence of its existence, intentionally so, is this series of snapshots and the text of Masotta's lecture at the Di Tella a few months later: "After Pop: We Dematerialize," the concept of which was issued from a recently released statement by El Lisitsky, and in which Masotta establishes the arrangement for his "new Happening" or, in the words of Roberto Jacoby, "anti-happening."

According to Jean-Jacques Lebel's 1966 essay, *Le Happening*, translated to Spanish and published by Masotta a year later: "The Happening interpolates actual experience directly into a mythical context." Thus, Lebel attacked Merleau-Ponty's reticence toward hallucination (meaning the use of drugs) as an aspect of phenomenology; in the same way, he rejects Kaprow's art-historical practices at New York State University—which, according to him, contradicted the libertarian aspirations of Happening—, and questions Mircea Eliade's critique of the "initiation value" of happenings as a "new ritual in contemporary life." Going against all of them, Lebel asserted: "Before deciding that the author of a Happening is a hierophant, an essential difference must be noted. The ceremony conducted by a medicine man takes place according to a scheme, which is the underlying principle of a complete ritual; its progression strictly obeys a dogma, a cosmogonic theory. The artist taking part in a Happening is, on the contrary, looking for cosmogony within the action."[24] Lebel's statement brings to mind Jacques Lacan's description of myth as "a ceremonial of pinpointed itineraries" in which the construction of the narrative that will fill the void of privation is "topography, not a random promenade…"[25]

Lebel's theory provides essential clues for understanding Masotta's *El Helicóptero*. If, according to Lebel, Happening belongs to the sphere of mythical constructions concealing phobias, then the "happener" is a sort of shaman and/or Lacanian psychoanalyst, exhuming the symbolic

—

24— Lebel, "On the Necessity of Violation," p. 98.

25— Jacques Lacan, "Á quoi sert le mythe?," *Le séminaire de Jacques Lacan. Livre IV. La relation d'objet 1956-1957*. Paris, Éditions du Seuil, 1994, pp. 249-251.

object of desire. Masotta's response would take the form of a structuralist deconstruction of the myth of the Happening.

In its structure, *El Helicóptero* is actually an exact transcript of one of Claude Levi-Strauss's crucial texts, *The Story of Asdiwal* of 1958, whose first English version—the one used by Masotta—appeared in Edmund Leach's 1964 compilation, *The Structural Study of Myth and Totemism*. The text was one of the earliest English contributions to structural anthropology, and is also the version of this anthropological description of myth within psychoanalysis used by Lacan himself.[26] I will not go into detail in this presentation today; suffice it to say that Masotta structured *El Helicóptero* along the binary schemes of several versions of the story of Asdiwal as told by the Kwakiutl of British Columbia. Even the orientation of the event (the East-West axis of the route between Calle Florida and Theatron; and North-South, from Florida to Anchorena) is a careful transposition in Buenos Aires of the geography of the Nass and Skeena Rivers, as are the oppositions shore/inland, water/land, sea hunting/mountain hunting that structure Asdiwal's itineraries from a heavenly life with supernatural powers to his humble healing of sea lions in an underwater cave, and his travel back to the shore in the stomach of the sea lion—which, in Masotta's version, became the cluttered Theatron and the ejecting of participants after half an hour of stress. Every binary opposition functioned within the same scheme: basement/sky; loudness/silence; busy commercial neighborhood/quiet middle class residential area; Nacha Guevara sexually assaulting the audience á la Jean-Jacques Lebel/Beatriz Matar's ethereal presence in the sky; flushing toilet/helicopter, etc. Each component of these oppositions is *weak* in Levi-Strauss's terminology: it has no meaning until it is confronted with its counterpart. In Masotta's terms, drawn from his script:

> [This implies that] as a 'pertinent' comment—i.e.: one analysis after the other—on the images or objects within *El Helicóptero*, it is wrong. The expressionist images at Theatron cannot be judged or understood by themselves: they were to

—

26— Edmund Ronald Leach, et al., *The Structural Study of Myth and Totemism*. London, Tavistock Publications, 1967. Lacan's definition of the myth and its structure (et al., p. 253, paraphrases Merleau-Ponty's essay almost verbatim).

> be considered in relation to the images in Anchorena, which *were not*. The *presences*, by which I mean the perceptible, visible, present objects, only made sense (like phonemes in a linguistic system) within a *code*, and as such, in relation to the *absences* (i.e.: the *signifier* of what was happening in Theatron was to be found in Anchorena, and vice-versa).[27]

Masotta was obviously referring here to Levi-Strauss's theory of the hero's incapacity, within the myth, to resolve *the inner conflict* (in Lacan's term: the void) while unable to grasp the whole narrative of his own life, which is actually the *structural motif* of Lacan's Second Seminar on Edgar Allan Poe's *The Purloined Letter*, held in 1954, which Masotta was translating at the time.

What we have here is an almost perfect *détournement*, which happens simultaneously in the text and the cityscape, in the vein of Guy Debord and the Situationists' attempts at recovering one's childhood sensitivity against the development of a post-industrial, mediatized world; nonetheless, according to Masotta's accomplices, Roberto Jacoby and Eduardo Costa, it seems he was not aware of Debord's theories, a question that requires more exploration—but at some points, as I would like to establish in this talk, the same sources produce similar effects in diverse contexts, even though they appear unrelated at first glance.[28]

Masotta is even more precise when it comes to the helicopter, which in turn relates to values concerning levels of the sky in mythical thinking (particularly among the Zuni of the American Southwest, including—hence its relevance here—the cosmological ladder from coyotes to vultures to eagles, which translates in the food chain to the ladder from vegetables to scavengers to predators, from female to female/male, to male, etc.):

—

27— Masotta, Ibid., p. 233

28— "Unfortunately we never got in contact with Debord. The story would have been quite different, but you can't imagine how provincial Buenos Aires was in those times. A long time later I wondered why Luis Felipe Noé and his group, in aesthetic dialogue with the Cobra group, never spoke of the situationists. In any case, our group was a kindergarten compared to the colossal Debord and his friends" Roberto Jacoby to the author, January 26th, 2008.

> So why a helicopter and not, say, a small prop plane? And if I had chosen a prop plane, well, why not a jet?
>
> Well, those are crucial questions because they turn the helicopter into a 'differential,' they define it by what it is *not*. This is why the helicopter helped me to 'think' the sky [...] within the range of those three types of airplanes; let us say that the helicopter pertains to the 'lower sky,' while the jet pertains to the 'higher sky'[...] and as there is also a difference between the prop plane and the helicopter, we could say that the helicopter belongs to the 'first lower sky..' As such, the helicopter would 'divide' the sky and act, so to speak, on our first cosmological level.[29]

The helicopter as a sort of flying gadget was, at the time, not yet burdened with the dreadful meanings it would have in the 1970s, when it was increasingly used as a force for repression and later in films such as Francis Ford Coppola's *Apocalypse Now* in 1979. In 1966, it was, in the public imaginary, still an instrument of the rich and famous: thinking of course of the memorable flight of a statue of Christ over Rome (in Fellini's *La Dolce Vita*, 1960, shown here), but also of Raf Vallone throwing roses from a helicopter over his yacht to honor Melina Mercouri (in Jules Dassin's *Phaedra* of 1962). It was also a vehicle artists loved for its spectacular qualities, as in Christo's *Volume Temporaire, Empaquetage for the Minneapolis School of Art* of 1966, and, as we have seen, in happenings by Jodorowsky or Minujín, who would use helicopters again in actions in Medellín, Colombia, in 1981 and in Buenos Aires in 1986.

Masotta, of course, could not have imagined in 1966 that less than a decade later, in accordance with French military theories about counterrevolutionary war first applied in Hanoi in the 1950s and in Algiers in the early 60s, similar helicopters would fly by night from Buenos Aires' Aeroparque, loaded with people pulled out of the underground torture chambers downtown to be dropped in the middle of the Rio de la Plata, paradoxically mimicking his Happening. A disturbing memory that stills haunts the city.

At the time, very few understood Masotta's intentions, mainly because no one had experienced the happening as

—

29—Masotta (2004), pp. 366 y 367.

a whole, or how important it was for him to *neutralize* the idea of Happening as myth, ritual or ceremony, inducing people to talk: "*El Helicóptero* was designed to evidence the communicational vocation of Happening, as its design... would lead to a final situation that required oral communication."[30] In any case, Masotta was entirely aware that a critique of Happening from within a Happening had its limits: "I am very well aware that a happening cannot be reduced to a verbal or written interpretation: it is a very different thing to think with words than with 'things.' On the other hand, some verbalization is always possible, always recommended, as 'things' in a concrete society cannot express their *differences* ... Global societies cannot be analyzed without crossing through vast *systems of connotations* that lie at the root of life and of social myth."[31]

I will stop now but—as in the movies—I'd like to end by giving a sense of what happened to the characters after the events were over.

A few weeks later, Masotta produced a less well-known happening, which consisted of hiring a dozen film extras who had simply to be looked at by the audience for an hour at the Di Tella theater: a clear response to Minujín's *Simultaneity*... and which anticipated Oscar Bony's *The Working-Class Family*, a piece presented at the Di Tella a year later, and, more recently, Santiago Sierra's use of remunerated workers, prostitutes or migrants in gallery shows. Then, in December, he organized his workshop *Happenings on Happening*, aimed at providing a better understanding of what Happening really was, and which included the reenactment (or, as we say now, reinvention) of three seminal works: Oldenburg's *Autobodies*, first performed in a parking lot in Los Angeles in 1963; Carolee Schneemann's *Meat Joy*, first shown in Paris at the 1964 Festival de la Libre Expression organized by Lebel; and an untitled happening scripted by Michael Kirby, which Masotta had attended in New York earlier that year.[32] A

—

30— Ibid., p. 239.

31— Ibid., p. 238

32— Masotta's source for these reenactments was Michael Kirby and Jim Dine, Happenings, *An Illustrated Anthology*. New York, Dutton, 1965; *The script for Meat Joy was published in Some/thing*, Hawk's Well Press, New York, 1:2, Winter of 1965.

year later, Masotta published the proceedings of that event, which includes no reference to *El Helicóptero*.

By the end of 1966, the "Revolucion Argentina" had taken place: the country's economy was falling apart; the military government was prudently but firmly restructuring the intellectual world—first, by cutting credits to the universities, then by closing key positions, particularly in the humanities, which would propel an entire generation of scholars into self-exile in France, Sweden, Mexico and, for a short period, Chile. While still operating with the corporation's funds, the Di Tella had to request additional funding from US corporations or foundations (first from Philip Morris, then Rockefeller and Ford) to keep operating at full speed; but the Institute and the nearby bars on calle Florida were closely surveyed. Everyone knew it, and of course it matters, but... In 1968, the corporation, alleging financial difficulties, closed the Centro de Artes Visuales.

In 1968, Roberto Jacoby was one of the forces behind *Tucumán arde* [*Tucumán Burns*], a socio-political event surrounding a sugar cane workers' strike that used *Media Art* strategies to get as much attention as possible and ended in a climate of censorship and repression connected to the (real) reasons for the closing of the Di Tella. This sudden collusion of proto-conceptual art and radical politics gets quite a lot of attention, and the actions of these "Sons of Marx of Mondrian"—to pick up on the headline of the French avant-garde magazine *Robho*—became a model for artistic practices and agitprop in the midst of the 1968 worldwide youth movement, particularly in Latin America: *Tucumán arde* still defines the region's history of conceptual art, and has become a singular point of departure for many scholars in the field including Ana Longoni, Mari Carmen Ramírez and Luis Camnitzer, who assume that this is a unique path for Latin America. It should be noted that *Tucumán arde* had an important effect on American art history: for this is when and where Lucy Lippard, in Argentina on a Guggenheim Fellowship, had a change of mind, left the Greenbergian-oriented *Artforum*, and began writing about the dematerialization of the art object.

In the 70s, as repression increased, Roberto Jacoby went underground, running a bar in downtown Buenos Aires, and managed to survive—God knows how—the dictatorship. He made a comeback in the late 80s, heading his rock band, *Virus*, and becoming an AIDS activist through his Proyecto Venus. He is now the editor of one of the sharper art magazines in South America, *Ramona*.

Eduardo Costa, following a number of other Argentinean artists (Liliana Porter, Cesar Paternosto, Leandro Katz, David Lamelas), settled in New York City. Of all of them, Costa was the only one to follow a career as a conceptual artist. In the 70s, Costa created works that relate to the former *Media Art* group. His *A Piece That is Essentially The Same As a Piece Made by Any of the First Conceptual Artists, Dated Two Years Earlier than the Original And Signed by Somebody Else*, first shown in *Art in the Mind*, one of the earliest purely conceptual show at Oberlin College in early 1970, directly addressed artists who would pre-date their works so as to be "first" on the time-line of conceptual art, and was intended to challenge both artistic practice and scholarly, art-historical canonical narratives already in progress at the time.

Oscar Masotta left Argentina for London in 1974, then in Paris he finally met Jacques Lacan, who praised his intelligence. Despite having the support of some of Lacan's closest disciples—such as Maud Mannoni—he fought against Lacan's son-in-law and editor, Jacques-Alain Miller, and was expelled from the French Freudian School of Psychoanalysis. In exile in Barcelona, he founded the Spanish branch of Lacanian studies in the agonized Franco regime. He married and had a daughter. He died of cancer in Barcelona, aged 49, in 1979. The Argentinian branch of psychoanalysis bears his name.

Marta Minujín went back to live in New York in 1967. In collaboration with Experiment in Art and Technology and AT&T she constructed her *Minuphone* in 1967 and, a year later, the *Minucode*, a refined and much more complex version of *Simultaneity*... which was shown at the Society of the Americas in late 1967 and then again at the *Information* show.

Marta is alive and well, and lives in Buenos Aires. She is still blond, and still wears her signature overalls.

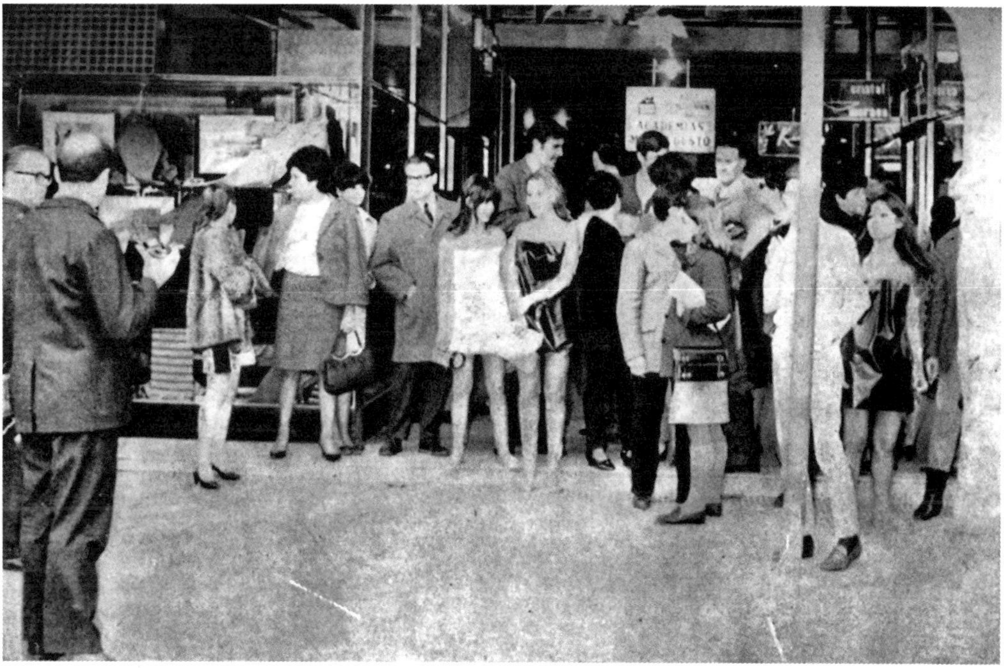

Oscar Masotta, *El Helicóptero—The Helicopter*, Buenos Aires, 1967. En la puerta del Instituto Di Tella, el público se divide—At the Gate of Instituto Di Tella, the public is divided. © Cloe Masotta y—and Susana Lijtmaer [Cat. 63]

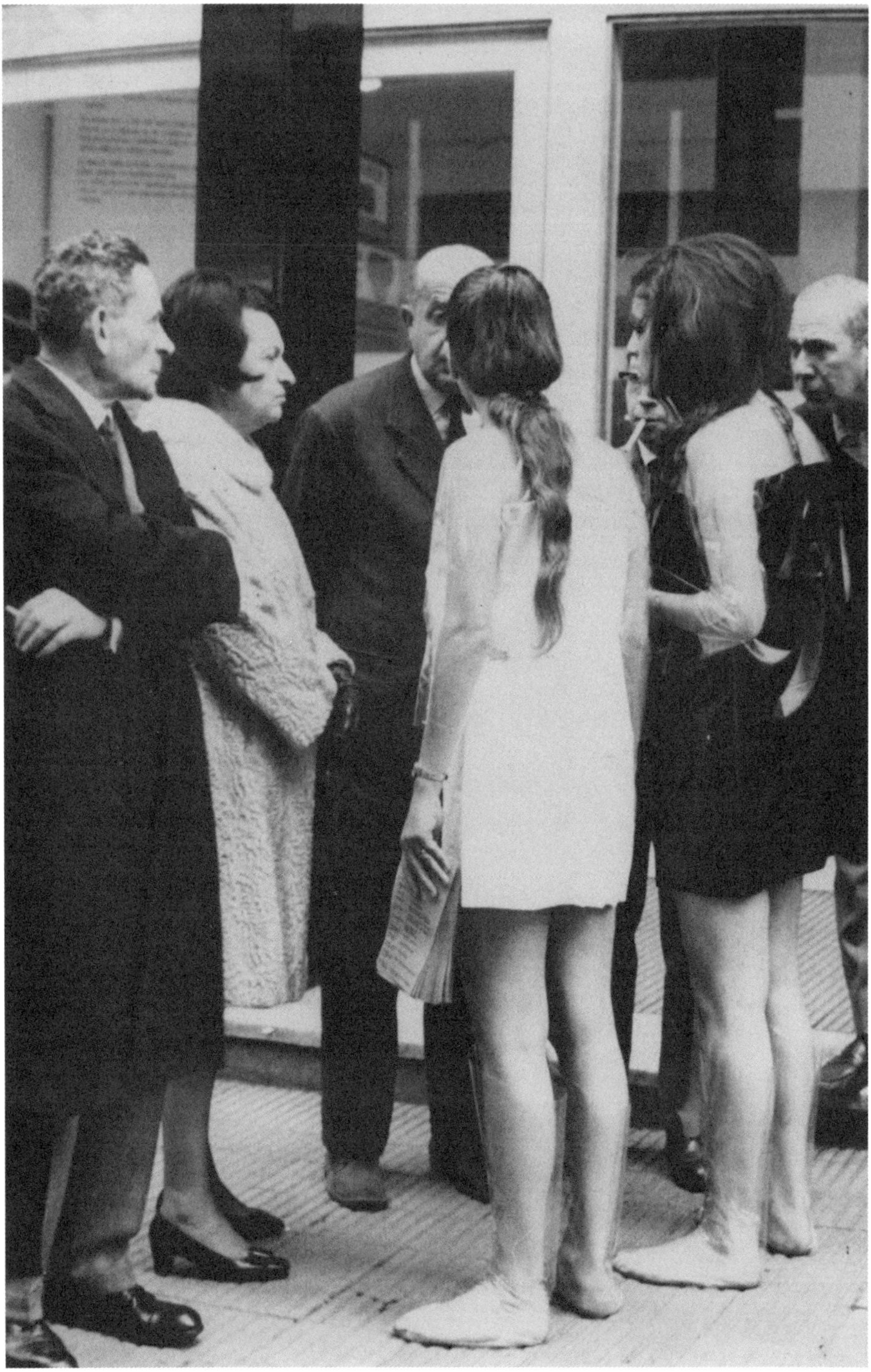

Oscar Masotta, *El Helicóptero—The Helicopter,* Buenos Aires, 1967. Acomodadoras con traje de plástico transparente, diseñado por Juan Risuleo. © Cloe Masotta y—and Susana Lijtmaer [Cat. 63]

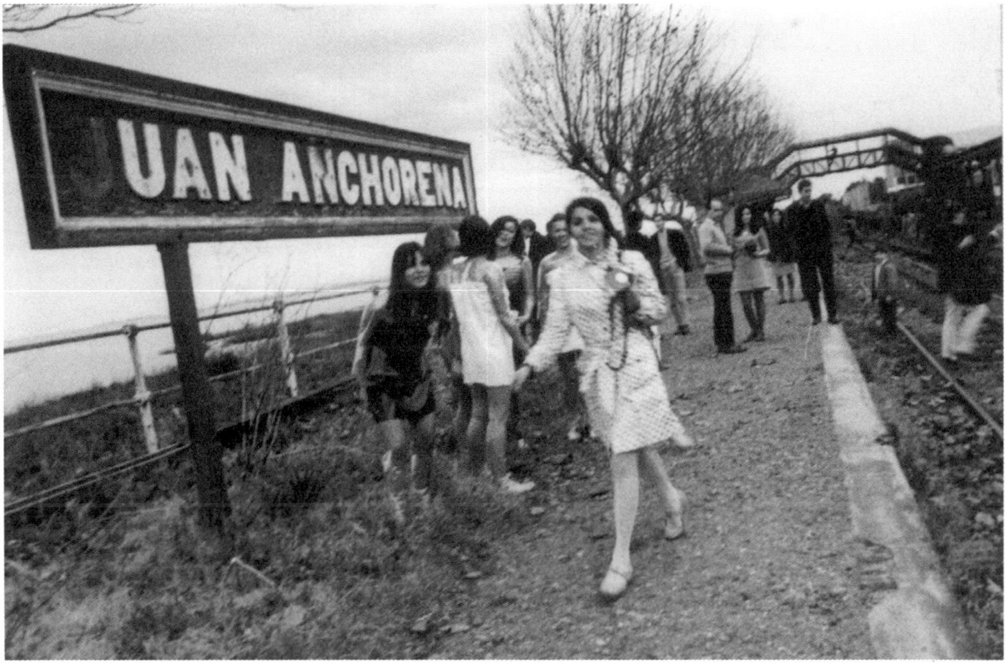

Oscar Masotta, *El Helicóptero—The Helicopter*, Buenos Aires, 1967. © Cloe Masotta y—and Susana Lijtmaer [Cat. 63]

Yo cometí un *happening*

OSCAR MASOTTA

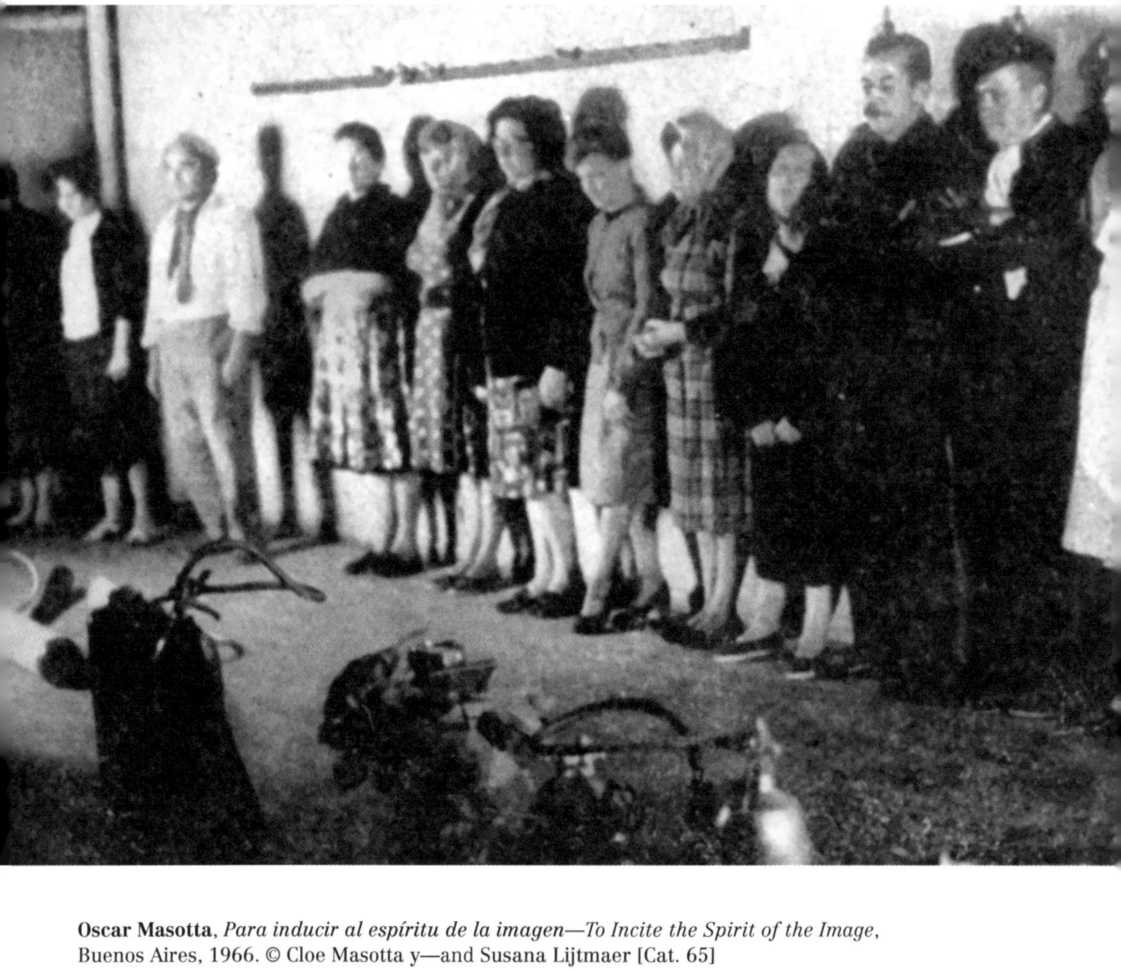

Oscar Masotta, *Para inducir al espíritu de la imagen—To Incite the Spirit of the Image*, Buenos Aires, 1966. © Cloe Masotta y—and Susana Lijtmaer [Cat. 65]

Cuando en el diario *La Razón* del 16 de diciembre pude leer que el profesor Klimovsky impugnaba a los intelectuales que "confeccionan" *happenings*, me sentí directamente, personalmente tocado. Si no me equivocaba, no había en Buenos Aires un número de personas mayor a la mitad de los dedos de una mano que llenara tales requisitos. Y como Klimovsky recomendaba "abstenerse" de los *happenings* e "invertir" los poderes de la "imaginación en atenuar ese tremendo flagelo" (el "hambre"). Tengo que decirlo, me sentí, en serio, incómodo en mi piel, un poco miserable. "Yo cometí un *happening*", me dije entonces para atenuar ese sentimiento.

Pero pude tranquilizarme rápidamente. La alternativa "o bien *happenings* o bien política de izquierda" era falsa. Al mismo tiempo, ¿era el profesor Klimovsky un hombre de izquierda?[1] Bastaba recordar otra alternativa —y del mismo tipo— que Klimovsky planteaba en su prólogo al libro de Thomas Moro Simpson, donde se lee:

> Somos muy afectos al existencialismo, a la fenomenología, al tomismo, al hegelianismo y al materialismo dialéctico; en cambio la filosofía analítica se halla casi ausente de los programas de estudio de nuestras escuelas de filosofía (...) Varias son las causas de tal estado de cosas, que reflejan una inusitada preponderancia en estas latitudes (...) de ciertas tradiciones religiosas o políticas... [2]

En fin, hay que contestar efectivamente, y negativamente, que el profesor Klimovsky no es un hombre de izquierda. Primero: por la tendencia explícita a homologar lo político o lo religioso, como se lee en el último párrafo. Segundo: porque en el contexto, cuando Klimovsky dice "político" denota directamente al "materialismo dialéctico", esto es, a la

—

1— Que no lo fuera, en verdad, no demuestra mucho. Los mismos prejuicios se podrían encontrar, con respecto a la palabra *happening*, en un intelectual marxista o en un militante. No se trata tampoco de desarmar los argumentos del adversario llamando la atención sobre lo que el adversario no es. Introduzco aquí la cuestión de la izquierda por razones de exposición, de planteo más rápido.

2— Thomas Moro Simpson, *Formas lógicas, realidad y significado*, Buenos Aires, Eudeba, 1964.

filosofía del marxismo. Tercero: porque estas dos líneas de homologizaciones no apuntan sino a persuadir de la verdad de esta falsa alternativa de derecha: "O bien marxismo, o bien filosofía analítica". Y en cuarto lugar porque era falso anecdóticamente, esto es, históricamente, que existiera en las aulas argentinas, en el momento en que Klimovsky escribía el prólogo, alguna preponderancia en la enseñanza de la "tendencia marxista".

Decía que las dos alternativas son del mismo tipo: en ambas cada uno de los términos de la oposición no pertenece al mismo nivel de hechos al que pertenece el otro. La filosofía analítica (filosofía de la ciencia + lógica moderna + estudio analítico del problema de la significación) no incluye afirmación alguna sobre el desarrollo de la historia, sobre el origen del valor en el trabajo, ni sobre la determinación social del trabajo, en fin ni sobre el proceso social de la producción ni sobre la necesidad, susceptible de ser leída en el proceso, de la revolución. Se podría decir entonces que en cuanto, además, el marxismo incluye proposiciones sobre el origen, el valor y el alcance de las ideas, por ejemplo, que éste incluye a la filosofía analítica y que lo contrario, en cambio, no es posible. El marxismo puede seguramente integrar los resultados del estudio analítico de las proposiciones, robustecer su metodología con los aportes de la logística y de la filosofía de la ciencia; si al revés la filosofía analítica pretendiera incluir en su interior al marxismo, no haría más que disolver el ochenta por ciento de las afirmaciones del marxismo, que en tanto proposiciones sobre la sociedad global y sobre la totalidad del proceso histórico, son, efectivamente, *sintéticas*, si no dogmáticas.[3] Se ve entonces que existen dos perspectivas desde donde mirar la relación entre marxismo y filosofía de la ciencia. Si se lo hace desde el marxismo, no hay alternativa de exclusión sino relación de inclusión y de complementariedad. Si, en cambio, desde la

—

3— Dogmáticas en el sentido positivo del término. Es lo que ve Sartre en el origen de su investigación "crítica" sobre la "razón dialéctica". Pero al revés, hay que cuidarse, seguramente, de no hacer del marxismo una filosofía romántica de las totalidades y de las síntesis. La categoría de totalidad, su uso indiscriminado, tiene que ver más con una precisa filosofía espiritualista que con el rigor exigido por la idea de marxismo como "Ciencia".

filosofía de la ciencia, los términos se hacen contradictorios y la alternativa es de exclusión.

Lo mismo con la alternativa entre el *happening* y la preocupación por el hambre (me excuso por la combinación de palabras). Lo más cierto y más fácil de contestar, y usando con propiedad las palabras, puesto que el *happening* no es sino un género de manifestación artística, es que esa alternativa por extensión incluye también a los músicos, a los pintores, a los poetas. ¿Será que hay que descubrir entonces en las palabras de Klimovsky su vocación totalitaria? No lo creo, el profesor Klimovsky es seguramente un espíritu liberal, de quien, estoy seguro, se podría decir lo que Sartre decía una vez del Bertrand Russell de unos años atrás: que en verdad, para él, sólo *existen* los intelectuales y la ciencia. Pero lo que debe haber ocurrido seguramente, es mucho más simple: que el profesor Klimovsky ha sido presa de ese fenómeno de crecimiento de la palabra *happening* del que nos habla Madela Ezcurra. El error —intencionado o no— es asimismo relevante. El crecimiento de la connotación de la palabra *happening* en los medios masivos no se origina sino en ciertos supuestos vehiculados por esos mensajes que, no analizados, determinan sus contenidos. Esos supuestos no son en verdad sino "ideas acerca de las posibilidades materiales y sociales de establecer la comunicación", como escribe Jacoby, esto es, ideas acerca de la sociedad en su conjunto, las que incluyen, fundamentalmente, decisiones con respecto al "lugar" que en la sociedad debe corresponder a cada área de actividad. Ahora bien, es seguro que ningún periodista, cualquiera fuera su nivel de información, ignora que en su base misma la palabra asocia con la actividad artística; de ahí cierta ambivalencia, aparentemente positiva, en el grado de tomar en serio o en broma lo que la palabra significa. Es que en esos periodistas pesa la idea de arte con mayúsculas. Lo que ocurre —y la cuestión no es mucho más complicada— es que entre ese "lugar" (receptáculo de ideas de jerarquía, juicios con respecto al valor relativo de los resultados de cada tipo de actividad) y cada área de actividad social, la sociedad, a través de sus grupos conservadores, fija la conexión entre uno y otra en las "materias" de la actividad. Así, el prestigio de la actividad del artista debe formar sistema con ciertas propiedades de la materia que trabaja.

Surge históricamente así la idea de que el bronce, o el mármol, son "materias nobles". Durante el informalismo, y también antes, se ha visto reaccionar a los pintores contra esta idea; pero los resultados no han sido tan negativos...

La querella, sin embargo, con respecto a la nobleza del material hoy se halla completamente perimida; y es posible por lo mismo que haya alcanzado un cierto grado de vulgarización. Se aceptan las obras hechas con materiales "innobles" a condición, yo diría, de dejar en pie la idea misma de materia, esto es, la idea de que la obra de arte se reconoce por su soporte material. Dicho de otra manera: hay todavía aquí un humanismo de lo humano, puesto que la idea de materia es sentida como "lo otro" que el hombre (y por lo mismo, se le otorga trascendencia), y una oposición fundamental: subjetividad humana por un lado, materia sensible por el otro. De llevar el análisis adelante se vería tal vez que este binomio, como en la descripción que Lévi-Strauss hace de la estructura del mito, se correlaciona con este otro: afuera— adentro. Ahora bien, en el arte tradicional (en especial en la pintura, la escultura y el teatro), lo que está afuera de lo que está afuera, el hombre, sólo puede tener contacto con la materia sensible porque él es un cuerpo. Y al revés, la materia sensible sólo puede ser soporte de una imagen estética a condición de no englobar a la condición de su existencia, esto es, al cuerpo del hombre. Ésta podría ser la razón por la cual, como dice Lévi-Strauss, hay en la constitución misma de la obra de arte un problema de dimensiones: de alguna manera ella siempre es una *miniatura* de lo que representa.[4] ¿Pero qué pensar entonces del *happening*? Como tiende a neutralizar esas oposiciones y a homogeneizar hombres y cosas, el *happening* comienza por hacer más improbable, más difícil la noción misma de "materia": como arte, es desde entonces una actividad a la cual es difícil fijar su "lugar" social y tal vez Kaprow tenga razón al proclamar que el *happening* es el único arte realmente "experimental".

Entre enero y marzo de 1966, y en bastante estrecho contacto con *happenistas* como Allan Kaprow, Dick Higgins, Al Hansen, Carolee Schneemann y el alemán Vostell, pude

—

4— Ver los primeros capítulos de *El pensamiento salvaje*, México, FCE, 1964.

presenciar en Nueva York alrededor de diez *happenings*. Dos me impresionaron especialmente. Ambos tenían esto en común: que incluían la presencia física del artista y que el "público" no sobrepasaba, en ninguno de los dos, las doscientas personas. Pero eran totalmente diferentes. Se podría decir (yo no amo esta alternativa) que uno estaba hecho para los sentidos y que el otro en cambio hablaba al entendimiento. La obra de Michael Kirby era efectivamente "inteligente".[5] Kirby había convocado a la audiencia para el 4 de marzo en Remsem Street, en un barrio medio de Brooklyn. Cuando llegamos al lugar descubrimos que se trataba de un colegio religioso, el St. Francis College. Esto es bastante común en Nueva York, que los *happenings* se desarrollen en colegios, o directamente, en iglesias. La razón más superficial, tal vez, se halla en que los *happenings* norteamericanos son bastante poco sexuales, a diferencia de los franceses.[6] Los que yo he visto, en general inducían la idea de ceremonia, eran serios, si se puede decir. Pero esta razón es insuficiente: puesto que Carolee Schneemann había hecho la presentación de su *Meat Joy* [*Alegría de la carne*] (1964), bastante audaz desde el punto de vista del sexo, en la iglesia que en Washington Square rodean los edificios de la Universidad de Nueva York. La sala en la cual se iban a desarrollar las acciones exhibía un espacio, en el centro, donde se habían colocado proyectores de cine, y tres o cuatro tipos distintos de proyectores de diapositivas, y grabadores. La audiencia debía sentarse en sillas distribuidas en tres frentes y que rodeaba el espacio del medio. Pronto llegó Kirby, secundado por un grupo de cinco o seis operadores. Había otras personas en el centro del recinto. Cuando se apagaron las luces comenzó la proyección de un film en dieciséis milímetros: sentadas en torno a una mesa, dos personas conversaban (una de ellas era un sacerdote). Pronto la audiencia comprendió que la conversación tenía

—

5— Usando palabras de Barthes llamo inteligencia a "la contemplación estética de lo inteligible".

6— Lebel no es el único caso francés. Por otra parte, cualquiera fuera el valor de sus *happenings*, hay que reconocer lo positivo de su violencia, su pasión por comprometerse. En abril de 1966 pude presenciar en París un *happening* de Lebel, donde prácticamente y sexualmente ocurría todo: una mujer desnuda masturbándose, un coito en pleno recinto. Al otro día la policía cerraba la sala.

como tema las características físicas del lugar mismo donde se hallaban. El sacerdote y el otro estaban planeando el *happening* que se estaba desarrollando: hablaban de la capacidad del recinto, de las luces, de la cantidad de *performers* que necesitarían, del precio de las entradas, y de si, una vez pagados los gastos, quedarían beneficios. Se volvieron a encender las luces; y cuando volvieron a apagarse, un proyector—estampa, también sobre una pared, mostraba en un mapa la zona de Brooklyn donde se hallaba el colegio: la sombra de un lápiz recorría el mapa, desde una plaza cercana hasta llegar al colegio. Volvieron a encenderse y apagarse las luces: ahora el mismo itinerario que un momento atrás había recorrido el lápiz era recorrido en automóvil, presumiblemente por el mismo Kirby: la cámara fotografiaba las calles, desde detrás de los vidrios del vehículo, hasta llegar al propio edificio del *college*. Se encendieron entonces las luces, y a un costado del recinto, y sentados en la misma mesa, y vestidos de igual forma el sacerdote y su amigo repetían la conversación del film. Se apagaban y se encendían las luces, y en los momentos de oscuridad un proyector mostraba en diapositivas, y alternativamente, al cura y al otro. Después entró Kirby a la escena en vivo y se sumó a la conversación, y después se volvieron a apagar las luces y en el film se pudo ver repetida la misma escena, la entrada de Kirby, que se sentaba a conversar junto a los otros dos. Después en el film aparecía, de frente, la cara del cura, hablando, mirando hacia el público. Cuando se encendían las luces Kirby le contestaba desde abajo, desde la mesa. Estas operaciones, en fin, en la medida que se iban sucediendo, se iban complicando: se combinaban por ejemplo con fotos de los mismos lugares del recinto, que se proyectaban sobre esos mismos lugares. La foto de un ángulo de una gran puerta de madera proyectada sobre la misma puerta. Lo que ocurría era que el relato de la programación del *happening* se iba acercando en el tiempo al *happening* que estaba transcurriendo; hasta que, finalmente, la audiencia, que había sido fotografiada unos minutos antes con máquinas Polaroid, pudo verse a sí misma, fotografiada, contra las paredes, en el interior de los tres grupos de personas sentadas que rodeaban la acción. Cuando se encendieron las luces, la presencia de Kirby en el medio de la sala hizo pensar que las acciones habían llegado a su fin. Sin embargo estaba ocurriendo algo, los operadores parecían tener alguna dificultad técnica, tal vez una cuestión de cables. Al cabo Kirby explicó que lo que ocurría era que con grabadores había sido tomado el ruido y las voces de las personas de la audiencia, que la idea era que la audiencia escuchara sus propias voces en el interior del recinto de la misma manera que se había visto fotografiada; pero que habían surgido inconvenientes y que daba por terminado el *happening*. La audiencia contestó las últimas palabras con un aplauso sostenido. Abandonamos entonces nuestros asientos, y lentamente comenzamos a salir. Apenas habíamos comenzado a hacerlo cuando escuchamos cómo el clamor traicionero de nuestros propios aplausos —que Kirby había tenido el cuidado de grabar— acompañaba nuestros pasos.[7]

El autor del otro *happening* era La Monte Young. Yo conocía bastante poco entonces de la "escena" norteamericana, y escuchaba con atención las voces de los demás: discípulo de Cage, Zen, cercano a pintores *cool*, "adicto". El *happening* (¿u obra musical?) se hizo en la casa de Larry Poons, un excelente pintor promovido por Castelli. No recuerdo la dirección exacta, era en Down Town, West Side, en un *loft*, uno de esos enormes galpones —pisos que en Nueva York es posible conseguir por 200 dólares por mes, y que después de pintados totalmente de blanco, algunos pintores habitan mientras que otros usan solamente como taller. Era el tercer piso y había que subir por largas escaleras que desembocaban en galpones—pisos semejantes al último y totalmente vacíos. Sólo en algunos rincones, acomodados discretamente sobre alguna pared, envueltos, se podría descubrir algunas telas: serían cuadros de Larry Poons. Al terminar de subir la última escalera, uno era asaltado y envuelto en un ruido ensordecedor, continuo, hecho de un abigarrado grupo de sonidos electrónicos, a los que se sumaban otros sonidos indescifrables, pero también continuos. Algo, no sé, algo oriental, era quemado en algún lugar y un perfume ceremonioso y de ritual llenaba la atmósfera del recinto. Las luces estaban apagadas: sólo la

—

7— El trabajo de Kirby impresionaría bastante a Marta Minujín y hay que considerarlo en la base de la inspiración de su *happening* con los sesenta televisores.

pared del frente estaba iluminada por una luz azul o rojiza, y no recuerdo si había cambio de luces (tal vez sí, virando del rojo al verde y al violáceo). Bajo la luz, y casi contra la pared, de frente a la sala y de frente a la audiencia, sentadas y distribuidas las personas a lo largo y a lo ancho del lugar, había cinco personas también sentadas en el suelo, una de ellas una mujer, en posición yoga, vestidos todos con ropas seguramente orientales, y sosteniendo cada una un micrófono. Sólo uno de ellos tocaba un violín, mientras que vistos desde mi posición, no mucho más de cinco metros de distancia, los cuatro restantes parecían como paralizados, con los micrófonos casi pegados a la boca abierta. El sonido muy alto y completamente homogéneo me había impedido ver en el primer momento que la causa de esas bocas abiertas contra el micrófono era que los cuatro estaban sumando, interrumpiéndose sólo para respirar, un sonido gutural y continuo, a la suma de sonidos electrónicos. El violinista movía muy lentamente el arco hacia arriba y hacia abajo, para arrancar a las cuerdas un único sonido, también continuo. Adelante, entre los cinco y el público, se podía ver el espectáculo desnudo de un grabador, que pasaba una cinta sinfín y los cables de un aparato amplificador. Había en ese espectáculo sin tiempo una mezcla intencionada —para mi gusto un poco banal— de orientalismo y electrónica. Alguien, señalándome al primero de los cinco, me dijo que se trataba del propio La Monte Young, y que estaba *high*.[8] Seguramente era cierto; y también los otros. Es que la cuestión había comenzado a las nueve de la noche y estaba programado que duraría hasta las dos de la mañana. Entre la audiencia había uno o dos que exhibían como un estado de posesión, en una tiesa posición de meditación.

Había en todo eso algo que se me escapaba, o que no me gustaba. No amo al Zen, o bien, al tiempo que me despierta cierta curiosidad intelectual, puesto que hay en él, seguramente, intuiciones de valor con respecto al lenguaje, me disgusta como fenómeno sociológico en Occidente, y más como manifestación en el interior de una sociedad tan duramente capitalista como la norteamericana. Pero yo no conocía ni la práctica Zen ni la teoría completa; y había

—

8— En el lenguaje del "adicto", estar muy tomado por la droga.

por otra parte en esa suma de sonidos ensordecedores, en ese exasperante sinfín electrónico, en esa mezcla de ruido agudo y de sonido que atravesaba los huesos y embotaba las sienes algo que tal vez tenía poco que ver con el Zen. Desde que había entrado a la sala la situación fisiológica de mi cuerpo había cambiado. La homogeneización del tiempo auditivo, por la presencia de ese sonido puesto a un volumen tan alto, había escindido prácticamente uno de mis sentidos de los demás. Me sentía aislado, como clavado al piso, la realidad auditiva pasaba ahora por "adentro" de mi cuerpo y no sólo por los oídos, y era como si estuviese obligado a compensar la pérdida de la capacidad de discriminar sonidos, con los ojos. Se me abrían más y más. Y sólo encontraba en el frente, envueltos en la quietud de sus cuerpos y por la luz, sentados, los cinco *performers*. ¿Cuánto duraría esto? O bien, ¿cuánto me quedaría? No estaba decidido a proseguir la experiencia hasta el final: no creía en ella. Al cabo de no más de veinte minutos me fui.

Dos o tres días después comencé a cambiar de opinión. Desechadas las connotaciones Zen, orientalismo, etc., había en el *happening* de La Monte Young, por lo menos dos intenciones profundas. Una de ellas, el intento de escindir casi un sentido de los otros, la casi destrucción, por la homogeneización de un nivel perceptivo, de la capacidad de discriminación de ese nivel, nos sumía en la experiencia de una dura reestructuración del campo perceptivo total. Simultáneamente, la exposición de la quietud de los *performers*, bajo ese baño de luz de color, convertía a la situación entera en algo muy semejante a los efectos del ácido lisérgico. La situación era algo así como un *analogon* de los cambios perceptuales producidos por los alucinógenos. Pero lo interesante era, a mi entender, que este *analogon*, este "parecido", de la situación alucinada, no terminaba de convertirse en ella. El enrarecimiento de la percepción del tiempo no bastaba para trocar en alucinación efectiva lo que tenía demasiado peso real como para hacerse irreal: la alucinación no podía sobrepasar el estado de inducción. Es esta idea la que yo tomaría para "cometer" mi *happening* cinco meses después en Buenos Aires. Pero había otra idea en La Monte Young: por una exasperación de un *continuo*, el sonido incesante puesto a alto volumen, la obra se convertía en comentario abierto, desnudo y expreso, de lo continuo como continuo, e inducía, por lo mismo, a cierta toma de conciencia con respecto a su contrario. O bien se podría decir también que La Monte Young nos empujaba a hacer la experiencia, bastante pura, que nos permitía entrever hasta qué punto ciertas continuidades y discontinuidades se hallan en la base de nuestra relación con las cosas.

Cuando volvía a Buenos Aires, en abril de 1966, estaba decidido ya, a hacer, yo mismo, un *happening*: tenía uno en la cabeza. Y su título, *Para inducir el espíritu de imagen*, comentaba expresamente lo que había aprendido en La Monte Young. En papeles desordenados, y al margen de mi trabajo regular ("intelectual") anoté tanto el esquema general como los pormenores de sus acciones. De La Monte Young conservaría, intocada, la idea de "poner" un sonido continuo, producto de una sumatoria de sonidos electrónicos, a un altísimo volumen, durante dos horas (tres horas menos). En cuanto a la distribución de los *performers* y de la audiencia, ella sería la misma: los *performers* en el frente de la sala, iluminados, y la audiencia de frente a los *performers*, en penumbras, ocupando todo el resto del recinto. La audiencia quedaría así obligada a ver, a mirar, durante y bajo el alto volumen del sonido electrónico, a los *performers* bañados por la luz. Solamente que mis *performers* no serían cinco sino treinta o cuarenta personas; no estarían sentados en posición yoga sino parados y sentados, abigarrados sobre una tarima. Pensé entonces que los reclutaría entre el lumpen proletariado: chicos lustrabotas o limosneros, gente defectuosa, algún psicótico del hospicio, una limosnera de aspecto impresionante que recorre a menudo la calle Florida y a la que es posible encontrar también en el subterráneo de Corrientes: ropas rotosas de buen corte, las piernas varicosas pero la piel tostada por el sol, esa mujer era la imagen perfecta de una persona con cierto *status* económico que había sufrido una rápida, desastrosa caída. En fin, pensé que en su momento dispondría de algún dinero para pagar a esta gente, a la que, sin embargo debía conseguir, previamente, de alguna manera, saliendo a la calle para elegirla o buscarla. Por lo demás, los detalles que acompañarían a esta situación central no eran muchos. Yo comenzaría el *happening*, hablando a la audiencia, contándoles el origen del *happening*. Que había sido inspirado en La Monte Young, y que en este sentido yo no tenía inconvenientes en confesar ese origen. Les diría también lo que ocurriría a continuación: el sonido continuo, la luz iluminando al grupo lumpen abigarrado sobre la tarima. Y también les diría que en un sentido era como si la situación global hubiera sido cuidadosamente diseñada por mí, que en este sentido había un control intelectual de cada una de sus partes. Que las personas de la audiencia podían proceder según su voluntad, permanecer sentados en el piso o parados. Y, solamente, que si se querían retirar, en algún momento, tenían que cumplir una regla para hacerlo. Yo distribuiría pequeñas banderas entre ellos, y quien quisiera retirarse, debía levantar una bandera: entonces yo haría acompañar hacia la salida a esa persona (más tarde rechacé el detalle de las banderitas: ablandaba la situación, y yo entendía que el *happening* debía ser escueto, desnudo, duro). Seguiría hablando en torno a la idea de control, de que todo estaba casi absolutamente previsto. Repetiría la palabra control hasta asociarla con la idea de garantía. Que el público podía tener garantías, incluso físicas, que nada podía ocurrir. Nada, salvo una cosa: un incendio en la sala. Pero que un incendio podía ocurrir en cualquier otro lugar, en cualquier otra sala de espectáculos. Pero de cualquier manera se habían tomado precauciones, y que por eso me había provisto de una cantidad de matafuegos (que en ese momento tendría conmigo, y que mostraría a la audiencia). Y finalmente, para dar más garantías, para asegurar la imagen de que todo o casi todo estaba previsto, y por lo mismo, diseñado, o controlado, que yo mismo vaciaría inmediatamente un matafuegos. Y que lo haría además por dos motivos suplementarios. Por un lado, porque no muchas personas han podido ver vaciar un matafuegos —salvo las que han estado en un incendio—; y que por lo mismo existe la duda de si en caso de incendio, los matafuegos que vemos colgados en las paredes sirven o no. Y por otro lado, por el lado estético de la cuestión. Que el vaciamiento de un matafuegos era un espectáculo de una cierta belleza. Y que me importaba explotar esa belleza.

Una vez vaciado el matafuegos, aparecería el sonido electrónico, se encenderían las luces que iluminarían el sector de la tarima con mis *performers*, y la situación quedaría creada. Duraría dos horas (más tarde cambié también el tiempo de duración, reduciéndolo a una hora.

Pienso que fue un error, el que revela, de alguna manera, ciertos prejuicios idealistas que seguramente pesan sobre mí: yo me interesaba en verdad más por la *significación* de la situación que por su *facticidad*, su dura concreción. (Piénsese en la diferencia con La Monte Young, quien llevaba esa concreción hasta los límites mismos, físicos y fisiológicos del cuerpo.)

En abril llamé a un grupo de gente, en su mayoría artistas plásticos, para proyectar un festival de *happenings*: Oscar Palacio, Leopoldo Maler, David Lamelas, Roberto Jacoby, Eduardo Costa, Mario Gandelsonas. Los invité a hacer un conjunto sucesivo de *happenings*, en un espacio de tiempo no muy prolongado. Aceptaron; proyectamos entonces que distintas galerías de arte, Bonino, Lirolay, Guernica, etc., deberían tomar la responsabilidad, cada una, de presentar a cada artista. El grupo de *happenings* sería a su vez presentado y auspiciado por el Museo de Arte Moderno de la Ciudad de Buenos Aires. Hablamos con Parpagnoli, el director del Museo, y con los galeristas: estábamos de acuerdo. Actuando de esta manera —es decir, proyectando los *happenings* dentro de los marcos oficiales: la presencia del Museo— yo entendía maniobrar según fines, por decirlo así, pedagógicos. Me atraía la idea de introducir definitivamente entre nosotros un género estético nuevo. Para eso, nuestros *happenings* debían cumplir sólo esta condición: ser poco franceses, es decir, poco sexuales. Soñaba entonces con cumplir fines puramente estéticos, y me proyectaba un poco en el director del Museo de Estocolmo, quien desde una institución oficial se había abierto a todas las manifestaciones de vanguardia. Pero Buenos Aires no es una ciudad sueca. Para el momento en que proyectamos las dos semanas del festival se produce el golpe de estado que entroniza a Juan Carlos Onganía; hay un brote entonces de puritanismo y de persecución policial. Atemorizados, abandonamos el proyecto: por otra parte, era un poco vergonzoso, en medio de la gravedad de la situación política, hacer *happenings*... Con respecto a lo último hoy pienso —envuelto en un sordo sentimiento de rabia— exactamente lo contrario. Y también comienzo a pensar lo contrario con respecto a aquellos fines “pedagógicos”; sobre la idea de introducir lo que hay de disolvente y de negativo en un género estético nuevo a través de la imagen positiva de las instituciones oficiales.

Sería recién en noviembre, en el Instituto Di Tella, que lograría efectivamente realizar mi *happening*. La inminencia de la fecha me hacía pensar de pronto en mi propia "imagen": en la idea que los demás tenían sobre mí y en la idea que yo me hacía sobre esa idea. Algo cambiaría: de crítico, o de ensayista, o de investigador universitario, me convertiría en *happenista*. No sería malo —me dije— si la hibridación de imágenes tuviera al menos como resultado intranquilizar o desorientar a alguien...

En el entretiempo, la situación central del *happening* proyectado había sufrido una modificación. En lugar de personas de extracción lumpen, utilizaría actores. Pero ustedes verán, no era transigir demasiado, ni pagar tributo a la impostación en detrimento de la realidad. Es que, en un espectáculo que Leopoldo Maler había presentado en el mismo Instituto, había utilizado a tres mujeres de edad que habían llamado mi atención: en un momento entraban al escenario, para representar una audición radial, o de televisión, de preguntas y respuestas. Las mujeres debían cantar, cada una, una canción, para acceder al premio. Recordaba el aspecto de las mujeres, grotesco en tacones altos, sosteniendo la cartera en las manos, en posición bastante ingenua: esas personas denotaban, muy claramente, un origen social: clase media baja. Era exactamente lo que necesitaba: un grupo de alrededor de veinte personas indicando el mismo nivel de clase, hombres y mujeres. Maler me dio entonces el teléfono de una mujer, quien podía comprometer a ese número de personas. Se trataba de alguien que tenía algo así como una agencia de colocaciones para "extras". La llamé, me atendió muy cortésmente, y quedamos en que serían veinte personas. Me pidió que le explicara qué tipo de personas necesitaba, qué aspecto físico. Le resumí: personas de cierta edad, de mal aspecto, mal vestidas. Me dijo que entendía: yo debía pagar cuatrocientos pesos a cada persona. En cuanto a los matafuegos, no me fue difícil conseguirlos. Me puse en contacto con una casa que los fabrica, y hablé con el gerente de ventas. Muy cortésmente accedió a mi pedido. Me prestaría por un día doce matafuegos. También me dio instrucciones sobre los distintos tipos de matafuegos que cubrían la posibilidad de distintos tipos de peligro. Yo usaría uno que produce un humo blanco y denso. Cuando hice una prueba, antes del *happening*, comprobé además que producía un ruido bastante ensordecedor. Lo usaría como puente entre mis palabras y la puesta del sonido electrónico.

A las cinco de la tarde del día 26 de octubre, las primeras de entre las veinte personas contratadas comenzaron a llegar. A las seis de la tarde habían llegado las veinte. Hombres y mujeres de edad oscilando entre los cuarenta y cinco y los sesenta años (sólo había una persona joven, un hombre de unos treinta a treinta y cinco años). Esas personas venían a "trabajar" por cuatrocientos pesos: era trabajo a destajo, y suponiendo —por imposible— que consiguieran algo semejante para todos los días, no llegarían a reunir más de doce mil pesos mensuales. Me había enterado ya que el trabajo normal de casi todos era el de crupieres de remates de joyas de bajo valor, de valijería y de "objetos varios", en esos negocios que siempre están por cerrar y que se los puede encontrar a lo largo de la calle Corrientes, o en algunas zonas de Rivadavia o de Cabildo. Me imaginé que por ese trabajo ganaban aun menos de lo que yo les pagaría. No me imaginaba mal. Los reuní y les expliqué lo que debían hacer. Les dije que en cambio de cuatrocientos les pagaría seiscientos pesos: desde entonces me prestaron total atención. Me sentí un poco cínico: pero tampoco quería hacerme muchas ilusiones. No me iba a tomar por un demonio por este acto social de manoseo que en la sociedad real ocurre cotidianamente. Les expliqué entonces que exactamente no era teatro lo que íbamos a hacer. Que ellos no debían más que permanecer durante una hora, quietos, parados, la espalda contra la pared del salón; y que el "espectáculo" no se iba a realizar en la sala normal de representaciones, sino en una amplia sala del depósito que yo había hecho preparar expresamente. También les dije que había algo que sería incómodo para ellos: que durante esa hora habría un sonido muy agudo, a muy alto volumen, y muy ensordecedor. Y que ellos deberían soportarlo, que no había otra alternativa. Que si aceptaban o si estaban de acuerdo. Alguno de entre los viejos pareció retroceder, pero se consultaron todos con la mirada, y al cabo, solidarios contestaron que sí. Como comenzaba a sentirme vagamente culpable, pensé en ofrecerles tapones de algodón para los oídos. Lo hice, ellos aceptaron, y yo mandé a buscar el algodón. Se había ya creado un clima bastante amistoso entre ellos y yo. Me preguntaron por la indumentaria (cada viejo tenía un bolso o una valija en las manos). Les contesté que se disfrazaran de pobres, pero que no se maquillaran... No todos me obedecieron del todo: la única manera de no ser totalmente objetos, totalmente pasivos, era, pienso, para ellos, hacer algo que tuviera que ver con el oficio de actor.

Pronto se hizo la hora en que el *happening* debía comenzar. Todo estaba listo, la cinta sinfín (que había preparado en el laboratorio de música experimental del Instituto), los matafuegos. Había preparado también un pequeño sillón, en el que me sentaría, de espaldas al público, para decir las palabras del comienzo. Subí entonces con todos al depósito y les expliqué de qué manera debían permanecer sobre la pared del fondo. Había también preparado las luces. Sólo faltaba pagar a los extras: para esto, comencé a repartir tarjetas, firmadas por mí, y con el nombre de cada uno, con las que ellos, después, cobrarían en la secretaría del Departamento de Audiovisuales del Instituto. Los viejos me rodeaban, casi asaltándome y yo debía parecer un actor de cine repartiendo autógrafos. Reparé que habían llegado las primeras personas: dos de ellas parecían alegres. Seguí con las tarjetas; cuando volví a girar la cabeza el salón estaba lleno de gente. Algo había comenzado, y sentí como si, sin mi consentimiento, algo se hubiera zafado y que un mecanismo había comenzado a andar. Me apuré, distribuí a los viejos según la posición prevista, y ordené apagar las luces. Después pedí a la gente que había llegado que no se adelantara y que se sentara en el suelo. Había bastante expectativa y me obedecieron.

Entonces comencé a hablar. Les dije, desde el sillón, y de espaldas, aproximadamente lo que había previsto. Pero antes también les dije lo que estaba ocurriendo cuando ellos entraron a la sala, que les estaba pagando a los viejos. Que ellos me habían pedido cuatrocientos y que yo les pagaba seiscientos. Que yo les pagaba a los viejos para que se dejaran mirar, y que la audiencia, los otros, los que estaban frente a los viejos, más de doscientas personas, habían pagado cada una doscientos pesos para mirar a los viejos. Que había en esto un círculo, no demasiado extraño, recorrido por el dinero, y que yo era el mediador. Después vacié el matafuego, y después apareció el sonido alcanzando muy rápidamente el volumen elegido. Cuando se apagó la luz del *spot* que me iluminaba yo mismo me acerqué a los focos que debían iluminar a los viejos y los prendí. Contra la pared blanca, el ánimo achatado y aplastados por la luz blanca, cercanos unos a otros y en hilera los viejos estaban tiesos, prestos a *dejarse mirar* durante una hora. El sonido electrónico daba mayor inmovilidad a la escena. Miré a la audiencia: ellos también, quietos, miraban a los viejos.

Cuando mis amigos de izquierda (hablo sin ironía; me refiero a personas que tienen la cabeza clara, al menos respecto a estos puntos) me preguntaron, molestos, por la significación del *happening*, les contesté usando una frase que repetí siguiendo exactamente el mismo orden de las palabras cada vez que se me hacía la misma pregunta. Mi *happening*, repito ahora, no fue sino "un acto de sadismo social explicitado".

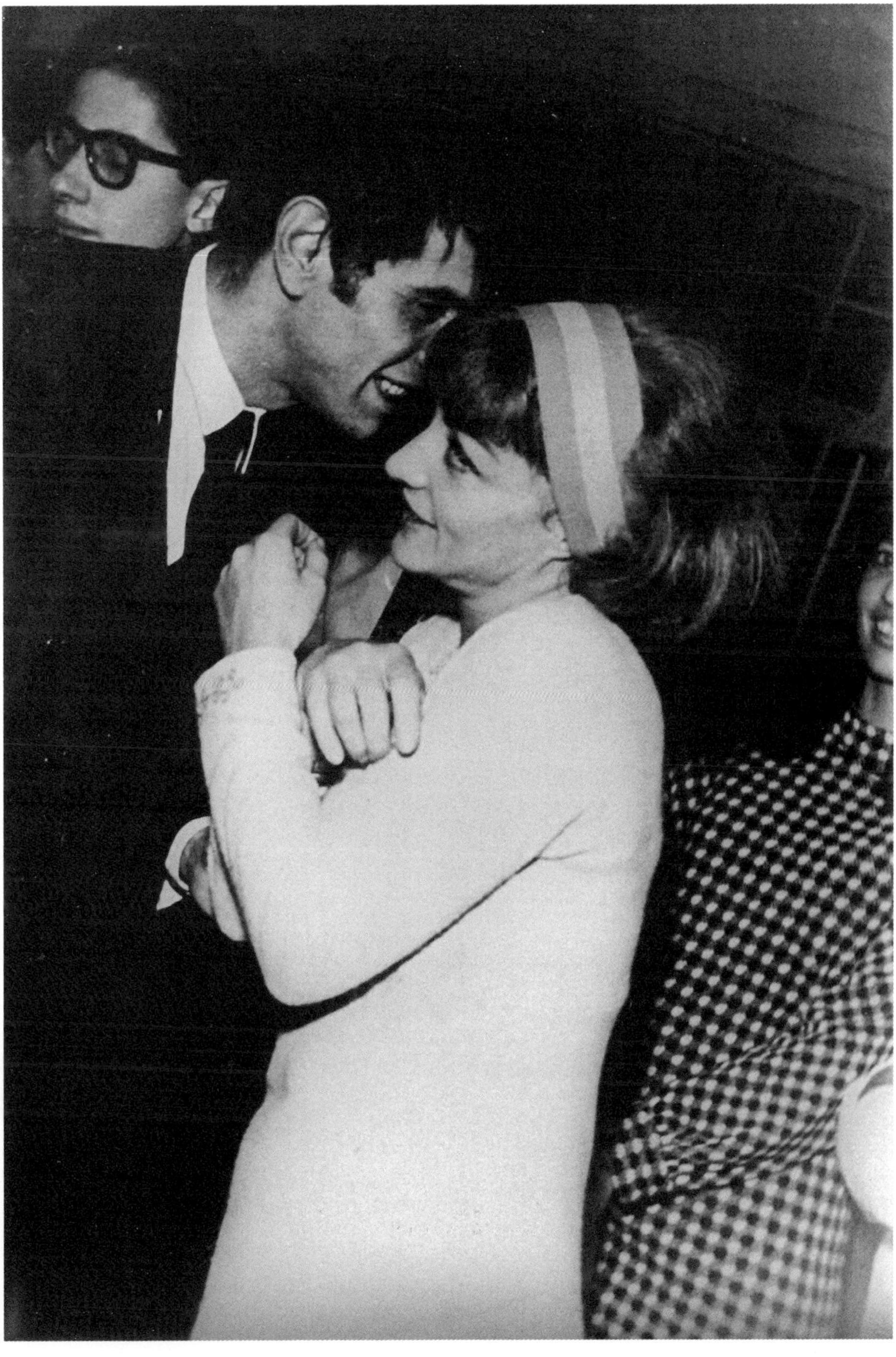

Eduardo Costa, Raúl Escari y—and Roberto Jacoby, *Antihappening*, Buenos Aires, 1966.
Cortesía de—Courtesy of Eduardo Costa [Cat. 79]

I Commited a Happening*

OSCAR MASOTTA

* English translation originally published in *Listen Here Now! Argentine Art of the 1960s: Writing of the Avant-Garde*, New York, The Museum of Modern Art, 2004. Translated by Brian Holmes.

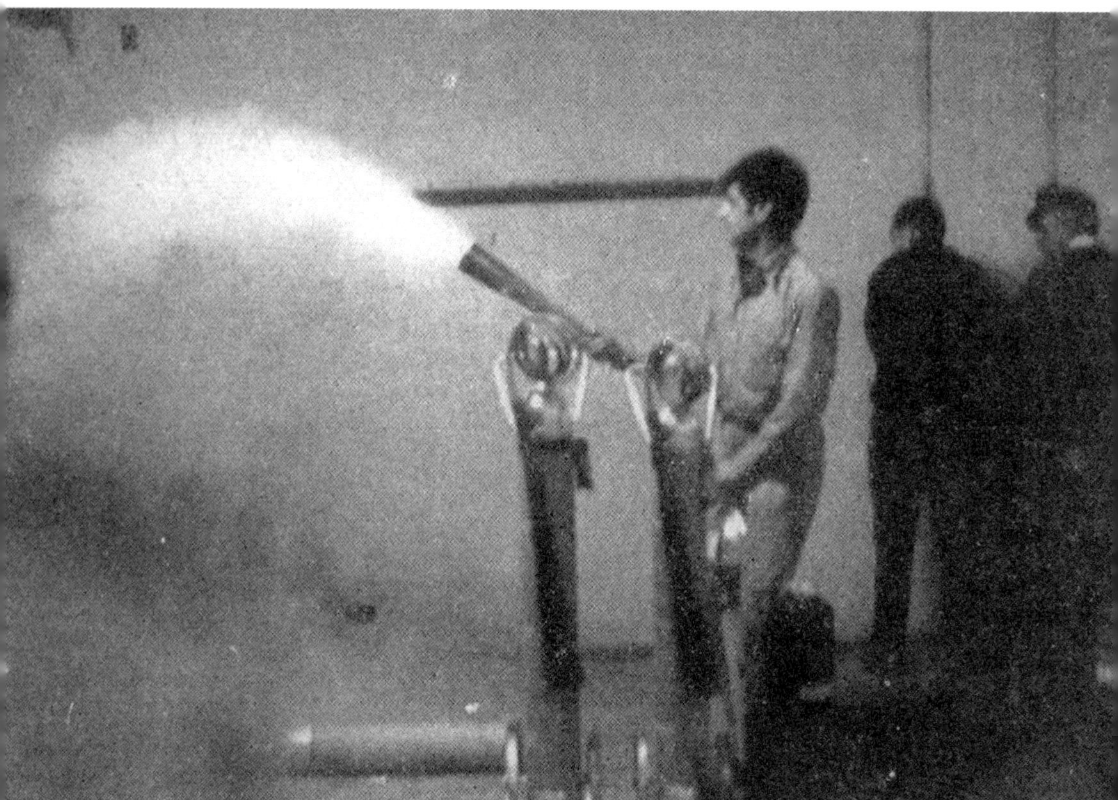

Oscar Masotta, *Para inducir al espíritu de la imagen—To Incite the Spirit of the Image*, 1966. © Cloe Masotta y—and Susana Lijtmaer [Cat. 64]

When, in the December 16th edition of the newspaper *La Razón*, I read Professor Klimovsky's condemnation of intellectuals who "concoct" happenings, I felt directly and personally implicated. If I am not mistaken, the number of persons in Buenos Aires who fulfill such conditions can be counted on half the fingers of one hand. And since Klimovsky recommended "abstaining" from happenings and "investing" the powers of the "imagination in lessening this tremendous plague" (of "hunger"), I have to admit, seriously, that I felt ill at ease, even a bit miserable. So I said, "I committed a happening," in order to quell this feeling.

But I was quickly able to regain my tranquility. The choice, "either happenings or Left politics," was false. At the same time, is Professor Klimovsky a man of the Left?[1] It was enough to recall another either/or—of the same kind—that Klimovsky proposed in his prologue to a book by Thomas Moro Simpson, where one reads:

> We are much given to existentialism, phenomenology, Thomism, Hegelianism, and dialectical materialism; by contrast, analytic philosophy is almost absent from the curricula of our philosophy schools. [...] The causes of this state of affairs are diverse, reflecting the unusual preponderance in these latitudes [...] of certain religious or political traditions.[2]

Finally, one must reply in the negative: No, Professor Klimovsky is not on the Left. First, because of the explicit tendency to assimilate the political to the religious, as we read in the preceding paragraph. Second, because in the context, when Klimovsky says "political" he directly denotes "dialectical materialism," i.e., this philosophy of marxism. Third, because these two lines of assimilation seek only to persuade one of the truth of the false, right-wing choice: "either marxism or analytic philosophy." And fourth, because it was

—

1— That he is not, in truth, would not prove much. The same prejudices with respect to this word—"Happening"—can be found in a marxist intellectual or party militant. Nor is it a matter of trying to disarm the adversary's arguments by drawing attention to what he is not. I introduce the question of the Left here for expository reasons, to set things up more rapidly.

2— Thomas Moro Simpson, *Formas lógicas, realidad y significado*, Buenos Aires, EUDEBA, 1964.

anecdotally, i.e., historically, false that there existed at the moment when Klimovsky wrote this prologue, any preponderance in the teaching of the "marxist tendency" in Argentine lecture halls.

I said that the two choices are of the same kind: in both, one of the opposing terms does not belong to the same level of facts as the other. Analytical philosophy (the philosophy of science + modern logic + the analytic study of the problem of meaning) does not include any assertion about the development of history, about the origin of value in labor, about the social determination of labor, or finally about the social process of production or about the necessity of revolution that can be read in this process. It could then additionally be said that insofar as marxism includes proposals concerning the origin, value, and scope of ideas, for example, it includes analytic philosophy, while the reverse is impossible. Marxism can certainly integrate the results of the analytic study of propositions and strengthen its methodology with the contributions of the logic and philosophy of science; while, on the contrary, if analytic philosophy claimed to include marxism, it would simply dissolve eighty percent of the assertions of marxism, which, being proposals about society as a whole and about the totality of the historical process, are effectively *synthetic*, if not dogmatic.[3] We then see that there exist two perspectives from which to look upon the relation between marxism and the philosophy of science. If one does so from the viewpoint of marxism, there is no exclusive choice, but a relation of inclusion and complementarity. If, on the other hand, we look from the viewpoint of the philosophy of science, the terms become contradictory and the choice is exclusive.

The same holds for the choice between the happening and the concern with hunger (excuse me for this combination of words). Given that the happening is nothing other than a manifestation of the artistic genre, the surest and easiest way of answering, using words in their proper

—

3— Dogmatic in the positive sense of the word. This is what Sartre sees at the outset of his "critical" investigation of "dialectical reason." But in the reverse, one must certainly take care not to make marxism into a romantic philosophy of totality and synthesis. The category of totality, its indiscriminate use, has more to do with a specifically spiritualist philosophy than with the strict discipline demanded by the marxist idea of "science."

meaning, is to say that by extension this choice would also include musicians, painters, and poets. Must one then look in Klimovsky's words for indications of his totalitarian vocation? I do not think so. Professor Klimovsky is surely a liberal spirit, of whom, I am sure, one could say the same as Sartre once said of Bertrand Russell some years ago: that in truth, for him, intellectuals and science are *all that exist*. But what must have certainly occurred is much simpler: Professor Klimovsky was caught off guard by the phenomenon of the increasing use of the word "happening" that Madela Ezcurra has discussed. This mistake—whether intentional or not—is in itself revealing. The growing connotation of the word "happening" in the mass media originates in certain presuppositions conveyed by these messages which, when not analyzed, tend to determine their contents. In truth, these presuppositions are nothing other than "ideas of communication," as Jacoby writes; that is, ideas concerning society as a whole, which include, fundamentally, decisions with respect to the "place" in society to which each sphere of activity should belong. Now, it is certain that no journalist, whatever his level of information, can ignore the fact that, at its very basis, the word is associated with artistic activity: thus a certain apparently positive ambivalence in the degree to which what the word means is taken seriously or jokingly. This is because the idea of Art with a capital "A" carries a lot of weight for these journalists. What comes to pass—and the whole matter is not much more complicated than this—is that through its conservative groups, society establishes the connection between this "place" (a receptacle of hierarchical ideas, of judgments concerning the relative value of the results of every kind of activity) and each sphere of social activity by fixing on the particular activity's "materials." Thus, the prestige of the artist's activity should be systematically linked with certain properties of the material he uses. In this way the idea historically arises that bronze or marble are "noble materials." During the time of Informal art, and also before then, we have seen the painters react against this idea: but the results were not particularly negative.

And yet the quarrel with respect to the nobility of the material is completely outdated today, and for that very reason it is possible that it has attained a certain degree of vulgarization. Works made with "ignoble" materials are accepted on the condition, I would say, of leaving the very idea of material in place; that is, the idea that the work of art is recognized by its material support. To say it in another way: there is still a humanism of the human, since the idea of material is felt to be the "other" of the human (and it is granted transcendence for this reason). There is a fundamental opposition: human subjectivity on one side, sensible material on the other. If one carried the analysis further one might see that as in Levi-Strauss's description of the myth, this binary is correlated with another: outside-inside. Now, in traditional art (and particularly in painting, sculpture, and theater), what is outside of what is outside, man can only have contact with sensible material because he is a body. And on the contrary, sensible material can only convey an aesthetic image on the condition of not encompassing the condition of its existence, i.e., the human body. This could be the reason why, as Levi-Strauss says, there is a problem of dimensions in the very constitution of the work of art: in some way it is always a *miniature* of what it represents.[4] But what then shall we think of the happening? As it tends to neutralize these oppositions and homogenize people and things, the happening begins by making the very notion of "material" more improbable, more difficult, as art it is then an activity whose social "place" is difficult to establish, and perhaps Kaprow is right to proclaim that the happening is the only truly "experimental" art.

From January to March of 1966, and while in quite close contact with happening-makers such as Allan Kaprow, Dick Higgins, Al Hansen, Carolee Schneeman, and the German [Wolf] Vostell, I was able to be present in New York at some ten happenings. Two impressed me particularly. Both had this in common: they included the physical presence of the artist and the "public" did not exceed, in either of them, more than two hundred persons. But they were totally different. It could be said (I do not like this choice) that one was made for the senses, while the other spoke to the understanding. The work of Michael Kirby was, effectively,

—

4— See the opening chapters of Claude Levi-Strauss, *The Savage Mind*, Chicago, University of Chicago Press, 1996.

"intelligent."[5] Kirby had called the audience together on March 4th, in Remsen Street, in a middle-class neighborhood of Brooklyn. When we arrived at the place we discovered that it was a religious school, St. Francis College. In New York it is quite common for happenings to take place in schools, or even in churches. The most superficial reason, perhaps, is to be found in the fact that American happenings are relatively nonsexual, unlike the French ones.[6] Those that I have seen, in general, induced the idea of ceremony: they were serious, if it can be said that way. But this is an insufficient explanation because Carolee Schneeman held the presentation of her *Meat Joy*, which was rather audacious from the sexual viewpoint, in the church on Washington Square surrounded by the buildings of New York University. In the center of the room, where the action was to unfold, was a space where film projectors had been set up, along with three or four different types of slide projectors and recorders. The audience was supposed to sit in chairs arranged into three groups surrounding the middle space. Kirby soon arrived, followed by a group of five or six technicians. There were other people in the center of the space. When the lights went out the projection of a 16mm film began: seated around a table were two people conversing (one of them a priest). The audience quickly understood that the conversation concerned the physical characteristics of the very place where they were. The priest and the other person were planning the happening that was unfolding: they were talking about the capacity of the space, the lights, the quantity of "performers" they would need, the price of the tickets, and whether there would be any remaining profit once the expenses had been paid. The lights were then turned on again. And when they went off the next time, a projector showed, once again on a wall, a map of the area of Brooklyn

—

5— Using Roland Barthes's words, I call intelligence "the aesthetic contemplation of the intelligible."

6— Lebel is not the only case in France. But whatever the value of his Happenings, one does have to recognize the positive side of his violence, his passion for getting involved. In April of 1966 I was able to attend a Happening by Lebel in Paris, where practically—and sexually—everything happened: a naked woman masturbating, an act of coitus in the middle of the space. The other day the police shut down the event.

where the school was located; the shadow of a pencil flitted across the map, tracing the path from a nearby square to the school itself. The lights went on and off again: then the same itinerary that had been traced by the pencil was traversed by an automobile, presumably Kirby's. The camera filmed the streets from behind the windows of the vehicle, until arriving at the building of the school. The lights then came on again, and on one side of the space, seated at the same table, and clothed in the same way, the priest and his friend repeated the conversation of the film. The lights went on and off again, and in the moments of darkness, a slide projector alternately showed one of them and then the other. Then Kirby entered the scene live and joined the conversation, and afterward the lights went off again and in the film one could see the same scene repeated, the entry of Kirby who sat down to converse along with the other two. Afterward the priest appeared in the film in full face, speaking to and looking at the live public. When the lights went on Kirby answered him from below, from the table. These operations grew more complex as they followed in succession: they combined, for example, with photographs of places in the space itself, which were projected onto those same places. The photo of a corner of a large wooden door projected onto the door. What happened was that the account of the programming of the happening came increasingly closer to the time of the happening that was unfolding until, finally, the audience, which had been photographed a few minutes before this with Polaroid cameras, could see itself, photographed, on the walls between the three groups of seated persons surrounding the action. When the lights went on, Kirby's presence in the middle of the room made it seem as though the actions had reached an end. And yet something was happening. The technicians seemed to be having some kind of difficulty with the equipment; maybe it was a matter of cables. Finally Kirby explained that what was happening was that the noise and voices of the persons in the audience had been recorded, that the idea was that the audience should listen to its own words inside the space in the same way as it had seen itself photographed, but problems had arisen and the happening could be considered over. The audience answered the final words with sustained applause. We then left our seats, and slowly we began to go out.

Hardly had we begun to do so when we heard the treacherous clamor of our own applause—which Kirby had carefully recorded—accompanying our steps.[7]

The author of the other happening was La Monte Young. At the time I was not very familiar with the American "scene," and so I paid attention to the opinions of everyone else. Young: a disciple of Cage, Zen, close to the "cool" painters, into the drug scene. The happening (or musical work?) was held at the house of Larry Poons, an excellent painter promoted by Castelli. I don't remember the exact address; it was downtown, on the West Side, in a "loft," one of those enormous shed-flats that you can find in New York for two hundred dollars a month, and which after painting them totally white are lived in by some painters and simply used as a studio by others. It was on the third floor, and one had to go up by broad stairways that came out in shed-apartments like the final one, but totally empty. Only in certain corners, set discreetly on certain walls, one could distinguish canvases: these must have been pictures by Larry Poons. After climbing the last staircase, one was assaulted by and enveloped in a continuous, deafening noise, composed of a colorful mix of electronic sounds, to which were added indecipherable but equally constant noises. Something, I don't know what, something Oriental, was burning somewhere, and a ceremonious, ritual perfume filled the atmosphere of the space. The lights were turned out; only the front wall was illuminated by a blue or reddish light, and I don't remember if the lights changed (perhaps they did, switching from red to green to violet). Beneath the light, and almost against the wall, facing the room and facing the audience, which was seated and arranged throughout the space, there were five people also sitting on the ground, one of them a woman, in yoga position, dressed in what was certainly Oriental clothing, and each of them holding a microphone. One of them played a violin, while, seen from my position, not much more than five yards distant, the four others remained as though paralyzed, with the microphones almost glued to their open mouths. The very high-pitched

—

7— Kirby's work left quite an impression on Marta Minujín, and it should be considered as the basis of her inspiration for the Happening with the sixty television sets.

and totally homogeneous sound had at first kept me from seeing the cause of these open mouths, which was that the four, stopping only to breathe, were adding a continuous guttural sound to the sum of the electronic sounds. The violinist slowly moved the bow up and down, to draw a single sound from the strings, also continuous. Before them, between these five and the public, could be seen the naked spectacle of a tape recorder playing a tape loop and the cables of an amplifier device. There was in this timeless spectacle a deliberate mix—a bit banal for my taste—of Orientalism and electronics. Someone, pointing to the first of the five, told me that it was La Monte Young himself, and that he was "high."[8] Surely they were right; and the others as well. The event had begun at nine at night and was programmed to last until two in the morning. Among the audience were one or two people who exhibited something like a possessed state, in a rigid meditation position.

In all this there was something that escaped me, or that wasn't to my taste. I don't like Zen, or rather, even while it gives rise in me to a certain intellectual curiosity, since in it there are certainly valuable intuitions about language, it disgusts me as a social phenomenon in the West, and even more as a manifestation within a society so dramatically capitalist as the American one. But I knew neither the practice of Zen, nor the complete theory; and additionally, in this sum of deafening sounds, in this exasperating electronic endlessness, in this mix of high-pitched noise and sound that penetrated one's bones and pummeled one's temples, there was something that probably had very little to do with Zen. Since I had entered the room the physiological condition of my body had changed. The homogenization of the auditory time, through the presence of this sound at such a high volume, had practically split one of my senses away from all the others. I felt isolated, as though nailed to the floor, the auditory reality now went "inside" my body, and didn't simply pass through my ears. It was as though I were obliged to compensate with my eyes for the loss in the capacity to discriminate sounds. My eyes opened wider and wider. And all they found in front of them, enveloped in the quietude of

—

8— In the language of the "junkie," it means being strongly affected by the drug.

their bodies and in the light, seated, were the five performers. How long would this last? I was not resolved to pursue the experience to the end; I didn't believe in it. After no more than twenty minutes I left.

Two or three days afterwards I began changing my opinion. When you took away the connotations of Zen, Orientalism, etc., there were at least two profound intentions in the happening by La Monte Young. One of them, that of splitting a single sense away from the others, the near destruction, through the homogenization of a perceptual level, of the capacity to discriminate on that level, brought us to the experience of a difficult restructuring of the total perceptual field. Simultaneously, the exhibition of the performers in their quietude, beneath the bath of colored light, transformed the entire situation into something very similar to the effects of LSD. The situation was therefore something like an "analogue" of the perceptual changes produced by hallucinogens. But the interesting thing, in my opinion, was that this "analogue," this "similitude" of the hallucinatory condition, did not end up turning into one. The rarefaction of the perception of time was not sufficient to transform it into an actual hallucination because it had too much real weight to become unreal: the hallucination could not go beyond the state of induction. This is the idea that I took to "commit" my happening five months later in Buenos Aires. But there was another idea in the work of La Monte Young: through the exasperation caused by a *continuum*, the incessant sound at high volume, the work transformed itself into an open commentary, naked and express, of the continuous as continuous, and thereby induced a certain rise in consciousness with respect to its opposite. Or, it could also be said that La Monte Young pushed us to undertake a rather pure experience by allowing us to glimpse the degree to which certain continuities and discontinuities lie at the basis of our experience of our relationship with things.

When I returned to Buenos Aires in April of '66, I had already resolved to do a happening myself: I had one in mind. And its title, *To Induce the Spirit of Image*, was an express commentary on what I had learned from La Monte Young. On disordered sheets of paper, and on the edges of my habitual ("intellectual") work, I noted both the general framework of his actions and their details. From La Monte

Young I retained, unaltered, the idea of "putting on" a continuous sound, the product of a sum of electronic sounds, at an exceedingly high volume, for two hours (three hours less than he). As to the arrangement of the performers and the audience, it would be the same: the performers in front of the room, lighted, and the audience facing the performers, in the shadows occupying all the rest of the space. Thus the audience would be obliged to see and indeed to look at the performers bathed in light, for the duration and under the high volume of the electronic sound. I, however, would not have five performers, but thirty or forty; and they would not be sitting in a yoga position, but seated motionless in a motley array, on a platform. I then thought that I would recruit them among the downtrodden proletariat: shoeshine boys or beggars, handicapped people, a psychotic from the hospice, an impressive-looking beggar woman who frequently walks down Florida Street and whom one also meets in the subway of Corrientes, with shabby clothes of good cut, varicose veins but skin toasted by the sun; this woman was the perfect image of a person of a certain economic status who had suffered a rapid and disastrous fall. Finally, I thought that at the right moment I would have some money to pay these people, whom I had to find somehow by going out into the street to choose them or search for them. For the rest, the details that accompanied this central situation were not so numerous. I would start off the happening by talking to the public, telling them the origin of the happening, that it was inspired by La Monte Young, and that in this sense I had no qualms about confessing the origin. I would also tell them what was going to happen next: the continuous sound, the light illuminating the motley-colored downtrodden-looking group on the platform. And I would also tell them that in a sense it was as though the overall situation had been carefully designed by myself, and that in this sense there was an intellectual control over each one of its parts. That the people of the audience could proceed according to their own will, remaining seated on the floor or still. And if they wanted to leave at any moment they could, only they would have to follow a rule to do so. I would distribute little flags among them, and if anyone wanted to leave they had to raise a flag: then I would have this person accompanied to the exit (later I revised the detail of the little flags; they softened the situation, and my idea was that the happening had to be spare, naked, hard). I would go on talking about the idea of control, about the fact that almost everything had been foreseen. I would repeat the word control to the point of associating it with the idea of a guarantee. That the public would have guarantees, even physical guarantees, that nothing could happen. Nothing, except one thing: a fire in the room. But a fire could happen in any other room, in any other theater. And in any event, precautions had been taken, and for this reason I had equipped myself with a quantity of fire extinguishers (which I would have with me at this time and would show to the audience). Finally, to give more guarantees, to reinforce the image of the fact that everything or almost everything had been foreseen, and even designed or controlled, I myself would discharge a fire extinguisher immediately. And I would do it for two additional motives. On the one hand, because not many people have ever seen a fire extinguisher in action—except those who have been in a fire—and therefore there exists some doubt as to whether, in the case of a fire, the fire extinguishers that we see hanging from the walls will work or not. And on the other hand, for the aesthetic side of the question. Because the discharging of a fire extinguisher is a spectacle of a certain beauty. And it was important for me to exploit this beauty.

Once the fire extinguisher had been discharged, the electronic sound would begin, the lights illuminating the sector of the platform with my performers would go on, and the situation would then be created. For two hours. Later I changed the duration, reducing it to one hour. I think that was a mistake, which reveals, in a way, certain idealist prejudices that surely weighed on me: in reality I was more interested in the *signification* of the situation than in its *facticity*, its hard concreteness. (Think of the difference with La Monte Young, who brought this concreteness to the very physical and physiological limits of the body.)

In April I called together a group of people, plastic artists in the majority, to plan a festival of happenings: Oscar Palacio, Leopoldo Maler, David Lamelas, Roberto Jacoby, Eduardo Costa, Mario Gandelsonas. I invited them to make a successive set of happenings, in a relatively limited space of time. They accepted; we then planned that various art galleries—Bonino, Lirolay, Guernica, etc.—would each have to take the responsibility of presenting an artist. The group of happenings would in its turn be presented and presided over by the Museo de Arte Moderno of the City of Buenos Aires. We spoke with [Hugo] Parpagnoli, the director of the Museum, and with the gallerists: everyone agreed. By acting in this way—i.e., by planning out happenings within an official framework: the presence of the museum—I intended to work according to what may be called pedagogical ends. I was attracted by the idea of definitively introducing a new aesthetic genre among us. For this, our happenings had to fulfill only one condition: they must not be very French, that is, not very sexual. I was thinking of accomplishing purely aesthetic ends, and I imagined myself a bit like the director of the Museum of Stockholm, who from within an official institution had opened up to all the avant-garde exhibitions and events. But Buenos Aires is not a Swedish city. At the moment during which we planned the two-week festival there came the coup d'état that brought Onganía to power; and there was an outburst of puritanism and police persecution. Scared, we abandoned the project: what is more, it was a bit embarrassing, amid the gravity of the political situation, to be creating happenings. In this respect—embroiled in a sentiment of mute rage—I now think exactly the contrary. And I am also beginning to think the contrary with respect to those "pedagogical" ends: about the idea of introducing the dissolving and negative aspects of a new artistic genre through the positive image of official institutions.

It was only recently, in November at the Instituto Torcuato Di Tella (ITDT), that I would effectively succeed in carrying out my happening. The imminence of the date had made me think about my own "image": about the idea that others had of me and about the idea I had about this idea. Something would change: from a critic or an essayist or a university researcher, I would become a happening-maker. It would not be bad—I thought—if the hybridization of images at least had the result of disquieting or disorienting someone.

In the meantime, the central situation of the planned happening had undergone a modification. Instead of people of a downtrodden condition, it would use actors. But you will see, this was not too great a compromise, nor a tribute to artificiality in detriment to reality. It came about because of a performance that Leopoldo Maler presented at the ITDT. In it he used three older women who had caught my attention: at one moment they came onto the stage to represent a radio or television show of questions and answers. The women each had to sing a song in order to get the prize. I remembered the aspect of the women, grotesque in their high heels, holding their purses in their hands, in a rather ingenuous position. These persons very clearly denoted a social origin: lower middle class. It was exactly what I needed: a group of around twenty persons indicating the same class level, men and women. Maler then gave me the telephone number of a woman who could engage this number of persons. It was somebody who had something like an agency for placing extras. I called her, she listened to me very courteously, and we agreed that there would be twenty persons. She asked me to explain what kind of persons I needed, what physical aspect. I summed it up: older persons, looking badly off, poorly dressed. She said she understood. I would have to pay each person four hundred pesos. As for the fire extinguishers, I had no difficulty obtaining them. I put myself in contact with an industry that made them, and spoke with the sales manager. Very courteously he accepted my request. He would lend me twelve fire extinguishers for one day. He also gave me instructions about different kinds of fire extinguishers to cover the possibility of various dangers. I would use one that produces a dense white smoke. When I tried it out, before the happening, I also realized that it produced a quite deafening noise. I would use it as a bridge between my words and the electronic sound.

At five in the afternoon on October 26th, the first of the twenty hired persons began to arrive. By six all twenty had arrived. Men and women from the ages of forty-five to sixty years old (there was only one younger person, a man of thirty to thirty-five). These people came to "work" for four hundred pesos; it was temporary work, and supposing—although impossible—that they obtained something similar every day, they would not succeed at pulling in more than twelve thousand pesos a month. I had already understood that the normal job of almost all of them was to be hawkers of cheap jewelry, leather goods, and "variety articles" in those shops that are always on the verge of closing and that you find along Corrientes Street, or in some areas of Rivadavia or Cabildo. I imagined that with this work they must earn even less than I was going to pay them. I was not wrong. I gathered them together and explained what they were to do. I told them that instead of four hundred I would pay them six hundred pesos: from that point on they gave me their full attention. I felt a bit cynical: but neither did I wish to have too many illusions. I wasn't going to demonize myself for this social act of manipulation which in real society happens every day. I then explained to them that what we were going to do was not exactly theater. That they had nothing to do other than to remain still for an hour, motionless, shoulders against the wall of the room; and that the "play" would not be carried out in the normal theater, but in a large storage room that I had expressly prepared. I also told them that there would be something uncomfortable for them: during this hour there would be a very high-pitched sound, at very high volume, and very deafening. And they had to put up with it, there was no alternative. And I asked whether they accepted and they were in agreement. One of the older ones seemed to pull back, but they all consulted each other with their eyes, and finally, with mutual solidarity, they answered yes. As I began to feel vaguely guilty, I considered offering them cotton plugs for the ears. I did so, and they accepted, and I sent someone off to look for the cotton. A quite friendly climate had already sprung up between us. They asked me about the costumes (each of the old people held a sack or a suitcase in hand). I told them that they should dress as poor people, but they shouldn't use make-up. They didn't all obey me completely; the only way not to totally be objects, totally passive, I thought, was for them to do something related to the profession of the actor.

Soon it came time for the happening to begin. Everything was ready, the tape loop (which I had prepared in the ITDT's experimental music lab), the fire extinguishers. I had also prepared a little armchair, on which I would remain with my back to the public, to say the opening words. I then went down with everyone to the storage room, and explained to them how they were to sit against the back wall. I had also prepared the lights. All that remained was to pay the extras: for this I began to distribute cards, signed by myself, with each one's name, which they would subsequently be able to cash with the secretary of the Audiovisual Department of the Institute. The old folks surrounded me, almost assaulting me, and I must have looked like a movie actor distributing autographs. I saw that the first persons had arrived: two of them seemed to be happy. I continued with the cards; when I turned my head again, the room was full of people. Something had begun, and I felt as though something had slipped loose without my consent, a mechanism had gone into motion. I hurried, arranged the old folks in the planned position, and ordered the lights turned off. Then I asked the people who had arrived not to come forward and just to sit down on the floor. There was quite a sense of expectation and they obeyed.

Then I began to speak. I told them, from the chair, and with my back turned, approximately what I had planned. But before that I also told them what was happening when they entered the room, that I was paying the old folks. That they had asked me for four hundred and that I had given them six. That I had paid the old people to let themselves be seen, and that the audience, the others, those who were facing the old folks, more than two hundred people, had each paid two hundred pesos to look at them. That in all this there was a circle, not such a strange one, through which the money moved, and that I was the mediator. Then I discharged the fire extinguisher, and afterward the sound appeared, rapidly attaining the chosen volume. When the spotlight that illuminated me went out, I myself went to up to the spotlights that were to illuminate the old people and I turned them on. Against the white wall, their spirit shamed and flattened out by the white light, next to each other in a line, the old people were rigid, ready to let themselves be looked at for an hour. The electronic sound lent greater immobility to the scene. I looked toward the audience: they too, in stillness, *looked* at the old people.

When my friends on the Left (I speak without irony: I am referring to people with clear heads, at least on certain points) asked me, troubled, about the meaning of the happening, I answered them using a phrase which I repeated using exactly the same order of words each time I was asked the same question. My happening, I now repeat, was nothing other than "an act of social sadism made explicit."

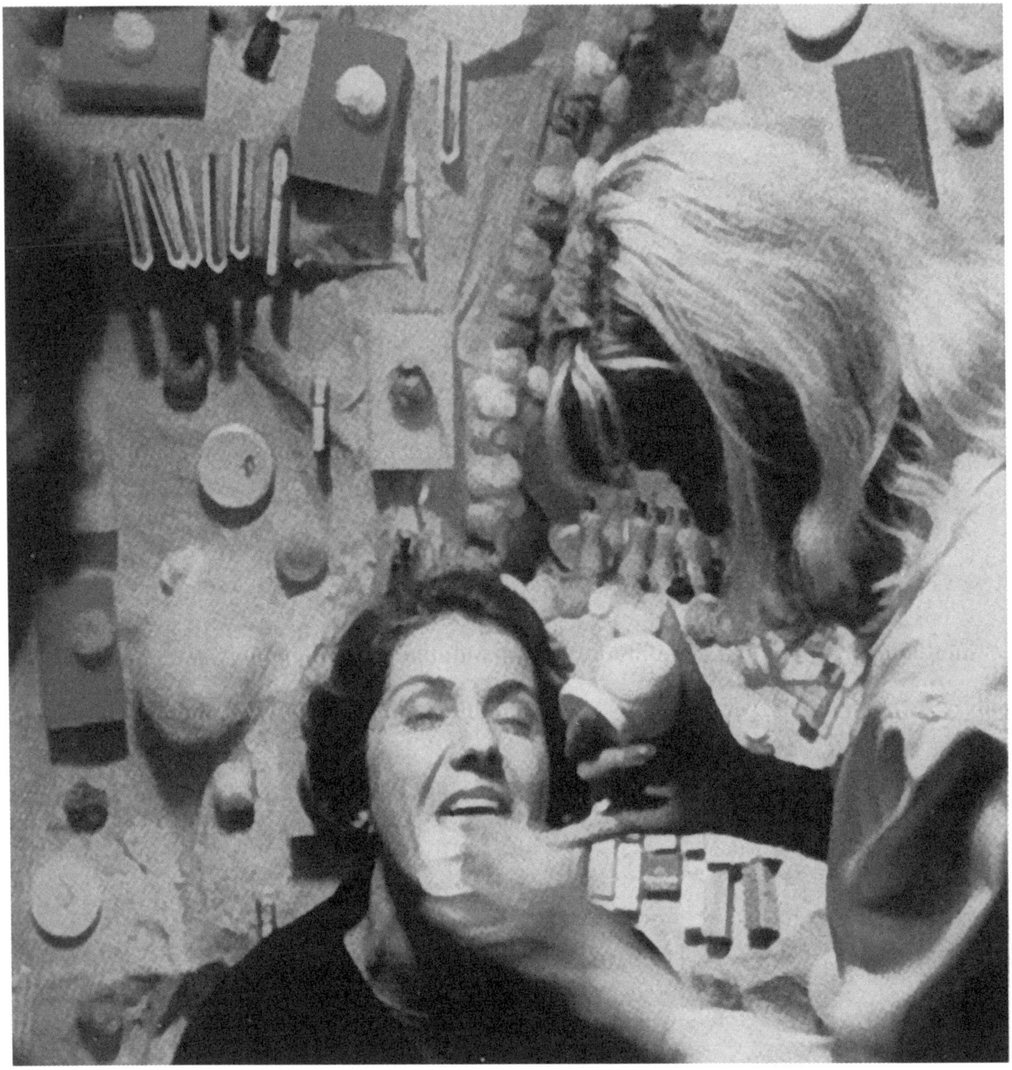

Marta Minujín y—and Rubén Santantonin, *La Menesunda—Mayhen*, 1965. Ambientación multisensorial y polimatérica compuesta por 16 situaciones—Multi-sensorial and muti-material enviroment with 16 situations. Instituto Di Tella. Situación: La cabeza de mujer—Situation: The Woman's Head. © Marta Minujín Archivos

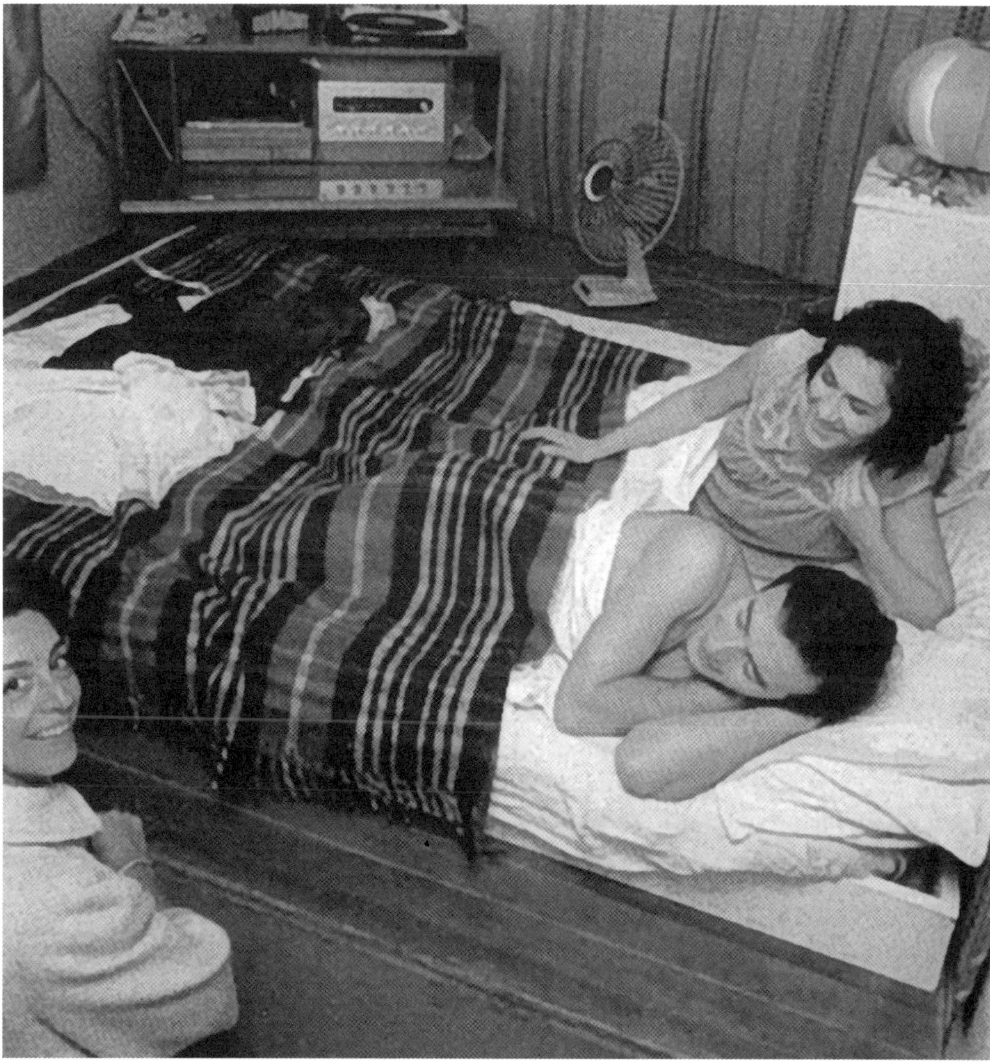

Marta Minujín y—and Rubén Santantonin, *La Menesunda—Mayhen*, 1965. Ambientación multisensorial y polimatérica compuesta por 16 situaciones—Multi-sensorial and muti-material enviroment with 16 situations. Instituto Di Tella. Situación: La habitación—Situation: The Room.

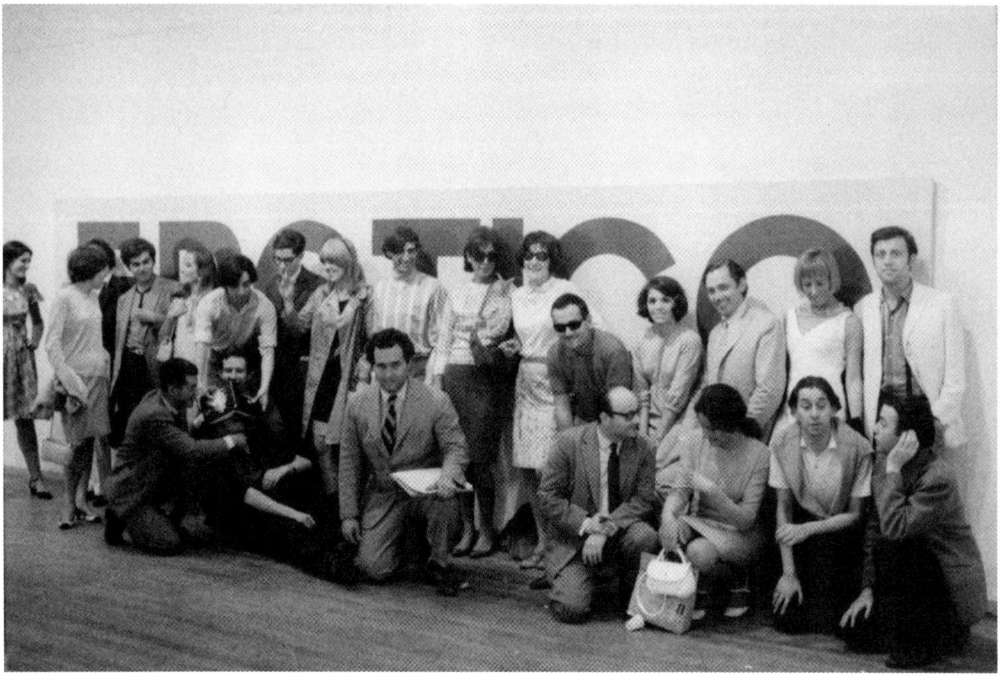

Grupo de artistas en el—Group of artists at the Instituto Di Tella: Dalila Puzzovio, Daniel Melgarejo, Juan Stoppani, Edgardo Giménez, Madela Ezcurra, Emilio Renart, Patricia Peralta Ramos, Alfredo Rodríguez Arias, el peluquero Cristian, Raúl Escari, Marta Minujín, Ricardo Carreira, Pablo Suárez, Federico Peralta Ramos, Oscar Bony, Sarita Seré de Pereyra Iraola, Margarita Paksa, Rubén Santantonin, Pier Cantamesa, Carmen "Cacha" Miranda, Oscar Palacio, Estela Newbery, David Lamelas, Charlie Squirru, entre otros—among others. Foto—Photo: Eduardo Newark [Cat. 53]

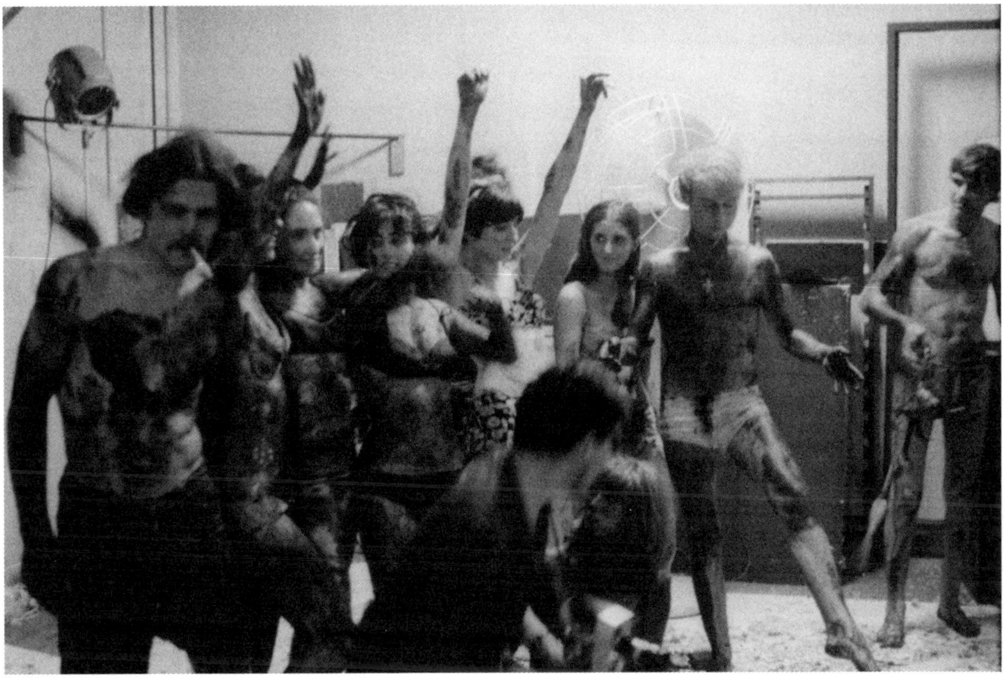

Carolee Schneemann, *Meat Joy* repetida en Buenos Aires como parte del Ciclo—reenacted in Buenos Aires as a part of the cycle "Sobre Happenings", Instituto Di Tella, 1966. Foto—Photo: Eduardo Nowark [Cat. 53]

Roberto Arlt, yo mismo*

OSCAR MASOTTA

*Conferencia leída por Oscar Masotta en el salón de "Artes y Ciencias", como presentación del libro *Sexo y traición en Roberto Arlt* (Buenos Aires, Jorge Álvarez, 1965). Ese libro había sido escrito en 1958, pero recién fue publicado en 1965. Cuatro años más tarde, esa presentación oral fue incluida en la compilación *Conciencia y estructura* (Buenos Aires, Corregidor, 1969, pp. 189-206), cuyo epígrafe, de Bernard Pingaud, se transcribe al inicio de este texto.

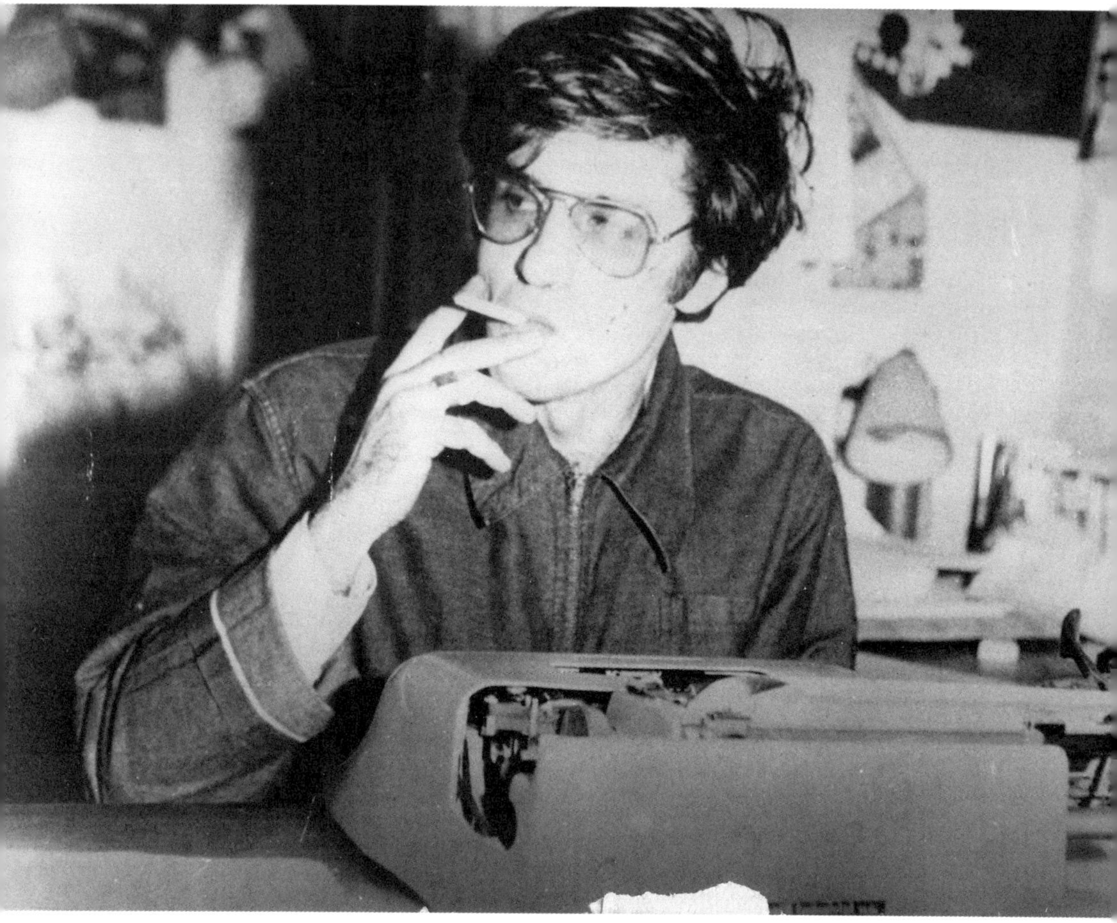

Autor No Identificado—Unidentified author, Oscar Masotta, *ca.* 1974.
Cortesía de—Courtesy of Jorge Jinkis [Cat. 12]

> 1945-1960: para medir el camino recorrido entre esas dos fechas, basta abrir un diario o una revista y leer cualquier crítica de libros. No sólo no se cita ya a los mismos nombres, no se invocan las mismas referencias, sino que no se pronuncian tampoco las mismas palabras. El lenguaje de la reflexión ha cambiado. La filosofía, triunfante quince años atrás, se borra ahora ante las ciencias humanas: el desplazamiento acompaña la aparición de un nuevo vocabulario. Ya no se habla de "conciencia" o de "sujeto", sino de "reglas", de "códigos", de "sistemas"; ya no se dice que "el hombre hace el sentido", sino que el sentido "adviene al hombre"; ya no se es más existencialista, se es estructuralista.
>
> BERNARD PINGAUD

Yo he escrito este libro, que ahora Jorge Álvarez publica bajo el título de *Sexo y traición en Roberto Arlt* (título comercialmente atractivo, elegido exprofeso; pero también el más sencillamente descriptivo de su contenido) ocho años atrás. Y cuando Álvarez me invitó a que presentara yo mismo a mi propio libro, me sentía ya lo suficientemente alejado de él y pensé que podría hacerlo. Pensé en ese tiempo transcurrido, esa distancia que tal vez me permitiría una cierta objetividad para juzgar(me); pensé que el tiempo transcurrido había convertido a mi propio libro en un "extraño" para mí mismo. No era totalmente así.

Pero en el hecho de tener que ser yo mismo quien ha de presentar a mi propio libro, hay una situación paradojal de la que debiera, al menos, sacar provecho. En primer lugar podría preguntarme por lo ocurrido entre 1958 y 1965; o bien, y ya que fui yo quien escribió aquel libro, ¿qué ha pasado en mí durante y a lo largo del transcurso de ese tiempo? En segundo lugar podría reflexionar sobre las causas que hicieron que durante ese tiempo yo escribiera bastante poco. Y en tercer lugar, y si es cierto que los productos de la actividad individual no se separan de la persona, podría hacerme esta pregunta: ¿quién era yo, entonces, cuando escribí ese libro?; y también: ¿qué pienso yo en el fondo y de verdad sobre ese libro?

Mi juicio sobre mi propio libro: yo diría que se trata de un libro relativamente bueno. Relativamente: es decir, con respecto a los otros libros escritos sobre Arlt. Es que son malos. Pero los juicios de valor, a este nivel, no son interesantes...

¿Pero volvería yo a escribir ese libro, ahora, si no estuviera ya escrito?

Bien, creo que no podría hacerlo. Entre otras cosas, porque hoy soy un poco menos ignorante que entonces, más cauteloso. Y seguramente: una cierta indigencia cultural, de formación, con respecto a los instrumentos intelectuales que realmente manejaba, estoy seguro, fueron entonces el motor que no sólo me impulsó a planear el libro, sino que me permitió escribirlo. Pero no es que no esté de acuerdo con lo que hoy acepto publicar. Y además, también estoy seguro, de no haber escrito aquel libro, y de escribirlo hoy, no escribiría un libro mejor.

Pero me pongo en el lugar de ustedes que me están escuchando ¿Sobre qué estoy hablando? O bien: ¿de qué me estoy confesando? Pues bien: de nada.

Si acepto publicar un libro que escribí hace varios años es porque ese libro es bueno, para mí. Y lo es porque a mi entender cumple con el requisito sin el cual no hay crítica en literatura: acompaña las intuiciones del autor y trata de explicitarlas, a otro nivel y con otro lenguaje. Pero debo decirlo: cuando escribí el libro yo no era un apasionado de Arlt sino de Sartre. Y habiendo leído a Sartre no solamente no era difícil encontrar lo fundamental de las intuiciones de Arlt (o mejor: de esa única intuición que define y constituye su obra), sino que era imposible no hacerlo. Lean ustedes el *Saint Genet* de Sartre y lean después *El juguete rabioso*. El punto crítico, culminante, de esa novela que tengo por un gran libro, es el final. Después de leer a Sartre no era difícil encontrar el sentido de ese final, tan aparentemente sorprendente. ¿Por qué Astier se convertía tan repentinamente en un delator? En fin, yo diría, mi libro sobre Arlt ya estaba escrito. Y en un sentido yo no fui esencial a su escritura: cualquiera que hubiera leído a Sartre podría haber escrito ese libro.

Pero al revés, la factura del libro, su escritura, me depararía algunas sorpresas. Entre la programación del libro y el libro como resultado, no todo estaba en Sartre. Y lo que no estaba en Sartre estaba en mí. No en mi "talento" (no hablo de eso): me refiero a las tensiones que viniendo de la sociedad operaban sobre mí a la vez que no se diferenciaban de mí, y de cuya conciencia (una cierta incompleta conciencia) extraje, creo, esa certeza que me acompaña desde hace más de quince años. Que efectivamente, tengo algo que decir. Escribir el libro me ayudó, textualmente, a descubrir el sentido de la existencia de la clase a la que pertenecía, la clase media. Una banalidad. Pero esa banalidad me había acompañado desde mi nacimiento. Pensando sobre Arlt descubría el sentido de mis conductas actuales y de mis conductas pasadas: que dura y crudamente habían estado determinadas por mi origen social. Y uso la palabra "determinación" en sentido restringido pero fuerte.

¿El "mensaje" de Arlt? Bien, y exactamente: que en el hombre de la clase media hay un delator en potencia, que en sus conductas late la posibilidad de la delación. Es decir: que desde el punto de vista de las exigencias lógicas de coherencia, que pesan sobre toda conducta, existe algo así como un tipo de conducta privilegiada, a la vez por su sentido y por ser la más coherente para cada grupo social, y que si ese grupo es la clase media, esa conducta no será sino la conducta de delación. Actuar es vehicular ciertos sistemas inconscientes que actúan en uno, y que están inscriptos en uno al nivel del cuerpo y la conducta, sobre ciertos carriles fijados por la sociedad. Actuar es, a cada momento, a cada instante de nuestra vida, como tener que resolver un problema de lógica. En cuanto a los términos de ese problema: están dos veces a la vista (aunque no para quienes lo soportan), son dos "observables".

Por un lado la sociedad nos enseña, y por otro lado estamos llamados, solicitados, constreñidos, todo a la vez, a resolver cuestiones que el medio social nos plantea. Solamente que esas cuestiones difícilmente pueden ser resueltas en la perspectiva de lo que se nos ha enseñado, de lo que ha sido sellado en nosotros por la sociedad: y la relación que va de uno a otro término, en sociedades enfermas como las nuestras, es una relación absurda (habría que precisar qué se entiende por esto) o directamente contradictoria. Pero como la capacidad lógica del hombre es infinita, siempre es posible resolver problemas imposibles: hay gente que lo hace. Son los enfermos mentales.

En este sentido la enfermedad mental es absolutamente lo contrario a lo que una literatura envejecida, burguesa, nos ha querido hacer entender. Es exactamente lo opuesto a la incoherencia. Es más bien la puesta en práctica de la máxima exigencia de lógica y razón. En este sentido digo, entonces, que la delación —y Arlt tiene razón— no constituye sino el tipo lógico de acto preferencial, en cuanto a la coherencia que arrastra, para conductas individuales determinadas por un preciso grupo social. Y solamente habría que hacer esta salvedad. Que cuando hablamos de lógica y coherencia, aquí, nos referimos menos a una lógica pensada por el individuo que se enferma, que a una lógica que —no hay otro modo de decirlo— se piensa en el enfermo mental. Y en cuanto a la relación entre conducta mórbida y conducta de delación: la tesis es de Arlt. Y es profundamente verdadera.

Pero esto no significa moralizar; y lo que se quiere decir no es que un delator "no es más" que un enfermo mental. Sino exactamente al revés, contramoralizar, puesto que lo que Arlt denuncia es a la sociedad que produce delatores. En cuanto a la conexión entre lógica y coherencia por un lado, y enfermedad mental o delación por el otro, es cierto que necesitaría una larga explicación. Pero esa explicación existe, no es difícil, es cierta, y yo no hago metáforas. Pero relean ustedes a Arlt. Él, como novelista, tenía en cambio que usar metáforas. ¿No recuerdan ustedes aquellas que en sus novelas se refieren a esa necesidad "geométrica", "matemática" o propia del "cálculo infinitesimal", que el que humilla descubre como en negativo, y en el corazón del acto, en el momento mismo que lo planea, o un instante antes de su realización?

Después de estas breves reflexiones se justifica tal vez un poco más que hable de mí. ¿Quién era yo cuando escribí ese libro? O para forzar la sintaxis: ¿qué había de aparecer en aquel libro de lo que era yo? Pueden ustedes reírse: pero ya entonces, en 1957, estaba yo un poco loco. Es decir, que pesaban sobre mí un conjunto de estructuras, un pasado, que se contradecían, las que yo intentaba estúpida e inconscientemente resolver. Es cierto, no lo sé todo sobre mí mismo, y no entiendo del todo el sentido de aquél modo de resolver mis contradicciones que fue para aquel entonces escribir sobre Arlt. Pero de cualquier modo no carezco de una cierta conciencia aguda de algunos de los términos contradictorios. Pensemos por ejemplo en el "estilo", en la prosa de mi libro. Ya he dicho que al nivel de las ideas el libro estaba fuertemente influenciado por Sartre. Ahora bien, en lo que hace a la prosa, la influencia viene de Merleau-Ponty.

Yo había leído entonces todo lo que Merleau-Ponty había escrito, y me fascinaba ese estilo elegante, esa prosa consciente de su cadencia y de su ritmo, esa sobre o infraconsciencia del desenvolvimiento temporal de las palabras, ese gusto por el "tono" o por la "voz", esas insistencias de un fraseo a veces monotemático que entiende investigar las ideas acariciando las palabras. Amaba entonces esa prosa. En mi libro sobre Arlt intentaba esa prosa, me esforzaba por establecerme en ella, o en que ella se estableciera en mí. Quiero decir: que la imitaba. Y esto no es malo en sí mismo, ni me ocasiona hoy problemas de conciencia, puesto que imitar una prosa es la mejor manera de apresar desde adentro el pensamiento del autor, o como dice el mismo Merleau-Ponty, aprender a pensar lo informulado por el pensamiento, ese lugar todavía vacío hacia el que toda formulación tiende y que es el verdadero "objeto" del pensamiento. No, lo malo estaba en otra cosa.

Piensen: una prosa que, como la de Merleau-Ponty, se basa sobre todo en el tono, en la "altura" de la voz, no es sino la prosa de un refinado. Supone un alto grado de cultura, la inscripción en una tradición cultural precisa, es decir, otros tipos de prosa pertenecientes a escritores lejanos y cercanos en el tiempo, con los que ella misma forma sistema, oponiéndose y diferenciándose de unas, semejándose a otras. Una prosa de refinado: una prosa de "tonos". Y se podría pensar en una analogía con la lengua china. Efectivamente: en las lenguas chino-tibetanas los tonos de la frase no son usados como en las nuestras para expresar sentimientos, sino que sirven para nombrar objetos. Ahora bien, ese tipo de lengua aparece históricamente en sociedades muy jerarquizadas. La estructura propia de un orden social muy regimentado parece ser complementaria de la lengua de tonos. Una lengua de tonos, en una sociedad democrática, así, sería un impensable. Si se hiciera la experiencia de juntar una cosa con la otra el resultado tal vez sería alguna aberración: tal vez una sociedad de idiotas.

Ahora bien, con mi libro pasaba algo parecido. Imagínense: emplear una prosa de "tonos" para hablar sobre

Roberto Arlt. Claro que Merleau-Ponty había usado esa prosa para escribir sobre Hemingway. Pero yo no era Merleau-Ponty. Y la relación que va desde Merleau-Ponty a Hemingway no es homóloga a la que iba de mí a Arlt. Y no me refiero al valor de los autores ni me comparo a quien tengo por uno de los autores más importantes de nuestro tiempo. Quiero decir, que entre yo y las novelas de Arlt había una relación más estrecha, más igualitaria, que entre un alto profesor universitario parisino, y que hablaba por lo mismo, y con derecho, desde la cumbre de la cultura (y no ironizo) y un hombre con las características de Hemingway. Arlt y yo habíamos salido de la misma salsa, conocimos los mismos ruidos y los mismos olores de la misma ciudad, caminamos por las mismas calles, soportamos seguramente los mismos miedos económicos... Brevemente: apoyándome en Sartre y en Merleau-Ponty yo escribía entonces sobre Arlt. ¿Cómo decirlo? Cuando escribía mi libro en verdad me sentía un poco exótico. Y textualmente, puesto ¿qué es lo exótico sino el resultado de la unión de sistemas simbólicos que tienen poco que ver unos con otros? Pero aún aquí, y aunque con otra significación, aquél exotismo me colocaba en la línea de Arlt. ¿Esa imagen sobre mí mismo (prosa de "tonos" para escribir sobre Arlt) no tenía acaso mucho que ver con esa foto que se conserva de Arlt en África, vestido con ropas nativas pero calzado con unos enormes y evidentes botines?

Dicho de otra manera: un día me encontré con que ya el libro estaba escrito. Es decir, que me encontré con que ya algo había sido hecho en mí, o que se había hecho ya algo de mí, tal vez sin mí. ¿Quién era yo? En 1960 iba a comenzar a conocerme: de la noche a la mañana mi salud mental se quiebra y una insufrible enfermedad "cae" sobre mí. Me veo convertido entonces, y de la noche a la mañana, en un objeto social: hago la experiencia de lo que significa, en sociedades como las nuestras, ser un enfermo mental. Hago esa experiencia, como se dice, desde adentro. Enfermo, no puedo ya seguir escribiendo. Tampoco puedo leer. Fue la miseria de aquella enfermedad, mezcla de histeria y de neurosis, de angustia, y también la miseria real, los habitantes de una parte del espacio de tiempo que va desde el momento que escribí aquel libro a la fecha de su publicación.

Enfermo (aunque con el cuerpo sano) me veía obligado a pasarme las horas, los días, los meses, con la cara contra la almohada, oliendo el neutro y espantoso olor a las sábanas (me parecía espantoso: lo era) regando de saliva el género. ¿Cuánto tardaría en idiotizarme por completo? No podía leer, no podía trabajar, no podía estudiar, no podía escribir. No podía nada, salvo atender a ese pánico psicótico que me habitaba. Tenía miedo de todo, de cualquier cosa, de ver, por ejemplo, brotar el agua del agujero de una canilla. ¿Y los otros? Yo temía que se aburrieran pronto y que me mandaran al demonio. Temía, digo, puesto que quería curarme y necesitaba de ellos, "apoyarme" en ellos. Mi mujer (esto antes de mandarme al demonio) me explicaba, con la mejor voluntad, que puesto que yo quería curarme era seguro que me curaría. Pero yo entonces me acordaba de esas historias clínicas de esquizofrénicos que también se quieren curar y que no lo logran jamás. Era seguro: yo era un esquizofrénico.

¿Pero tiene sentido que un autor hable de sus enfermedades, que las use para "racionalizar" sobre su vida, para justificarse? No sé bien, y sólo recuerdo ahora un escritor que a veces lo hace (y dejo de lado el exaltamiento pueril de la locura a lo Allen Ginsberg): es Georges Bataille. Recuerdo su tono, bajo y lento, en el prólogo de un libro en el que relata el tiempo real, el suyo, de la redacción del libro. Dice que una enfermedad, a la que no nombra, le dificulta las cosas, le obliga a escribir lentamente. Un tono quejoso: y no estaba mal, porque servía al menos para recordar al lector que un libro ha sido hecho con el tiempo real, cotidiano, del escritor. De cualquier modo, y tratándose de quejas: yo prefiero reservarme el derecho para mi vida privada. Pero mi enfermedad está ahí —estuvo ahí— y tal vez no es malo, ahora, reflexionar sobre ella. En ese sentido, la experiencia de la enfermedad —la mía— podría resumirse así: padecer algo que se hizo afuera de uno, la experiencia de "soportar" algo. Pero aun en el interior mismo de esa experiencia había un nido de víboras: ¿yo, que amaba a Sartre, cómo podía olvidar que uno "hace" su enfermedad? Recordaba entonces un párrafo de Merleau-Ponty sobre el Greco: las deformaciones de las figuras que pintaba, no podían ser explicadas a partir del astigmatismo que el artista padecía, sino al revés, las figuras explicaban su astigmatismo, revelaban el carácter "intencional" de la enfermedad. El Greco había hecho su astigmatismo para explorar el mundo a su manera. Su arte y su enfermedad no eran más que dos aspectos de una misma cosa, dos manifestaciones de un mismo "estilo" de vivir y de comprometerse en el mundo.

Pero en el momento mismo en que soportaba mi enfermedad, en que ella no se traducía más que en mi imposibilidad de vivir, en el momento en que me veía arrancado de mi trabajo, trabado y presa de la mirada de los otros, arrastrado por añadidura a la miseria económica, ¿cómo entender que yo "había hecho" (y por lo mismo, querido) todo eso? Uno hace su enfermedad, ¿pero qué podía sacar yo ahora de eso que yo había hecho de mí? No entendía nada. Era un infierno.

De vez en cuando, y en medio del tiempo de mis pánicos, de mis obsesiones, de mi aislamiento, me repetía una frase de Freud: "la enfermedad mental es inútil". Fantaseaba que con el reconocimiento de su inutilidad tal vez me curaría. Como no podía leer, y encerrado, caminaba, incansablemente, caminaba. Tenía el mundo reducido a imágenes despedazadas metido dentro de los ojos.

Para comprender algo hay que pensarlo todo, ¿pero cómo pensar algo cuando no se comprendía nada? Poco a poco. Tenía que "darme tiempo". Ante todo: ¿qué era lo que había ocasionado la enfermedad? Eso estaba a la vista: la muerte de mi padre. Se lo podría decir así: cuando supe que él iba a morir, yo ya no pude vivir más. ¿Cómo dos amantes? Tal vez, pero nuestro amor había estado escondido (y no ironizo).

Mi padre no tuvo una muerte dura: fue una muerte como la que él siempre había deseado. En esto fue un hombre con suerte, murió en su cama. Y además tuvo otra ventaja, puesto que siempre había temido a la muerte: no darse cuenta de que se moría. Estaba en la cama, conversando de cualquier cosa, enfermo de leucemia (pero él lo ignoraba) y sonriendo tal vez, cuando lo sorprendió la muerte. Sonriendo digo, puesto que cuando lo vi en el cajón y envuelto en sus mortajas, tenía un rictus de tranquilidad y de alegría en la boca. Para entonces yo ya había enfermado, y habría preferido no acercarme al cajón: pero mis parientes me arrastraron a él. No puedo olvidar la impresión que me causó su rostro: por detrás de la insobornable certeza de que yo amaba esa cara, una mezcla de indignación y repulsión... Ahora ya está, me decía, este hombre ha terminado y se ha llevado con él y de una buena vez al empleado bancario, sus "miedos de fin de mes" (como decía Arlt), los rasgos pusilánimes de su carácter, su ignorancia, su mala fe ideológica, su ceguera y su cobardía, su antisemitismo. Durante más de una interminable hora y media tuve que simular, ante la mirada vigilante de mis parientes, junto a la dura realidad de la carne muerta de mi padre. Yo no amo a los muertos, pero como me obligaban a simular respeto, sentí, además recuerdo, que tampoco respetaba ese cadáver, ya que me acordaba del hombre, y lo execraba.

Pero las cosas estaban así: mi padre había muerto y yo había "hecho" una enfermedad, en "ocasión" de esa muerte. Y desde el día que "caí" enfermo (fue de la noche a la mañana) me tuve que olvidar de golpe de Merleau-Ponty y de Sartre, de las ideas y de la política, del "compromiso" y de las ideas que había forjado sobre mí mismo. Tuve entonces que buscarme un psicoanalista. Y me pasé un año discutiendo con él, sobre si mi enfermedad era una histeria o una esquizofrenia. Yo entonces confundía el aislamiento que padecía con el aislamiento como conducta de corte con lo real, y como no podía o no quería observarme desde afuera, afirmaba que estaba esquizofrénico. Al cabo acepté la opinión de mi analista. Aparté los índices somáticos, una sordera creciente, un horrible y continuo silbido que taladraba mis oídos desde el interior de mi cabeza, la perturbación de mi equilibrio: mi psicoanalista tenía razón. La tendencia a la seducción como rasgo constante de mi conducta, la representación, la teatralización del sufrimiento, la tendencia al chantaje. Yo aceptaba: era un pavo que debía tragarse todas las nueces. La discusión, sin embargo, no terminaba: se me ocurría que el analista observaba bien el lado representación de mis conductas, pero que extremaba el juicio sobre él. En el fondo yo sentía que me quería hacer creer lo que yo temía. Que yo no era más que un farsante. Pero entonces —en su presencia, o en la soledad— yo me rebelaba. Me decía entonces que no era del todo así, puesto que ahí estaba ese trabajo sobre Arlt, y que el trabajo no es farsa.

Después comprendí que lo que pasaba era que mi analista usaba conmigo la técnica neoanalista de la frustración. Pero cuando me frustraba yo me ponía de pronto intransigente, y en cambio de responder con una reacción regresiva (según el esquema técnico que seguramente usaba) me ponía lúcido con respecto a él, no le perdonaba lo que mis ojos veían, su ceguera con respecto a las determinantes de clase, de trabajo y de dinero, que pesaban tanto sobre él como sobre mí. Cuando me frustraba, yo en cambio de regresar hacia mis estructuras arcaicas, progresaba, hacia el marxismo. La situación no tenía salida, y en medio de un análisis en el que había puesto las esperanzas de la cura, me aburría. Es cierto que no se podía culpar al psicoanalista ni al psicoanálisis de mi imposibilidad de salir adelante. Pero en mis choques con ese hombre todo se ponía en juego. De pronto me encontraba despreciándolo tanto como a mi padre. ¿Pero no revelaba tal cosa la constitución de un lazo de transferencia? No sabía nada. Recuerdo que una vez le pregunté por quién votaba. Me contestó que por los socialistas de Ghioldi. Por favor, no me diga más, le dije. Era suficiente y ridículo. ¿Y yo esperaba la cura de ese hombre? Estaba solo. Finalmente mandé "vis-à-vis", como dicen los franceses, al psicoanálisis y al psicoanalista, a la histeria y a mis discusiones de psiquiatría social con el analista. Iba aprendiendo y comenzaba a curarme. La enfermedad había puesto al descubierto la ligazón con mi padre, y la ligazón de esa ligazón con el dinero. Durante la enfermedad me había hecho adulto de un golpe, había hecho la experiencia de la dura realidad del dinero. El dinero existe y vale. Y esa prostituta, como le dice Marx, fue "el lugar" donde me hice adulto porque supe lo que era la vergüenza. Si uno no tiene dinero, o se muere de hambre o lo pide. Yo, como elegía vivir, a cada instante, lo pedía. Después no podía devolverlo. Tenía entonces que explicarme ante quienes me lo habían prestado. A veces me creían, a veces se reían un poco paternalmente de mí, a veces se enfurecían. En una oportunidad alguien a quien yo quería bastante llega a mi casa y con violencia me comunica que quería el dinero que le debía, o se llevaría mi máquina de escribir: tuve que pagarle con libros. También tuve que pedir dinero al Fondo de las Artes: leyeron mis trabajos y me lo dieron. Era lamentable: yo sentía que era como pedir limosna. Entre mis amigos, algunos me juzgaban. Es que para pedir ese dinero, tenía que pedir antes "cartas de presentación": una vez a Murena. Ese hombre, personalmente cortés y bueno, no me la niega, y yo uso entonces su prestigio, ideológicamente aceptable en los medios oficiales, para no morirme de hambre. Explico esto a mis amigos, pero ellos no dejan de juzgarme: la cortesía, y la bondad, incluso, la bondad que significaba en Murena el dejarse usar ideológicamente, no son más que virtudes individuales. Las que ama la derecha. Tenían razón. Pero en esos momentos yo estaba más cerca del cálculo infinitesimal que de la razón, me parecía más a un personaje de Arlt que a mí mismo. O a mí mismo más que a ninguna otra cosa. ¿Pero quién era yo?

Según el entonces rector de la Universidad de Buenos Aires, Risieri Frondizi, yo había muerto. Quiero decir: que había fallecido. Es que mientras se encontraba en sus funciones le pedí también a él una carta de presentación para el Fondo de las Artes. Cuando le hago llegar el pedido, a través de su secretaria, se niega, y dice que jamás había leído nada mío. Pero además, extrañado, le pregunta que cómo era, que si yo no había muerto. Tenía razón: es que yo había intentado suicidarme dos veces, y habrían llegado seguramente a él algunos rumores sobre la cuestión (y les ruego a ustedes que me excusen nuevamente: me refiero al impudor con que nombro la palabra suicidio cuando ella se refiere a intentos reales míos). Ante el relato de la secretaria del Rector, me quedé impávido. Pensé entonces esa frase conocida: "El relato de mi fallecimiento es considerablemente exagerado". Pero no pude pronunciarla.

Pero no sé si se entiende: no estoy contando anécdotas. Sino mejor, contando algunas coordenadas reales de una situación concreta, la mía. La enfermedad, a raíz de la muerte de mi padre, la vergüenza, la vergüenza económica, la buena voluntad de mis intenciones intelectuales, mis influencias intelectuales, las mejores, Sartre, la relación de compromiso entre el sostenimiento de las ideas y la exigencia de coherencia con uno mismo cuando se trata de jugar los roles en el interior de la sociedad concreta, la relación personal al nivel más concreto cuando uno se relaciona con otros intelectuales. El desorden no es más que aparente. Hay aquí pocas vías hacia las cuales todo converge, y desde donde brota, seguramente, todo lo que nos determina. Y hay dos, fundamentales, que están en la base del hombre concreto: el sexo y la economía. O como decía Pavese: dinero, mujeres, prestigio. Yo no creo haber endurecido, ¿pero es que hay otras cosas?

Los marxistas en general y los comunistas en particular suelen tomar con ligereza la noción de alienación. Pero la alienación no es una noción. Por lo mismo hay que comenzar ya a entender de una buena vez la realidad que comenta esta vieja idea: la idea de destino. Hay que arrancarles a los escritores de derecha el uso exclusivo que hacen de ella. Quien ha comenzado esa empresa es Pavese. La muerte, la violencia, la locura, el hambre, el suicidio, existen en el mundo, y están presentes en todos lados, aun ahí donde aparentemente no. Por eso Rozitchner tiene razón cuando afirma con desprecio que hay más filosofía en su libro sobre los invasores de Playa Girón que en toda la filosofía universitaria.

A mi vuelta de los infiernos, mientras de modo paulatino iba reintegrándome a la vida y a mi trabajo, a medios que pagan mi trabajo y me permiten seguir escribiendo y leyendo, volvía a encontrarme con mis amigos. Tuve entonces la alegría de comprobar qué cosa es poder mirar a la gente en los ojos. Cuando estaba enfermo, no podía hacerlo. Y cuando lo lograba, era sólo por esfuerzo: sostenía la mirada, que de por sí, tendía a bajar. ¿No se han fijado ustedes que la gente que adquiere una enfermedad mental adquiere al mismo tiempo una manera huidiza de mirar? A veces, cuando miro a ciertos ojos, me parece saber de qué se trata. Pero ya no es mi caso. Y dentro de poco mi caso no será más que un cuento al que cualquiera tendrá derecho a poner en duda.

Me reencontraba con mis amigos: Correas, Sebreli, Lafforgue, Rozitchner, David Viñas, Ismael, Verón, Marín, León Sigal. Durante mi estadía en el infierno los había visto poco. Algunos, supe, me evitaban, tenían razón. Otros no pudieron acercarse a mí, aunque tal vez lo deseaban. Es que tenían miedo, no de mí, sino de la imagen de ellos mismos que tal vez podrían descubrir, como en espejo, en mí. También tenían razón. Otros respondían con la conducta inversa: se acercaban y con una mezcla de piedad y lucidez me decían lo que era cierto: que no había diferencia entre la enfermedad mía y la salud de ellos. También tenían razón. Cuando yo me puse tratable, pienso, todos respiramos, y fue bueno para todos volverse a tratar.

Reaparecían entonces para mí las cuestiones fundamentales que ciñen la vida del intelectual contemporáneo: la política y el Saber. No hablaré de ellas aquí. Con respecto a la primera, diré que el problema de la militancia, al menos en la Argentina, aparece intocado. La cuestión fundamental está en pie. ¿Debe o no un intelectual marxista afiliarse al Partido Comunista? Yo no me he afiliado: primero, porque los cuadros culturales del partido no resistirían mis objetivos intelectuales, mis intereses teóricos. El psicoanálisis, por ejemplo. Y en segundo lugar porque hasta la fecha disiento con los análisis y las posiciones concretas del P.C. Por estas razones no me he afiliado, y no sé si lo haré algún día. Pero respeto a quienes lo hacen o lo han hecho. Pero además, ¿dónde militar? ¿Con qué grupos trabajar? ¿Qué hacer?

En lo que se refiere al Saber: en estos años he "descubierto" a Lévi- Strauss, a la lingüística estructural, a Jacques Lacan. Pienso que hay en estos autores una veta para plantear, en sus términos profundos, el problema de la filosofía marxista. Lo que significa que ya no estoy tan seguro sobre la utilidad de las posiciones filosóficas, teóricas, sartreanas, como lo estaba ocho años atrás. Es que en esos ocho años, al nivel del saber, han pasado algunas cosas: entre otras, un cierto naufragio de la fenomenología. Recién hoy comienzo a comprender que el marxismo no es, en absoluto, una filosofía de la conciencia; y que, por lo mismo, y de manera radical, excluye a la fenomenología. La filosofía del marxismo debe ser reencontrada y precisada en las modernas doctrinas (o "ciencias") de los lenguajes, de las estructuras y del inconsciente. En los modelos lingüísticos y en el inconsciente de los freudianos. A la alternativa: ¿o conciencia o estructura?, hay que contestar, pienso, optando por la estructura. Pero no es tan fácil, y es preciso al mismo tiempo no prescindir de la conciencia (esto es, del fundamento del acto moral y del compromiso histórico y político).

Cuando Álvarez me invitó a que presentara mi libro, me fue difícil atinar en el primer momento a darme un tema que no fuera banal. Ante todo, porque lo que estoy estudiando en este momento es Freud, y no Arlt. Por otra parte, hace tiempo que no releo a Arlt. Además, lo que pienso sobre él lo he escrito en el libro. ¿De qué hablar? Creo que de alguna manera he disuelto el problema. Pero si he hablado de mí, es porque estoy seguro que esta manera de hacerlo me acerca a Arlt, me coloca en su línea. Solo que al principio había ideado hacerlo de otra manera. Pensé que muy bien podría aprovechar la ocasión para reordenar algunas notas de un trabajo autobiográfico que tal vez escriba. Tal vez, digo. Y les leeré a ustedes el comienzo de la redacción (y solo el comienzo) de un libro, que, de escribirse alguna vez, ustedes releerán, en algún sentido, puesto que habrán tenido una primera experiencia de su tono, de su estilo, y para hablar como Barthes, también de su "escritura".

Leo:

¿Violencia o comunicación? Con mayor o menor conciencia siempre supe que ésa era la alternativa. Esos dos polos se hallan en todas partes, y si uno no los descubre a raíz de cada cuestión, corre el peligro de convertirse en un ángel. Pero yo quería ser histórico. O bien: sabía que lo era. ¿Pero cómo convertirse en eso que uno es? No había otra manera que ésta: darse una vocación. Lo hice a los veintiún años: sería escritor.

Salía del servicio militar, donde había perdido un año, como se dice, limpiando caballos; mientras leía en los momentos de descanso a Faulkner, a John Dos Passos, a Hemingway. Durante ese año rumiaba también una novela que al año siguiente escribí, y que resultó perfectamente mala. Mientras la escribía, recuerdo, pensaba en mi edad y me decía, fuertemente ansioso, que con un poco de suerte "publicaría antes de lo que lo habían hecho cualquiera de los norteamericanos (Faulkner, Dos Passos, Hemingway)". No imaginaba entonces que pasarían catorce años antes de poder publicar mi primer libro. Catorce años: durante ese entretiempo aprendí a rumiar otro tipo de libros. Autobiografías. ¿Es que me sentía tan interesante para mí mismo?

En absoluto. Lo que ocurría era que mi fe en la literatura se iba deteriorando. Quiero decir: lo que se deterioraba era la aceptación de esa mala fe necesaria para creer en la palabra escrita, o para escribir ficción. Pero puesto que pensaba todavía en escribir una autobiografía, mi fe no se había terminado de quebrar. Es que me había salvado por la lectura. Si podía pensar en escribir no era a causa de la vida, sino de los libros. Dos ensayistas franceses me sugerían el camino: Maurice Blanchot y Michel Leiris. Sobre todo la lectura de un libro de este último: *La edad del hombre*. Aprendí de él que para defenderse de la gratuidad del acto de escribir había que escribir sobre temas que lo pusieran a uno en situación de peligro, que lo descolocaran ante los demás. Y hay entre otras (puesto que si se redacta un panfleto político el peligro es bastante inminente, policial y real) una manera de hacerlo. Escribir sobre uno mismo. Para desnudarse o para confesarse. Pero quien se confiesa se confiesa de algo, y para hacerlo, es preciso un juicio retrospectivo, y negativo, sobre ese algo. Confesarse, así, es convertirse de alguna manera en un pasatista, y en un moralista. ¿Será éste mi caso? Y por otra parte, es difícil sortear el peligro de la falta de peligro. Es necesario decidirse entonces a sumarse en todos estos peligros para intentar sortearlos.

Habrá entonces que comenzar por el comienzo. Y si uno se quiere escritor el comienzo es su primer libro. "Todo" comienza entonces a los veintiún años. Yo llenaba entonces, y trabajosamente, las hojas de un grueso cuaderno "Avón" mientras que, manipulando palabras, hacía una cierta experiencia del mundo, a cuyo sentido, o contenido, llamaré de esta manera: lo siniestro. Esto significa: que quería ser escritor y que cuando intentaba hacerlo encontraba que no conocía el nombre de las cosas. Que no conocía ninguna palabra, por ejemplo que sirviera para distinguir el estilo a que pertenecía un mueble. Y tampoco conocía el nombre de las partes de un edificio. Si el personaje de mi novela bajaba por una escalera, y apoyaba la mano mientras lo hacía, ¿dónde la apoyaba? ¿En la "baranda" o en la "barandilla"? Y si el personaje miraba a través de un balcón, ¿Cómo nombrar a los "travesaños" del balcón? Travesaños, simplemente. O tal vez "barrotes".

Pero me perdía entonces en el sonido material de las palabras y me parecía grotesco y desmesurado llamar, por ejemplo, "barrotes" a esos "travesaños". Y si me decidía por la palabra "travesaños" me parecía de pronto pobremente descriptiva para contentarme con ella. Si mi personaje debía caminar por la calle, y creía imprescindible envolverlo en la atmósfera propia de un determinado momento del día, había que decir "que caminaba bajo los árboles". ¿Pero qué árboles? ¿"Pitas" o "cipreses"? ¿Se dan cuenta de la locura? Lo siniestro era el descubrimiento de aquel idiotismo. Yo, seguramente un idiota mental, pretendía escribir. Tenía miedo. Ese miedo nunca me ha abandonado. O mejor: el miedo nunca me ha abandonado. Es aquél ese miedo que se reflejaba en una más que sugestiva fotografía de la época. Se ve en ella una cara irregular y un poco mofletuda. La nariz levemente torcida. La frente, sin arrugas, pero con surcos, cae fláccidamente sobre las cejas, las que se juntan a la altura del comienzo de la nariz. La mirada, floja, como incapaz de penetrar nada. Y una mezcla de estupor y de disgusto (de disgusto concreto, como si estuviese frente a un plato de comida un poco repugnante) envuelve la zona de la boca, el labio inferior ancho y un poco caído, una comisura lateral empujando al labio superior hacia arriba. Y como todavía no había aprendido la ventaja que consiste en ocultar el tamaño de las orejas llenando de cabello los costados de la cabeza, las orejas aparecían en su tamaño natural, largas y un poco separadas. Cuando vi por primera vez la foto me acuerdo, me asusté bastante. No era que temiese a mi fealdad: la conocía. Lo que me inquietaba era como la presencia en la foto de algún germen congénito de anormalidad...

Esa sensación me acompañó durante mucho tiempo. Aunque sospechaba que lo que temía congénito, no se originaba en la naturaleza ni en la biología, sino en la cultura y en la sociedad. Esa atmósfera vagamente mórbida de mi rostro de aquella fotografía tenía que ver conmigo y con el dinero, con el dinero y con el trabajo, con el trabajo y con el trabajo de mi padre, con el "status" de mi padre, con mi conciencia y con mis deseos. Me basta ahora mirar la parte inferior de la fotografía para cerciorarme de ciertos datos que tienen que ver con el origen de mis "rasgos de carácter" y también de mi temperamento. La ropa que llevaba: un traje cruzado, oscuro, de franela, a rayas blancas. Además, una camisa blanca y una corbata oscura. Se dirá: un conjunto banal, en el cual es posible leer bastante poco. Pero si se mira la foto con cuidado se puede observar un cierto corte de las solapas, que el saco se estrechaba en el pecho, que "cruzaba" bastante más de lo normal. En verdad —como yo decía—: un saco de corte perfecto. Y lo era:

lo había hecho Anselmo Spinelli. Pero ese sastre no lo había hecho para mí: habrían sido necesarios más de dos sueldos enteros de mi padre para pagarle la hechura. Ese traje, sobre mi cuerpo, era ya una locura sociológica, por decirlo así. Yo lo había comprado —después de rogarle para que me lo vendiera— a un compañero en el servicio militar. El hijo de un juez de la Capital y de una familia dueña de algunos campos en la provincia de Buenos Aires. Pero yo sabía todo esto. Sin embargo, no podía dejar de despreciar a mi padre puesto que "carecía de gusto". Y efectivamente: se vestía con el gusto mediocre de un bancario. El me contestaba que era cuestión de dinero. Pero yo sabía que no era así, o que era una cuestión de dinero pero no en el sentido que lo entendía mi padre: mi padre ignoraba los principios más generales de un dandismo a la inglesa que yo en cambio me sabía de memoria. Los había aprendido mirando, fascinado, la ropa de Marcelo Sánchez Sorondo (hijo) que había sido mi profesor de historia en la escuela secundaria. Yo no sabía entonces quién era en verdad mi profesor de historia. Mientras despreciaba a mi padre. En cuanto a la ropa inglesa, "clásica", todavía hoy me fascina. Y en cuanto a la época de la foto, es seguro que todo esto no podía no desfigurarme, no enfermarme, a la larga, o en aquel momento, ya, de algún modo...

Roberto Arlt, Myself*

OSCAR MASOTTA

*Conference read by Oscar Masotta at the "Arts and Sciences" salon to present his book, *Sexo y traición en Roberto Arlt*, (Buenos Aires, Jorge Álvarez, 1965). The book had been written in 1958 but was finally published in 1965. Four years later, this speech was included in the collection *Conciencia y estructura*, (Buenos Aires, Corregidor, 1969, pp. 189-206), the epigraph to which, by Bernard Pingaud, is transcribed above at the beginning of this text.

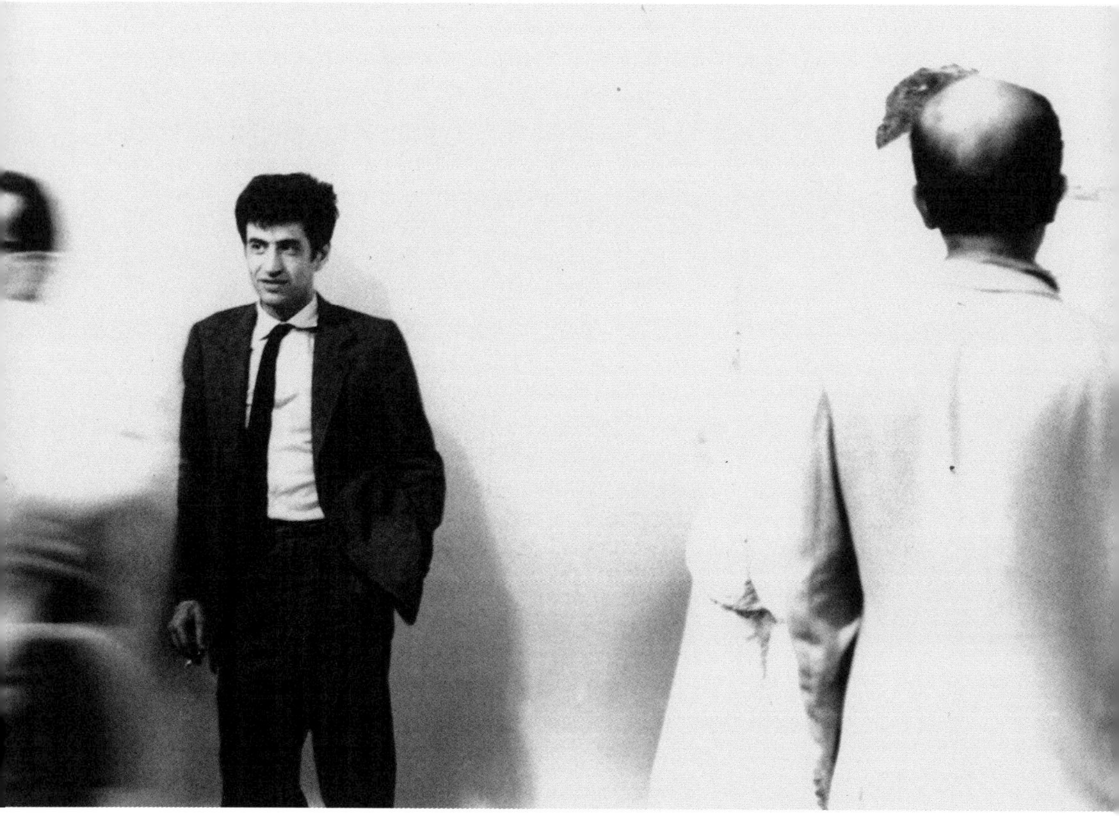

Autor no identificado—Unidentified author, Oscar Masotta, Buenos Aires, *ca.* 1966. © Cloe Masotta y—and Susana Lijtmaer [Cat.11]

> 1945-1960: to measure the distance between those two dates, one only need open a newspaper or magazine and read any book review. Not only are the same names no longer cited, the same references no longer invoked, but we no longer speak the same words either. The language of reflection has changed. Philosophy, triumphant fifteen years back, has now been wiped out in the face of the human sciences: this displacement goes hand in hand with the appearance of a new vocabulary. We no longer speak of "conscience" or "subject" but of "rules," "codes," "systems"; we no longer say that "man creates sense" but that sense "brings man into being"; we are no longer existentialist, we are structuralist.
>
> BERNARD PINGAUD

I wrote this book, which Jorge Álvarez has now published as Sex and Betrayal in Roberto Arlt (a commercially attractive title, chosen ad hoc; but also the most straightforwardly descriptive of its content), eight years ago. And when Álvarez invited me to present the book myself, I felt sufficiently removed from him and thought myself able to do it. I thought of the time that had passed, that distance that might grant me the objectivity with which to judge (myself); I thought the period of time had turned my book into a "stranger" to myself. That was not entirely the case.

But in the fact of having to present my own book, there is a paradoxical situation of which I should, at the very least, take advantage. First, I could ask myself what took place between 1958 and 1965; or rather, and given it was me who wrote the book, what has taken place in me during and throughout that time? Second, I could reflect on the reasons why, during that period, I wrote very little. And third—and if it is true that the products of individual activity are inseparable from the person—, I could ask the following: who was I, then, when I wrote the book? And what do I really think about it deep down?

My judgment regarding my own book: I would say it is a relatively good book. Relatively: that is, relative to other books written about Arlt, which are poor. But value judgments are of no interest at this stage.

Yet would I write that book again, now, if it were not already written?

I think I couldn't. For one, because I am a little less ignorant today than I was back then, more cautious. And, to be sure, a certain cultural poverty, a poverty of training, referring to the intellectual tools I wielded, I am convinced was the motor that not only drove me to plan the book but that allowed me to write it. But I'm not saying I don't agree with what, today, I have agreed to publish. What's more, I'm also certain that had I not written that book, and were I to write it today, I would not write a better one.

But I put myself in your place, those of you who are listening to me. What am I talking about? Or rather, what am I confessing? Well, nothing.

If I have agreed to publish a book I wrote several years ago, it is because, to me, the book is a good one. And it is good because, as I understand it, it fulfills the requirement without which there is no literary criticism: it accompanies the intuitions of its author and seeks to explain them, at another level and in another language. But I must say, when I wrote the book I wasn't passionate about Arlt but about Sartre. And having read Sartre, not only was it not difficult to find the essence of Arlt's intuitions (or rather, of that sole intuition that defines and constitutes his work), it was impossible not to. Read Sartre's *Saint Genet* and then read [Arlt's] *El juguete rabioso* [*The Mad Toy*]. The decisive critical point of that novel, which I consider to be a great book, is its ending. After reading Sartre it was not difficult to make sense of this ending, apparently so surprising. Why did Astier suddenly become an informer? In a nutshell, I would say my book on Arlt was already written. And in a sense, I was not essential to its writing: anyone who'd read Sartre could have written that book.

But, upside down, the book's execution, its writing, would offer me a few surprises. Between the planning of the book and the book as a result, not everything was down to Sartre. And what was not down to Sartre was down to me. Not to my "talent" (I am not talking about that); I refer to the tensions that, deriving from society, worked on me at the same time as they were inseparable from me, and from the awareness of which (an incomplete awareness) I extracted, I believe, a certainty that has been with me for more than fifteen years: that, in effect, I have something to say. Writing the book helped me, textually speaking, to discover the rationale behind the existence of the class to which I belonged, the middle class. A banality. But that banality had been with me from birth. Thinking about Arlt, I discovered the meaning of my current and past behaviors, which in a hard and raw sense had been determined by my social origins. And I use the word "determination" in a restricted sense but a strong one nonetheless.

Arlt's "message"? Specifically, that in the middle-class man there is a would-be informer; that behind his conduct pulses the possibility of betrayal. That is, that from the point of view of the logical demands of coherence incumbent on all conduct, there exists something like a privileged form of conduct, privileged in its meaning and in being the most coherent for each social group, and if that group is the middle class, this conduct can only be one of betrayal. To act is to act as a vehicle for certain unconscious systems working within, inscribed in you at the level of body and conduct, running along grooves set by society. To act is, at each and every moment, in every instant of our lives, like having to solve a logical problem. As to terms of this problem, they come into view twice (though not for those who live with them); they are two "observables."

On the one hand society teaches us, and on the other we are called, invited, constrained, all at once, to solve questions posed to us by the social medium. Only that it is difficult to solve these questions from the perspectives we have been taught, which have been stamped upon us by society; and the relation that moves from one term to another, in ill societies such as our own, is an absurd relation (we would need to specify what we understand by that) or else a directly contradictory one. But given that man's logical capacity is infinite, it is always possible to solve impossible problems: there are those who do so. They are the mentally ill.

In this sense, mental illness is absolutely opposite to what an outdated, bourgeois literature has sought to make us understand. It is the exact opposite of incoherence. It is, rather, the putting into practice of the highest demands of logic and reason. In this sense, I am suggesting, then, that betrayal—and Arlt is right on this—constitutes nothing more than a logical form of preferential act, referring to the coherence it draws along with it, in the case of individual conducts determined by a specific social group. And we need make only this proviso. That when we speak of logic and coherence here, we refer less to a logic thought by the individual who becomes ill than to a logic that—there is no other way of saying it—gets thought in the mentally ill. And regarding the relation between morbid conduct and the conduct of betrayal: Arlt's thesis. And it is a profoundly true one.

But to say as much is not to moralize; and what is meant is not that an informer "is nothing more" than a mentally ill subject. But rather the exact opposite—to counter-moralize, given that what Arlt denounces is the society that gives rise to informers. In the case of the connection between logic and coherence on the one hand, and mental illness or betrayal on the other, it is true that a lengthy explanation would be required. But that explanation exists: it is not difficult, it is true, and I do not speak metaphorically. Just re-read Arlt. He, as a novelist, on the other hand, had to use metaphors. Do you not recall those metaphors that, in his novels, refer to a need that was "geometric," "mathematical" or belonging to "infinitesimal calculus," which he who humiliates discovers as though in the negative, and at the heart of the act, in the moment it is planned or an instant prior to its realization?

After these brief reflections, it is perhaps a little more justifiable to speak of myself. Who was I when I wrote that book? Or, stretching syntax: what of who I was had to appear in that book? You may laugh, but then, in 1957, I was a little crazy. That is, I was weighed down by a set of structures, a past, that contradicted one another, and which I sought stupidly and unconsciously to resolve. It is true, I don't know everything about myself, and I don't entirely understand the sense behind my way of resolving my contradictions that was, at that time, writing about Arlt. But whichever way you look at it, I do not lack a certain acute awareness of some of the contradictory terms. Think, for example, of the prose "style" of my book. I have already said that at the level of ideas, the book was strongly influenced by Sartre. Now, with regard to the prose, my influence is Merleau-Ponty.

I had, then, read everything Merleau-Ponty had written, and his elegant style enthralled me: that prose conscious of its own cadence and rhythm, that super or infra-consciousness of the temporal unfolding of words, that taste for "tone" or for "voice," the insistences of a turn of phrase, at times monothematic, that understands the investigation of ideas as the caressing of words. I loved that prose. In my book on Arlt I attempted it; I struggled to establish myself in it, or for it to establish itself in me. That is, I imitated it. And this is not a bad thing in itself, nor does it cause me any dilemma of conscience, given that to imitate a prose is the best way to capture the thought of the author from within, or as Merleau-Ponty himself says, to learn to think what is unformed by thought, that still-empty place toward which all formulation tends and which is the true "object" of thought. No, the problem lay elsewhere.

Think of it this way: a prose that, like Merleau-Ponty's, is based primarily on tone, on the "stature" of the voice, is nothing more than the prose of a sophisticate. It presupposes a high degree of culture, entry into a precise cultural tradition; that is, other kinds of prose belonging to writers both distant and proximate in time, out of which prose itself makes a system, opposing and differentiating itself from some while mimicking others. The prose of a sophisticate: a "tonal" prose. An analogy could be made with the Chinese language. In effect, in the Sino-Tibetan languages, the tones of a phrase are not used to express emotions, as they are in our own, but rather to name objects. Now, this kind of language emerges historically in highly hierarchized societies. The structure belonging to a regimented social order would seem to go hand in hand with tonal languages. A tonal language in a democratic society would thus be unthinkable. If it were possible to experience the bringing together of the two, the result might be an aberration: a society of idiots, perhaps.

Now, with my book something similar occurred. Imagine using a "tonal" prose to speak of Roberto Arlt. Of course, Merleau-Ponty used that prose to speak of Hemingway. But I was not Merleau-Ponty. And the relationship of Merleau-Ponty to Hemingway is not homologous to my relationship to Arlt. I am not offering a value judgment on the authors involved, nor am I comparing myself to an author whom I consider one of the most important of our times. I mean, rather, that between Arlt's novels and myself there was a narrower, more egalitarian relationship than between a high-ranking Parisian university professor, who spoke, as such, and rightly so, from the height of culture (I intend no irony), and a man of Hemingway's characteristics. Arlt and

I were of the same stock: we knew the same sounds and smells of the same city, we walked the same streets, suffered the same financial anxieties. Briefly, then, leaning on Sartre and Merleau-Ponty, I wrote about Arlt. How to say it? When I wrote my book I honestly felt quite exotic. And, at the level of textuality, what is the exotic if not the result of a union of symbolic systems that have little to do with one another? But even here, and although it carries a different meaning, that exoticism placed me on the same line as Arlt. Did not this image of myself (a "tonal" prose to write about Arlt) have something to do with that photo of Arlt in Africa, dressed in native clothing but with his feet shod in enormous and all-too-conspicuous boots?

Put another way: one day I found that the book was written. That is, I found that something had already been made in me, or something had already been made of me, perhaps without me. Who was I? In 1960 I would begin to know myself: overnight my mental health collapses and an insufferable sickness "falls" upon me. I find myself turned, then—and overnight—, into a social object: I go through the experience of what it means, in societies such as ours, to be mentally ill. I go through it, so to speak, from within. Ill, I can no longer go on writing. Nor can I read. It was the misery of that illness, a mixture of hysteria and anxiety neurosis, as well as real misery, the inhabitants of a part of the period of time that runs from the moment I wrote the book to the date of its publication.

Ill (though healthy in body) I felt obliged to spend hours, days, months, with my face on the pillow, inhaling the neutral and terrifying smell of the sheets (it seemed terrifying to me: it was) soaking the fabric with saliva. How long would it take for me to stupefy myself completely? I couldn't read, I couldn't work, I couldn't study, I couldn't write. I couldn't anything except attend to the psychotic panic inhabiting me. I was afraid of everything, of anything—seeing, for example, water gushing from the opening of a tap. And everyone else? I was scared they would soon get bored and tell me to get lost. I was scared, I mean, because I wanted to be cured and I needed something from them, to "lean" on them. My wife (before telling me to get lost) would tell me, with the best intentions, that given that I wanted to be cured it was certain I would be cured. But then I remembered those clinical case studies of schizophrenics who wanted, too, to be cured but never managed it. It was certain: I was a schizophrenic.

But does it make sense for an author to speak of his illnesses, to use them to "rationalize" about his life, to justify himself? I don't really know, and only recall one writer who sometimes does it (and I leave aside the puerile exaltation of madness a la Allen Ginsberg): Georges Bataille. I remember his tone, deep and slow, in the prologue to a book in which he recounts the real time—his own—of the book's writing. He says that an illness, which he doesn't name, makes things difficult for him, forcing him to write slowly. A complaining tone. And it wasn't a bad thing, because at least it served to remind the reader that a book had been written in the real, every day time of the author. Either way—and speaking of complaints—I prefer to reserve the right in my own private life. But my illness is there—was there—and perhaps it's no bad thing, now, to reflect on it. In this sense, the experience of illness—my own—might be summarized as follows: to suffer something that was done outside of oneself, the experience of "bearing" something. But even within this experience was a vipers' nest: how could I, who loved Sartre, forget that one "makes" one's illness? I recalled a paragraph from Merleau-Ponty on El Greco: the deformities of the figures he painted could not be explained with reference to the artist's astigmatism, but rather the other way round: the figures explained his astigmatism, revealing the "intentional" nature of the illness. El Greco made his astigmatism in order to explore the world in his own way. His art and his illness were no more than two aspects of the same thing, two expressions of the same "style" of living and commitment in the world.

But at the same time as I bore my illness, as it meant nothing less than the impossibility of living, at the same time as I found myself torn from my work, blocked, and prey to the gaze of others, and on top of all this, tied to economic misery, how was I to understand that I "had made" (and by the same token, wanted) all of this? One makes one's illness, but what could I now draw from this thing I had made of myself? I didn't understand any of it. It was hell.

From time to time, and amidst my panics, my obsessions, my isolation, I repeated a phrase from Freud: "mental illness is useless." I fantasized that by recognizing its uselessness I might be cured. As I couldn't read, and was otherwise stuck indoors, I walked, tirelessly, I walked. I found the world reduced to broken images in my eyes. To understand something you have to think it through in its entirety, but how was I to think something of which I understood nothing? Little by little. I had to "give it time." First and foremost, what was it that had caused the illness? That was plain to see—the death of my father. It could be put like this: when I knew he was dying, I couldn't go on living. Like two lovers? Perhaps, but our love had been hidden away (no irony intended).

My father did not have a difficult death. It was a death like the one he had always wanted. In this, he had been lucky, dying in his bed. He also had another advantage, given he had always been afraid of death: not to have realized he was dying. He was in bed, talking about something or other, suffering from leukemia (though he ignored the fact) and smiling, perhaps, when death took him by surprise. I say smiling because when I saw him in the coffin, wrapped in his shrouds, there was a rictus of peace and tranquility about his mouth. By then I was already ill, and preferred not to go up to the coffin, but my relatives pushed me toward it. I cannot forget the impression his face made on me. Behind the incorruptible certainty that I loved that face, a mixture of indignation and repulsion... It is over, it said: this man is no more and has taken with him the bank clerk, his "end-of-the-month worries" (as Arlt says), the timorous outlines of his character, his ignorance, his ideological bad faith, his blindness and cowardice, his anti-Semitism. For more than an interminable hour-and-a-half I had to pretend, under the watchful gaze of my relatives, alongside the brutal reality of my father's dead flesh. I have no love for the dead, but as I was obliged to feign respect, I felt—what's more, I remember—that I had no respect for the cadaver, since I could recall the man. I loathed him.

But things were thus: my father had died and I had "made" an illness on the "occasion" of his death. And from the day I "fell" ill (it happened overnight) I had to suddenly forget Merleau-Ponty and Sartre, to forget ideas and politics, "commitment" and the ideas I had formed about myself. I had, then, to get myself a psychoanalyst. And I spent a year arguing with him, about whether or not my illness was hysteria or schizophrenia. I confused the isolation I suffered with isolation as a break with the real, and as I neither could nor wanted to observe myself from without, I decided I was schizophrenic. Finally, I accepted the opinion of my analyst. I isolated the somatic indicators, a growing deafness, a horrible and constant hissing that drilled my ears from within, the disturbance of my balance: my psychoanalyst was right. The tendency toward seduction as a constant feature of my behavior, the representation, the theatricalization of suffering, the tendency to blackmail. I accepted the fact: I was a turkey who'd had to eat all the nuts, as it were. The discussion, however, was not over. It occurred to me that while the analyst clearly observed the representational side of my conduct, he took judgment of it too far. Underneath I felt he wanted to make me believe what I feared: that I was little more than an impostor. But then—in his presence or in solitude—I revolted. I told myself it wasn't entirely true, as there was my work on Arlt and work is no sham.

I later understood that what was happening was that my analyst had been using the neoanalytic technique of frustration on me. But when frustrated, I became suddenly intransigent, and instead of responding with a regressive reaction (according to the technical model he was surely using) I became lucid with regard to him. I didn't forgive him for what I had seen: his blindness to the factors of class, work and money that weighed on him as much as they did on me. When frustrated, instead of returning to my archaic structures, I moved forwards, toward Marxism. There was no way out of the situation, and in the middle of an analysis that had offered hopes of a cure, I found myself bored. It's true that neither the psychoanalyst nor psychoanalysis was to blame for the impossibility of my recovery. But in my clashes with this man everything was at stake. Suddenly I found myself denigrating him as I had done my father. But did this not reveal the constituent parts of a transference? I had no idea. I remember asking him once whom he voted for. For Ghioldi's socialists, he told me. Please, say no more, I said. That was enough, and it was ridiculous. And was I hoping to be cured by this man? I was alone. Finally I sent psychoanalysis and the psychoanalyst, hysteria, and my arguments with the analyst about social psychiatry "vis-à-vis," as the French say. I was learning and I was beginning to be cured. The illness had exposed the link to my father, and the linking of that link to money. During my illness I had all of a sudden become an adult; I had experienced the hard reality of money. Money exists and has value. And that prostitute, as Marx says, was the "place" where I became an adult because I understood what it was to feel shame. If you have no money, you either starve or you ask for some. In my case, as I chose to live, at every moment, I asked for some. Then I couldn't pay it back. I had to explain myself to those who had lent it to me. Sometimes they believed me, sometimes they laughed somewhat paternally at me; sometimes they were enraged. On one occasion, someone I was very fond of came to my house and violently insisted I give him the money I owed, else he would take my typewriter. I had to pay him in books. I also had to ask for money from the Arts Fund: they read my work and gave me some. It was pitiful: I felt it was like begging. Among my friends, there were those who judged me. To apply for that money, you had to first ask for "letters of introduction." Once I asked for one from Murena. This man, genteel and good, did not refuse me, and so I use his prestige, ideologically acceptable in official quarters, in order not to starve. I explain this to my friends, but they still judge me: courtesy and even goodness—goodness, which in Murena's case meant allowing himself to be used ideologically—are no more than individual virtues. Virtues beloved of the Right. And they were right. But at those moments I was closer to infinitesimal calculus than to reason; I was more like a character from Arlt than myself. Or more myself than anything else. But who was I?

According to the then-Rector of the University of Buenos Aires, Risieri Frondizi, I was dead. That is, I had passed on. While he was still in office I asked him for a letter of introduction for the Arts Fund. When I sent him the request, through his secretary, he refused, and said he had never read anything of mine. But on top of this, taken aback, he asked her what I was like, and whether I was not in fact dead. He was right. I had tried to commit suicide twice, and rumors of this had surely reached him (and I beg you once again to excuse me: this time for the indecency of the word suicide when it refers to real attempts on my part). Hearing the account of the Rector's secretary, I remained undaunted. I thought of that renowned phrase: "The reports of my death have been greatly exaggerated." But I could not utter it.

I'm not sure if I'm making myself clear: I'm not recounting anecdotes. Rather, I am recounting some very real coordinates of a concrete situation—my own. The illness, as a result of my father's death, the shame, the economic shame, the good will of my intellectual intentions, my intellectual influences, the best of them, Sartre, the committed relationship between the upholding of ideas and the demand for coherence with oneself in the case of the playing of roles within concrete society, personal relationship in the most concrete sense when interacting with other intellectuals. The disorder is only superficial. There are few paths on which all this converges, and from which bursts forth all that determines us. And there are two key paths at the base of concrete man: sex and economy. Or as Pavese says: money, women, prestige. I don't think myself hard-hearted, but is there really anything else?

Marxists in general and communists in particular often take the notion of alienation lightly. But alienation is not a notion. For the same reason, we must now begin to understand the reality on which this old idea is a commentary: the idea of destiny. We must snatch it from exclusive use by authors on the Right. It is Pavese who has begun this enterprise. Death, violence, madness, hunger, suicide, exist in the world, and are present at every turn, even where they appear not to be. This is why Rozitchner is right to affirm, sneeringly, that there is more philosophy in his book about the invaders at Playa Giron than in all of academic philosophy.

On my journey through the circles of hell, while little by little I returned to life and to my work, insofar as I was paid to work and allowed to go on writing and reading, I came back to my friends. I had the joy of ascertaining what it is to be able to look people in the eye. When I was ill, I could not. And when I was able to, it was only by dint of effort: I held my gaze where, by default, I had once lowered it. Have you noticed that those who acquire a mental illness acquire at the same time a fleeting glance? Sometimes, when I look into certain eyes, I think I know what's going on, though it's no longer the case for me. And soon, my case will be no more than a story, which anyone will have the right to put into question.

I came back to my friends: Correas, Sebreli, Lafforgue, Rozitchner, David Viñas, Ismael, Verón, Marín, León Sigal. During my time in hell I had barely seen them. Some of them, I knew, avoided me, and they were right to. Others could not get close to me, though they might have wished to. They were afraid, not of me but of the image of themselves they might have discovered in me, as in a mirror. They were right too. Others responded in the opposite way. They came near, and with a mix of pity and lucidity, told me what was truth: that there was no difference between my illness and their health. They were right there, too. When I became treatable, I think we all breathed a sigh of relief, and it was good for all of us to be in contact again.

For me, then, the fundamental questions bracing the life of the contemporary intellectual re-emerged: politics and knowledge. I will not speak of these here. With regard to the first, I will say that the problem of militancy, at least in Argentina, remains untouched. The fundamental question holds. Should or should not a Marxist intellectual join the Communist Party? I have not joined: first, because the cultural frameworks of the party will not withstand my intellectual aims, my theoretical interests. Psychoanalysis, for example. And second, because even today I still disagree with the analyses and concrete positions of the C.P. It is for these reasons that I have not joined, and I don't know if one day I will, though I respect those who do or have done so. Yet, more than this, where does one militate? Which groups does one work with? What does one do?

Speaking of knowledge, during these years I "discovered" Levi-Strauss, structural linguistics, Jacques Lacan. There is in these authors, I think, a tendency to consider, in deep terms, the problem of Marxist philosophy. Which means I am no longer so sure of the use of philosophical, theoretical, Sartrean positions as I was eight years ago. During these past eight years, at the level of knowledge, certain things have taken place: among others, the wreckage of phenomenology. Only recently have I begun to understand that Marxism is absolutely not a philosophy of consciousness; and that, for the same reason, and in a radical way, it excludes phenomenology. The philosophy of Marxism must be rediscovered and particularized in the modern doctrines (or "sciences") of languages, structures and the unconscious. In linguistic models and in the Freudian unconscious. Facing the alternatives of consciousness or structure, we must respond, I think, by opting for structure. Yet it is not as easy as that, and it is important not to disregard consciousness (which is the foundation of moral acts and of historical and political commitment).

When Álvarez invited me to present my book, I found it difficult to choose a topic that wouldn't be banal. Particularly because, at the moment, I am studying Freud, not Arlt. What's more, it has been a long time since I re-read Arlt. On top of that, I have written what I think about him in the book. What should I speak of? I think somehow I have managed to solve the problem. But if I have talked about myself, it is because I am certain that this way of doing it brings me closer to Arlt, positions me on his line. It's just that at the beginning I had imagined doing it differently. I thought I could easily use the occasion to reorder some notes towards an autobiographical work I may write. I may. And I will read you the beginning of the text (and only the beginning) of a book that, if it is ever written, you will in a sense re-read, as you will have had a first experience of its tone, its style and, to speak in the manner of Barthes, its "writing," too.

I read:

Violence or communication? With greater or lesser awareness I always knew this was the choice. These two poles can be found everywhere, and if you do not discover them at the bottom of every issue, you run the risk of becoming an angel. But I didn't mean to be historical. Or rather, I knew I was being so. But how does one become what one is not? There was no other way than this: the finding of a vocation. I did so at twenty-one years of age: I would become a writer.

I left military service where I wasted a year, as they say, mucking out horses, while in my free time I read Faulkner, Dos Passos, Hemingway. During that year I mulled over a novel, which I wrote the following year, and which turned out to be perfectly awful. While writing it, I remember, I thought of my age and told myself, brimming with anxiety, that with a bit of luck "I would publish before any of the North Americans had done (Faulkner, Dos Passos, Hemingway)." I didn't imagine then that fourteen years would pass before I published my first book. Fourteen years: during that interlude I learned to mull over another kind of book, autobiography. Did I really find myself so very interesting?

Absolutely. What had happened was that my faith in literature was deteriorating. That is, what was deteriorating was my acceptance of the bad faith necessary for believing in the written word, or for writing fiction. But given I still thought of writing an autobiography, my faith was not entirely broken. I had been saved by reading. If I could even think of writing, it was not thanks to life but to books. Two French essayists showed me the way: Maurice Blanchot and Michel Leiris. In particular, a book by the latter: *Manhood*. I learned from him that to defend yourself from the gratuitousness of the act of writing, you had to write about issues that put you in a situation of danger, issues that dislocated you from others. And there is (given that if you write a political pamphlet the danger is quite imminent, real, and involving the police) a way to do this. To write about yourself. To expose yourself or to confess. But whomsoever confesses, confesses something, and to do so requires a retrospective and negative judgment of that something. To confess is thus to become a simpleton and a moralist. Was that to be my case? And on the other hand, it is difficult to avoid the danger of a lack of danger. You must resolve to immerse yourself in all these dangers in order to try to avoid them.

We must, then, begin at the beginning. And if you want to be a writer, the beginning is your first book. "Everything" begins, then, at twenty-one years of age. Back then I dutifully filled the pages of a thick "Avon" notebook while, manipulating words, I created a certain experience of the world, the meaning or content of which I will describe thus: the uncanny. This means that I wanted to be a writer, and when I tried to be one I found I didn't know the names of things. That I didn't know a single word, for example, that could distinguish the style to which a piece of furniture belonged. And nor did I know the names of the parts of a building. If the character in my novel went down some stairs and leant his hand on something while doing so, what was he leaning on? The handrail or the banister? And if the character looked out from a balcony, what would we call the "crosspieces" of the balcony? Crosspieces simply. Or perhaps "railings."

But I was losing myself in the material sound of words and it seemed to me grotesque and disproportionate to call these "crosspieces" "railings," for example. And if I decided to opt for the word "crosspiece" it soon seemed too poor in its description for me to be content with it. If my character needed to walk down the road, and I believed it necessary to envelop him in the particular atmosphere of a certain moment of the day, I had to say: "he walked under the trees." But what kind of trees? Pita or cypress? Do you realize how mad this is? The uncanny was the discovery of this idiocy. I, surely mentally defective, purported to write. I was afraid. This fear has never left me. Or rather, fear has never left me. It is the fear that is reflected in a particularly suggestive photograph from the period. In it, you can see an irregular and slightly chubby face, the nose a little bent. The forehead, furrowed but without wrinkles, falls flaccidly over the eyebrows, which join at the point where the nose begins. The gaze is soft, as though incapable of penetrating anything. And a mix of stupor and disgust (of concrete disgust, as over a plate of mildly revolting food) surrounds the area of the mouth, the lower lip broad and slightly drooping, a sidelong crease pushing up the upper lip. And as I had not yet learned the benefits of hiding the size of my ears, filling out the sides of the head with hair, the ears appear in their actual size, long and slightly protruding. When I first saw this photograph, I recall being quite scared. It wasn't that I feared my own ugliness; I knew it well. What unsettled me was like the presence in the photo of some congenital seed of abnormality…

That sensation stayed with me for a long time. Though I suspected that what I feared was congenital did not originate in nature or biology but in culture and society. The vaguely morbid air surrounding my face in that photograph was related to me and to money, to money and to work, to work and the work of my father, to my father's "status," to my conscience and my desires. Now I only have to look at the lower part of the photograph to assure myself of certain facts to do with the origin of my "character traits" and my temperament. The clothes I had on: a double-breasted, dark flannel suit with white stripes, and a white shirt and dark tie. A banal combination, you might say, into which only very little can be read. But if you look carefully at the photo you can see a certain cut of the lapels that made the jacket tighten around the chest, such that it that "crossed" a little more than usual. Truly—as I said—a perfectly cut jacket. And it was. It was made by Anselmo Spinelli. But the tailor had not made it for me: more than two of my father's whole salaries would have been required to pay for it. That suit, on my body, was a sociological folly, so to speak. I bought it—after begging him to sell it to me—from a comrade in military service. The son of a judge in the capital, and from a family who owned land in the Buenos Aires province. I knew all this. Nonetheless, I could not help scorning my father for his "lack of taste." And, in effect, he dressed with the mediocre style of a banker. He told me it was because of money but I knew that wasn't the case, or that it was about money but not in the sense that my father understood. My father ignored the basic tenets of an English Dandyism that I, by contrast, knew by heart. I had learned them by watching, enthralled, the clothes of Marcelo Sanchez Sorondo (son), who had been my history teacher at secondary school. I did not know, back then, who my history teacher really was. Meanwhile, I scorned my father. As for "classic" English clothing, it still fascinates me to this day. And with regard to the period of the photograph, I'm sure all this couldn't disfigure me; make me ill, ultimately, or in that moment, already, in some way...

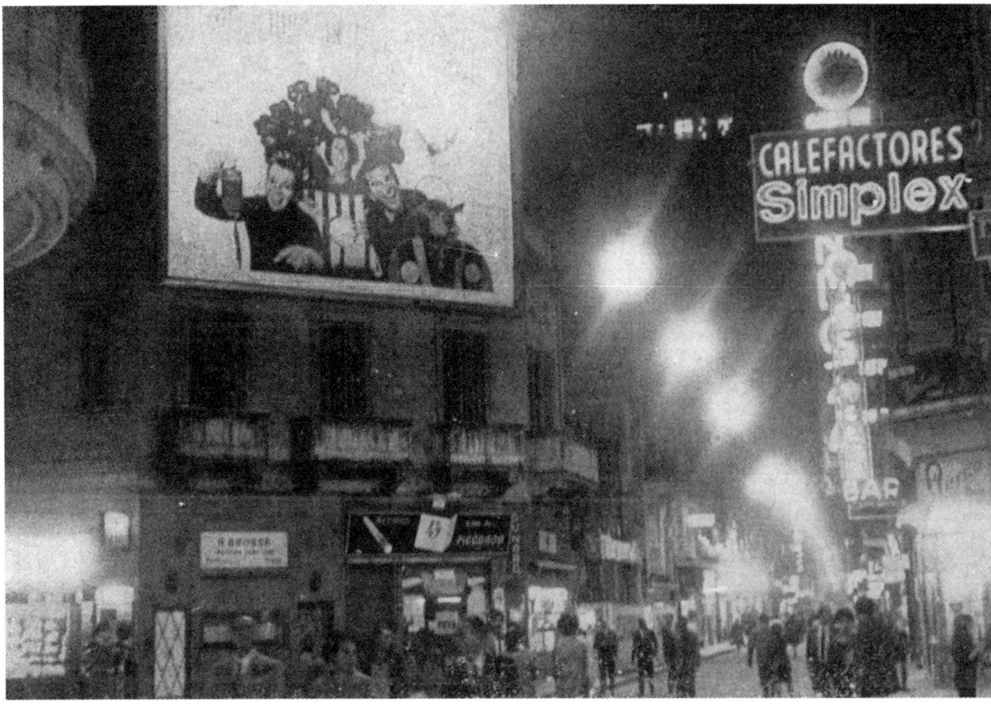

Edgardo Giménez, Dalila Puzzovio y—and Charlie Squirru, *¿Por qué son tan geniales? Why Are They So Great?*, 1965. Cortesía de los artistas—Courtesy of the artists [Cat. 86]

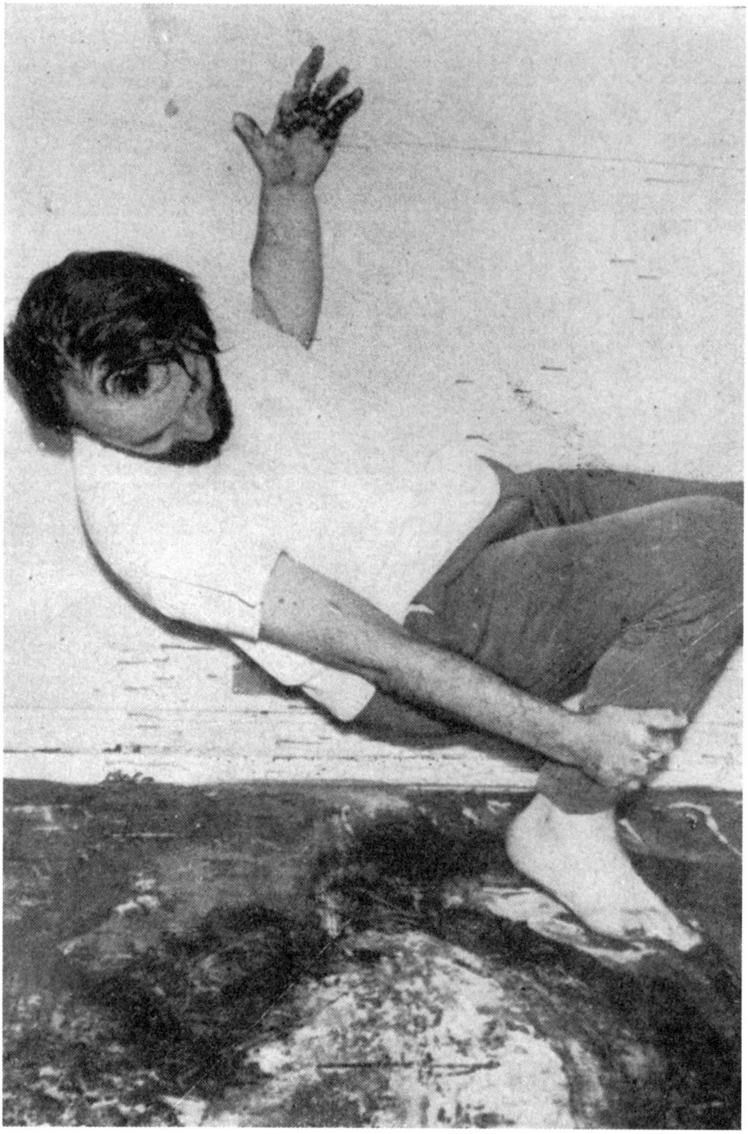

188 Alberto Greco pintando un mural—painting a mural. Foto—Photo: Roiger

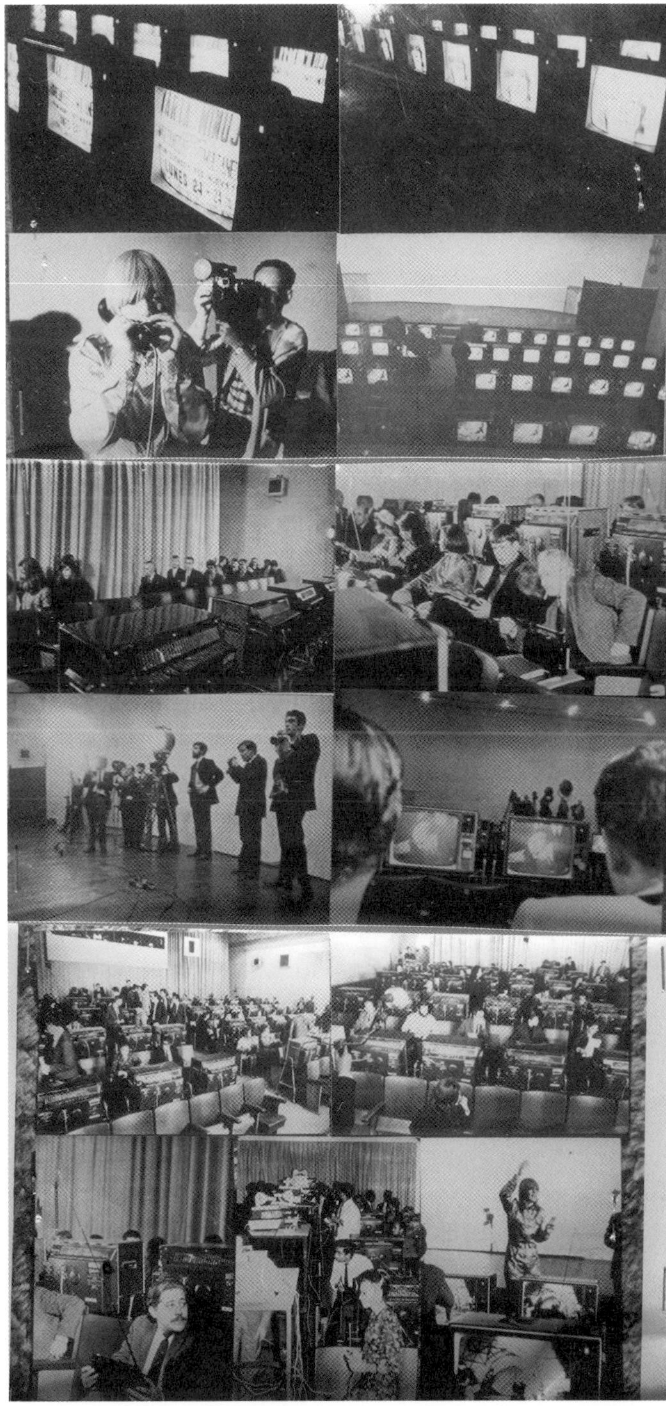

Marta Minujín, *Simultaneidad en simultaneidad—Simultaneity in Simultaneity,*
Buenos Aires, 1966. Cortesía de la artista Courtesy of the artist [Cat. 91]

La encrucijada de Masotta

MANUEL HERNÁNDEZ

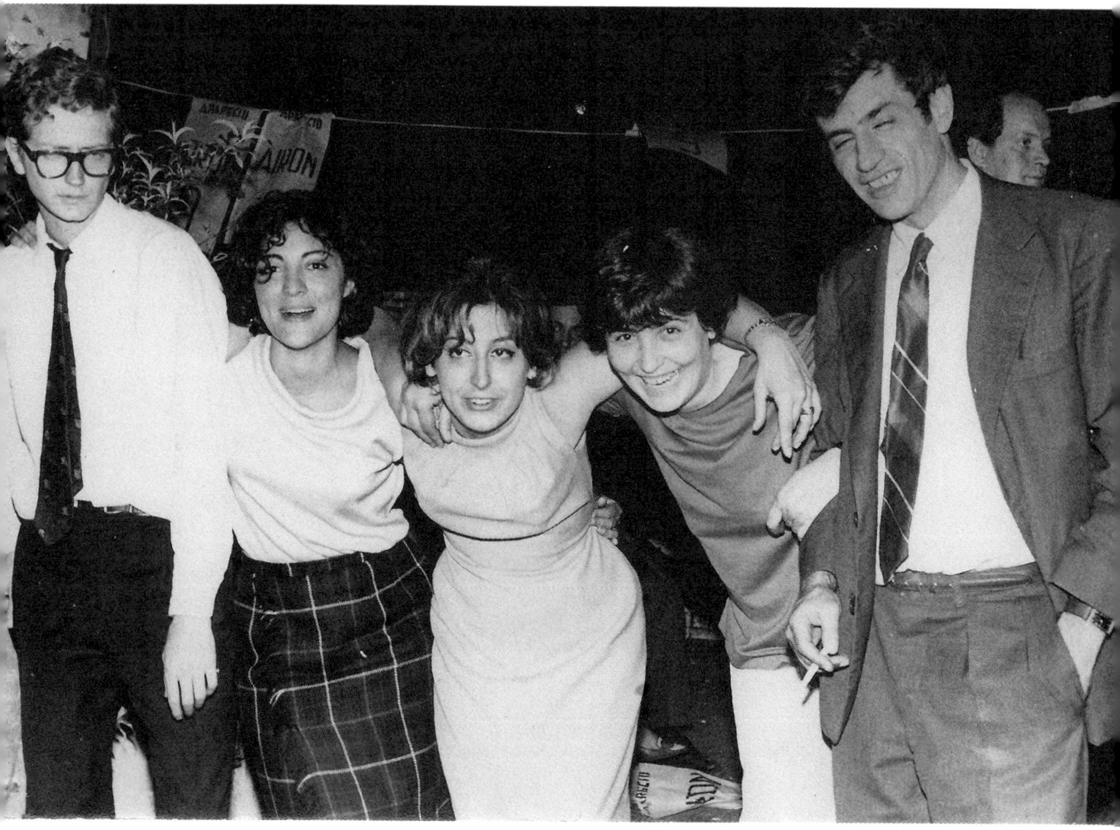

Autor No Identificado—Unidentified author, Eduardo Costa, Marta Fernández, Madela Ezcurra, Marta Teglia y—and Oscar Masotta, Terraza Scornavache, San Telmo, Buenos Aires, *ca.* 1965. Cortesía de—Courtesy of Eduardo Costa [Cat. 93]

> Comenzar a ser psicoanalista, todo el mundo lo sabe, comienza al final de un psicoanálisis.
>
> JACQUES LACAN, *El acto psicoanalítico*, 10 de enero de 1968

> Yo no puedo dialogar más que con alguien que he fabricado para comprenderme en el nivel en que hablo, y es precisamente por eso que, no solamente me asombro de que ustedes sean tan numerosos, sino que incluso no puedo creer que he fabricado a cada uno de ustedes para comprenderme.
>
> JACQUES LACAN, *RSI*, 11 de febrero de 1975

Preámbulo: el mito y la amnesia de la génesis

Oscar Masotta y la Escuela Freudiana de Buenos Aires (EFBA) son figuras centrales del mito de origen del lacanismo en Argentina, lo que quizás explica tanto la dificultad que tuve para localizar fuentes documentales como el peculiar tratamiento que he dado a las que existen; y es que la prolongación del mito es incompatible con una arqueología documental que permita historizar los eventos.

Pierre Bordieu ha señalado cuán común es que exista una "amnesia de la génesis"[1] de cada disciplina; ese vacío puede permanecer intacto o bien ser sustituido por mitos. Cuando se trata de psicoanálisis, el problema candente radica en que se ponga en cuestión la propia legitimidad como psicoanalista.

En efecto, preguntar sobre la historia del psicoanálisis en una ciudad abre de inmediato la interrogación ¿cómo fueron analizados los analistas de los actuales analistas?

Esta cuestión puede producir angustia en aquellos cuya legitimidad se sostiene en el prestigio de su propio analista; por eso, si cuestionar la historia se va a indagar acerca del análisis de su propio analista y entonces... hay temor y temblor.

Este es un fenómeno inherente al psicoanálisis mismo. Michael Balint, uno de los más notables psicoanalistas del

—

1— Pierre Bordieu, *Méditations pascaliennes*. París, Seuil, 1997, pp. 137 y ss. La sección se intitula "La anamnesis del origen".

siglo XX, señaló muy pronto que no se solía investigar por qué caminos habían llegado a instalarse como psicoanalistas los pioneros, por miedo a situar que sus análisis habían sido precarios o simplemente inexistentes.[2]

Pero, ¿cuánto tiempo de análisis es necesario para sostener la función de psicoanalista? ¿Un año, diez, veinte? Lacan dio una respuesta a ese problema señalando que sólo se empieza a ser analista al llegar al final de un análisis.

Por eso, si el análisis de alguien concluyó, no hay inconveniente en poner en cuestión la historia. Esta manera de resolver la angustia fue una de las más importantes innovaciones de Jacques Lacan: situar que el analista comienza a existir gracias a su final de análisis, sin lo cual, sigue siendo un analizante, incluso si a su vez recibe pacientes. Sin un análisis concluido, su relación con la transferencia sigue vigente, es decir, mantiene la relación propia de un analizante con el supuesto sujeto. Por eso, ninguna "experiencia clínica" podría sustituir a un final de análisis efectivo.

Masotta y la vanguardia en la lectura de Lacan

En 1965, la revista *Pasado y Presente. Revista de ideología y cultura* publicó por primera vez un artículo de Oscar Masotta que llevaba por título "Jacques Lacan o el inconsciente en los fundamentos de la filosofía",[3] se trataba de una ponencia presentada por el autor el 12 de marzo de 1964 en la Escuela de Psicología Social de Enrique Pichón Rivière. Este artículo constituye el primer trabajo sobre psicoanálisis publicado en Argentina, aparecida en Córdoba.

Diversos autores resaltan la publicación de este artículo como un hito en la historia del psicoanálisis en la Argentina. La publicación de *Pasado y presente* no fue casual, pues respondía a cierta posición ideológica y cultural (como lo indica el subtítulo de la revista). Así, a través de una revista trascendente para la vida intelectual de

—

2— Michael Balint, "On the psychoanalytic training system", *International, Journal of Psychoanalysis*, vol. XXIX, p. 143 y sigs., Londres, 1948.

3— *Pasado y presente*, No. 9, año III, Córdoba, 1965, pp. 1-15.

aquel país, comenzaba la historia de la introducción de la lectura de Lacan en su cultura. Sin embargo, se destaca muy poco que esta publicación de Masotta coincide temporalmente con otra veta de su actividad intelectual, como fue su muy activa participación en la escena del arte. Mientras publicaba ese artículo, Oscar Masotta tuvo una intervención en la misma ciudad de Córdoba en un ámbito muy suyo, el del arte contemporáneo. César Mazza lo señaló así:

> Me refiero a la presencia de Oscar Masotta en Córdoba en los años '60. Dicha presencia se efectúo en el año '65 con la colaboración del artículo "Jacques Lacan o el inconsciente en los fundamentos de la filosofía" en el Nro. 5 de una publicación que hizo época, la revista *Pasado y Presente*. En su Consejo de redacción figuran nombres que marcaron a fuego el campo intelectual argentino: José M. Aricó, Héctor Schmucler, Oscar Del Baco, Luis J. Prieto entre otros. Es en el año siguiente a esta colaboración que, Masotta aparece como conferencista en el "Primer Festival Argentino de Formas Contemporáneas" realizado entre el 15 y el 30 de octubre de 1965. Su tema fue "Qué es la vanguardia". [...] Un Festival de vanguardia en una Córdoba incandescente donde otra vez sus raíces más conservadoras encontraban su revés en las revueltas estudiantiles y la lucha del sindicalismo combativo. Estas vanguardias tenían como base al Instituto Di Tella de BsAs.[4]

Por ahora sólo señalemos la coincidencia entre la actividad de Oscar Masotta en la escena increíblemente creativa del arte contemporáneo porteño de los años previos a la dictadura, y su primera publicación acerca de Lacan: Masotta producía un efecto de vanguardismo. Ya se ve que no utilizamos este término con un sentido vago, sino en su acepción propiamente estética y en coherencia con los alcances que el mismo Oscar Masotta le dio.[5]

—

4— Fundación Descartes, César Mazza, "Oscar Masotta, un precedente insoslayable", consultado el 1 de marzo de 2017, http://www.descartes.org.ar/masotta-mazza2.htm.

5— Se puede leer un magnífico estudio de la noción de "vanguardia" de Masotta en el artículo de Ana Longoni, "Oscar Masotta, vanguardia y revolución en los años sesenta" en el sitio de Liminar, http://www.liminar.com.ar/pdf05/longoni.pdf.

Fue así como en 1965 apareció "Jacques Lacan o el inconsciente en los fundamentos de la filosofía".[6] Como el título muestra, la reflexión de Masotta no estaba necesariamente dirigida a los analistas ni a los aspirantes a analistas, sino al ámbito cultural general y a los filósofos en particular.[7]

Masotta parece haber sido alguien muy especial, pues mencionarlo todavía hoy suscita emociones muy vivas en la Argentina y entre los argentinos, y no sólo en el medio psicoanalítico.[8] Oscar Masotta había estudiado filosofía por un tiempo, estaba situado en el mundo del arte contemporáneo, en particular a través del Instituto Di Tella, y su relación con Enrique Pichon Rivière tenía mucho más que ver con el arte y la filosofía que con la Asociación Psicoanalítica Argentina. Él mismo cuenta que fue Pichon Rivière quien le sugirió leer los seminarios de Lacan, lo cual produjo un encuentro que cambió la vida de Oscar Masotta. Como hemos visto, desde 1959 Masotta ya era un lector de la revista de la Sociedad Freudiana de París, *La Psychanalyse*, aunque en ese artículo su interés se repartía entre Lacan y Daniel Lagache.

Lo que ahora importa es que antes de la publicación de los *Ecrits* en Francia, en 1966, Oscar Masotta ya era lector de los textos de Lacan y con base en eso publicaba en Córdoba el susodicho artículo.[9]

—

6— Oscar Masotta, "Jacques Lacan o el inconsciente en los fundamentos de la filosofía", *op. cit.* Presentado en la Escuela de Psicología Social. Citado por Rosa López, seminario "La discordancia del psicoanálisis y su transmisión", se puede consultar mediante inscripción en PsicoMundo: www.edupsi.com.

7— Recordemos que como estudiante estuvo adscrito a la facultad de filosofía y ya en 1959 había generado el primer cruce entre la filosofía y el psicoanálisis, con un artículo llamado "La fenomenología de Sartre y un trabajo de Daniel Lagache" publicado en la revista *Centro*, de la facultad de filosofía de la Universidad de Buenos Aires, donde se encuentra su primera referencia escrita a la obra de Jacques Lacan y a la revista *La Psychanalyse,* sitio de la UBA, http://www.filo.uba.ar/contenidos/investigacion/institutos/inibi_nuevo/tabla%20Centro.htm#n14.

8— Al respecto, se puede leer el testimonio que da Ana Longoni en "Oscar Masotta, vanguardia y revolución en los años sesenta", *op. cit.*, p. 1.

9— Germán García afirma que Lacan le habría enviado un ejemplar firmado de los *Escritos* apenas aparecieron éstos. Cfr. Juan Andrade, *Oscar Masotta, una leyenda en el cruce de los saberes*, Buenos Aires, Capital Intelectual, 2009, p. 136.

Algunos años después, en 1969, Masotta dictó la conferencia "Leer a Freud" y a partir de ahí se dedicó exclusivamente a hablar de psicoanálisis. En muy pocos años, había saltado de la filosofía y el arte para escribir y hablar acerca del psicoanálisis lacaniano. ¿Cómo sucedió eso, qué pasó entre 1965 y 1969? Pero sobre todo, ¿cómo es posible que su participación en la escena de Buenos Aires haya tenido tal magnitud en la difusión del lacanismo? Quizás la respuesta esté en parte en su actividad en el mundo del arte, particularmente en los *happenings*.

La posibilidad de que la intervención de Oscar Masotta en la escena porteña del psicoanálisis haya sido una extensión de sus ideas estéticas y de su práctica artística merece un estudio detallado. Sin duda, su intervención fue decisiva en dos puntos; el primero es que el trabajo de Masotta fue una vía privilegiada que dio a conocer la postura de Lacan respecto de que es posible que quienes no son médicos accedan a la práctica del psicoanálisis. Y en segundo lugar, tuvo el enorme mérito de volver a vincular al psicoanálisis con una forma *de hacer* relacionada con el arte, algo inherente al recorrido de Freud y que se había perdido con la medicalización de la Asociación Psicoanalítica Argentina.

Masotta había estudiado los fenómenos de comunicación de masas en la línea de Marshall McLuhan y luego había colaborado de cerca con Marta Minujín, la notable artista argentina autora de *La Menesunda.*[10] Siempre destacó como un gran polemista; su inteligencia aguda y veloz, aunada con su dedicación al estudio, lo hicieron aprovechar cada una de las oportunidades que se le presentaron para hacer valer (una vez más, pues lo había hecho ya con Sartre) a un autor que ponía en cuestión radicalmente al *status quo* que en el psicoanálisis estaba representado, sin lugar a dudas, por la APA. Cuando ahí estaba en plena boga el kleinismo, Emilio Rodrigué había viajado a Londres; su análisis con Paula Heimann, junto a su experiencia con grupos con Bion, le aseguraron un prestigio inmediato y rotundo en la asociación. Fue precisamente con él con quien Masotta estableció una polémica por escrito que fue memorable para muchos, y sin duda para Rodrigué.

—

10— Cfr. Diego Berkha y Rocío Crudo, "'La Menesunda' según Marta Minujín en el Museo de Arte Moderno de Buenos Aires", publicada el 2 de octubre de 2015. https://www.youtube.com/watch?v=4CRAq6c3_H8.

> [...] creo que Masotta tenía razón en su apreciación global de mi trabajo. Sentí el aguijón. Había un cierto guitarreo de mi parte. Tal vez, al escuchar la crítica, vislumbré, con un dejo de temor, que nuevos códigos se avecinaban y que la hegemonía kleiniana estaba siendo amenazada. Nunca nadie me había confrontado antes desde esa pedana (*sic*) teórica, tratándome con una falta de respeto rayana en la insolencia. Ya en la época intuía que Lacan representaba una revolución cultural. [...] Por eso sentí que Masotta me colocaba en el corral de los dinosaurios, sensación bien inquietante ser un dinosaurio a los 46 años.[11]

Masotta no desperdiciaba sus municiones. La polémica con la nueva vaca sagrada de la APA tuvo un efecto inmediato pues se había dotado de una herramienta editorial para difundir sus posiciones y las de su grupo: los célebres *Cuadernos Sigmund Freud*.

A raíz del golpe de Estado que protagonizó Juan Carlos Onganía, hubo una purga de profesores y materias en la Universidad de Buenos Aires que comenzó con su allanamiento en la Noche de los Bastones Largos; esa represión generó la aparición de grupos de estudio independientes, a los que asistían quienes estaban interesados en conocer a los autores y disciplinas que habían quedado prohibidos. En ese entorno, Masotta abrió su propio grupo de estudio sobre Lacan con éxito veloz, lo que le significó una fuente de ingresos económicos importante, tema que siempre lo había aquejado, pues vivía permanentemente endeudado con las personas de su entorno. En su texto "Roberto Arlt, yo mismo"[12] dice: "Si uno no tiene dinero, o se muere de hambre o lo pide. Yo, como elegía vivir, a cada instante, lo pedía. Después no podía devolverlo. Tenía entonces que explicarme ante quienes me lo habían prestado".[13] Lo que

—

11— Emilio Rodrigué, *El libro de las separaciones*, Buenos Aires, Ed. Sudamericana, 2000, p. 161, citado por Rosa López, *La discordancia del psicoanálisis y su transmisión*, seminario publicado en Psicomundo, wwww.edupsi.com/discordancia.

12— Oscar Masotta, "Roberto Arlt, yo mismo", en esta misma edición, p. 152.

13— Oscar Masotta, "Conciencia y estructura", p. 78, citado por Juan Andrade, *Oscar Masotta, una leyenda en el cruce de los saberes*. Buenos Aires, Capital Intelectual, 2009, p. 98. Sobre el cobro de esas actividades, según el propio Masotta, p. 123.

es muy curioso es que Masotta no tomara nota de que también podía trabajar para conseguirlo, ya que y en realidad era justo lo que Masotta no había hecho nunca realmente.

Sus grupos de estudio le dieron entonces una fuente de ingresos fija que fue incrementándose con el tiempo. ¿Cuál fue la razón de Masotta para comenzar a dar clases de psicoanálisis? En marzo de 1967 inicia esa actividad, dado que Juan David Nasio lo buscó para leer Lacan. Así lo cuenta el propio Nasio:

> Cuando le dije que quería estudiar a Lacan me respondió: "Ah, Lacan no me interesa, hace tiempo que no lo leo". Mire —contesté— a mí sí me interesa. Su respuesta no me sorprendió ya que en aquellos años Masotta se ocupaba de las experiencias *happenings* del Di Tella. Aunque siempre fue el intelectual de Sartre o de los teóricos de la comunicación, en aquel momento no era aún el estudioso aplicado y riguroso del pensamiento psicoanalítico." Luego de sopesar la posibilidad de reunir a un número reducido de alumnos y recibir un pago a cambio por la tarea, completa Nasio, Masotta finalmente aceptó la propuesta.[14]

Según Nasio, Masotta aceptó no por su interés en Lacan, sino porque iba a recibir un pago por esos grupos de estudio privados. Continúa su biógrafo:

> La versión de los hechos de Masotta difiere un tanto de la de Nasio. Por entonces, admite, "tenía demasiadas cosas en la cabeza para decidirme por una sola: me atraían entonces el orden y el goce de sentido que prometen los estudios semiológicos y ese manipuleo de signos propio del arte contemporáneo. Antes de los psicoanalistas mis personas cercanas fueron pintores (en el sentido actual del término), arquitectos, semiólogos. Entraba al psicoanálisis caminando por el techo, pero pronto remontaría las paredes hacia el piso: es que tenía alumnos".[15]

—

14— *Ibid.*, p. 138.

15— Oscar Masotta, "Comentarios para L'École Freudienne de Paris sobre la fundación de la Escuela Freudiana de Buenos Aires", publicado en *Ensayos lacanianos*. Barcelona, Anagrama, 1976, pp. 239-252.

Tal como lo había hecho Jacques-Alain Miller, Oscar Masotta se dio a la tarea de dar cursos de teoría psicoanalítica sin haberse analizado. Pero, a diferencia de Miller que desarrolló su actividad en la Universidad de Vincennes, Masotta lo hizo de manera privada.

Un gran mérito de Masotta era que presentaba la producción de Lacan en lugares inesperados, generalmente vinculados con el arte, sin embargo su mayor éxito lo anotó entre los psicólogos en la Universidad de Buenos Aires. Escuchar a alguien que no era médico hablar de psicoanálisis, y en particular sobre Lacan, produjo un efecto inmediato: los estudiantes se anotaron masivamente para sus clases privadas y muy pronto reunió trescientas personas por reunión, y una importante entrada de dinero.[16]

Hacia mediados de los sesenta, Masotta había dedicado dos años a reflexionar seriamente sobre los *happenings*, concentrado en un libro llamado *Happenings* y sus dos *happenings* se llamaron *El helicóptero* y *Para inducir el espíritu de imagen*, que prefiguró, en opinión de Roberto Jacoby, la pieza de Oscar Bony *La familia obrera*.[17] ¿Acaso es imposible concebir su lectura de Lacan como una suerte de *happenings* semanales?

Su intuición sobre la comunicación de masas, su posición estética, indudablemente actual e incluso de vanguardia, así como su habilidad como polemista y escritor fueron algunas de las cualidades que hicieron que Oscar Masotta se convirtiera en un factor revulsivo en el mundo del psicoanálisis. Freud había inventado el psicoanálisis con una liga indisociable con el arte que la medicalización del psicoanálisis promovida por los norteamericanos llevó a olvidar. Con Masotta es posible detectar, de nuevo, que arte y psicoanálisis tienen una relación inherente y que la contundencia de la operación realizada por él tuvo dos rasgos inequívocos: su actualidad estética y su vida por fuera de la institución universitaria y de la APA, la única institución psicoanalítica que en ese momento ofrecía "formación psicoanalítica" y cuyos didactas tenían la agenda saturada, con listas de espera de hasta dos años. Por eso, la libertad de la que Masotta dio

—

16— Juan Andrade, *op. cit.*, p. 14.

17— Cfr. Juan Andrade, *op. cit.*, pp. 126-129.

muestra tuvo repercusión entre los jóvenes psicólogos que aspiraban a practicar algún día como analistas, sensibles a la movida artística en curso, así como a las vanguardias teóricas que flotaban en el aire de la calle Florida y que Masotta había tomado como bandera personal. Por lo demás, el hecho de que se hubiera movido siempre por fuera de los cánones institucionales, puesto que no poseía el grado de licenciatura y, en particular, que hubiera intervenido en la escena artística porteña, posiblemente haya dado las bases de su desparpajo para hablar de psicoanálisis en público, así como lo había hecho acerca de Roland Barthes o como había realizado *happenings*. Masotta estaba advertido de que los artistas no requieren cumplir con el requisito de tener un grado académico institucional para crear.

Si alguna lección es posible extraer de lo que se ha llamado la "operación Masotta"[18] está precisamente en su posicionamiento estético frente al psicoanálisis. Seamos claros: no se trata de que los analistas ahora se dediquen a hacer *happenings* cuando hablan en público, pues justamente es una forma artística que dejó de ser actual hace cincuenta años. Si Masotta consiguió impactar a cierto público en su momento quizás fue, entre otras cosas, porque estaba atentísimo a lo que era la producción estética de su propio momento.

Un paso de más

Es imprescindible preguntarnos sobre qué bases psicoanalíticas Oscar Masotta operó en el territorio propio del psicoanálisis. Si en 1965 publica el artículo sobre Lacan en *Pasado y presente*,[19] hacia 1969 ya se dedica por completo a explicar la teoría de Lacan. Como hemos visto no fue un transición, sino un salto promovido por la demanda de Juan David Nasio que lo llevó a retomar su lectura de Lacan y los cursos sobre teoría psicoanalítica. Sus conferencias en

—

18— Carlos Correas, *La operación Masotta*. Buenos Aires, Catálogos, 1991.

19— Oscar Masotta, *Pasado y presente*, revista trimestral de ideología y cultura, abril-setiembre de 1965, Año III, núm. 9, sin editorial, Córdoba, Argentina.

el Instituto Di Tella durante ese año fueron recopiladas en el volumen llamado *Introducción a la lectura de Jacques Lacan*, marcadas por su encuentro con Althusser. Esa es la versión más común de lo sucedido. Sin embargo, un examen más atento nos dice otra cosa.

Si en los años cincuenta Masotta se interesaba en la fenomenología, es cierto que su encuentro con la obra de Louis Althusser lo dirigió, como a la mayoría de los intelectuales argentinos, hacia el marxismo estructuralista promovido por el filósofo francés, pero sobre todo a una cierta versión del psicoanálisis. ¿Cómo sucedió ese encuentro? *Introducción a la lectura de Jacques Lacan* lo dice con mucha claridad: a través de Jacques-Alain Miller y la revista *Cahiers pour l'analyse*. Las abundantes referencias a Miller, así como al texto de Badiou publicado en los *Cahiers*, dan muestra de la profunda influencia de esa revista en él. En particular se trata de "La sutura", aquel texto surgido de la conferencia donde Miller confronta a toda la *École* Freudienne de Paris (EFP) desde su lugar de exterioridad a la experiencia analítica, argumentando la legitimidad de su intervención en la discusión sobre psicoanálisis como alguien que no se había analizado, que era el caso de Masotta.[20] En realidad, Oscar Masotta desde el principio se identificó con la orientación de Miller y su manera de hacer en el medio psicoanalítico; incluso en los hechos, estuvo mucho más cerca de algunas posiciones de éste que las de Lacan.[21]

—

20— No es posible extenderme aquí sobre la gran afinidad de posiciones que hay entre Masotta y Miller ya desde esa *Introducción a la lectura de Lacan*; el lector la podrá detectar en especial en el capítulo II, donde Masotta dice, por ejemplo: "O bien, para parafrasear a Miller, que para el sujeto la *exterioridad de la estructura le es central, mientras que su distancia le es interior.* La diferencia entre esta frase y la de Miller es mínima y reside en el hecho de que este último dice la palabra "discurso" donde nosotros decimos 'estructura'". (*Introducción a la lectura de Jacques Lacan*, Buenos Aires, Eterna Cadencia, 2008, p. 63). Como el lector quizás recuerde, esta es la línea argumentativa que dio Miller en "La sutura" para justificar su intervención en el psicoanálisis como alguien exterior a él, y Masotta la hace suya radicalizándola. Las cursivas son suyas.

21— Para un estudio detallado de las posiciones de Jacques-Alain Miller en el medio psicoanalítico, nos permitimos señalar Manuel Hernández, *Lacan en México. México en Lacan. Miller y el mundo*. México, Anchomundo y Ediciones Navarra, 2016.

Apenas cinco años después de dictar esas conferencias, Masotta tomó una iniciativa sorprendente: tal vez el elemento más importante en su tarea de implantación del lacanismo-milleriano en la Argentina haya sido la fundación, en 1974, de una agrupación que llamó Escuela Freudiana de Buenos Aires. La elección de ese nombre fue una parodia de la EFP, como lo dijo él mismo: "hemos aprendido que también podríamos **parodiar** la experiencia lacaniana real, **parodiar** una École".[22] Como se ve, la ironía estuvo presente en ese gesto, lo que no impidió que su fundación se convirtiera en mítica y que su crecimiento, hasta el día de hoy, en un factor de gran peso en Buenos Aires, al igual que otra agrupación, la Escuela Freudiana de Argentina (EFA), también fundada por Masotta a partir de una escisión de la primera. Germán García tiene una interpretación de esos gestos: "Le gustaban las fundaciones, porque no fundamentaba su autoridad en el poder. Fundaba para autorizarse y se autorizaba en lo que fundaba".[23] Es una lectura que apunta al problema nodal: la autorización de Masotta como analista.

Ese gusto por la fundación lo comparte con Jacques-Alain Miller, quien ha llevado este asunto a un verdadero frenesí. Gracias a Germán García podemos situar cuál es la verdadera problemática en cuestión, a saber, el intento de sostener en la fundación de instituciones, escuelas, grupos, etcétera, la autorización como psicoanalista, pese a que su análisis personal no exista o haya sido precario.

Pero si en un principio la cuestión de la EFBA se planteó como una parodia, muy pronto adquirió visos de una seriedad que no correspondía con su origen. Apenas dos años después de su aparición, es decir, entre 1976-1977, tuvieron lugar las Jornadas de la EFBA que "versaron sobre la institución psicoanalítica, grados y jerarquía, el pase, la problemática de la formación."[24] ¿Cómo fue posible

—

22— Marcelo Izaguirre, *Oscar Masotta, el reverso de la trama*, Buenos Aires, Autel, 1999, p. 124. Los subrayados son nuestros.

23— Germán García, *Oscar Masotta y el psicoanálisis en castellano*, Barcelona, Editorial Argonauta, 1980, p. 17.

24— Rosa López, "La discordancia del psicoanálisis y su transmisión", *op. cit.*, capítulo IX.

que se planteara una cuestión tan candente en un momento tan temprano del lacanismo en la Argentina? "La trampa consiste en aparentar estar en posesión de lo que uno está solamente en vías de conquista" dijo el propio Masotta.[25] En efecto, ¿cómo hubiera sido posible de otro modo? Era imposible que el problema del final de análisis que conduce al analizante al lugar del analista, se planteara en un momento en que el análisis lacaniano apenas estaba introduciéndose en Argentina. Los testimonios indican que en realidad esa pregunta se importó a Buenos Aires desde París, es decir, desde la EFP:

> Si en el problema de la formación la cuestión central es el fin, tomaremos lo que hasta ahora hace las veces de final para empezar. Recientes viajes de miembros de la Escuela a Europa nos dan esta oportunidad. De éstos tomaremos los Restos que nos han llegado como interpelación dirigida a nosotros por parte de miembros de *L'Ecole*. Algunos perplejos, otros irritados recogieron preguntas que hacían centro en la cuestión de qué es lo que nos había producido como escuela. Si ninguno era analizando de Masotta, si Masotta no había sido echado de la Asociación ¿qué nos producía lacanianos? Pregunta que debería ser retomada desde otro lugar que el de una apreciación de valor con respecto al nacionalismo de los franceses, el que supuestamente exigiría que la cosa hubiese sido como fue con ellos. Pero por dónde retomar esto de un modo que no tenga que ver con nuestro afán internacionalista (filial de *L'Ecole*) sino por el lado de nuestro propio presunto nacionalismo, es decir, de nuestros significantes: Pichon Rivière-Masotta-Lacan.[26]

Resulta que Oscar Masotta acudió a París en 1975 a presentar la EFBA en una reunión de la EFP, y ahí recibió algunos cuestionamientos, a los que el texto citado intenta responder. En efecto, en aquella reunión los miembros de escuela de Lacan cuestionaron a los argentinos, ¿qué los

—

25— Citado por Juan Andrade, *Oscar Masotta, una leyenda en el cruce de los saberes*, *op. cit.*, p. 74.

26— *Cuadernos Sigmund Freud 5/6*. Buenos Aires, Ediciones Nueva Visión, 1978, p. 113.

había producido como escuela? Por su parte, la EFBA se lo planteó así, ¿qué nos producía como *lacanianos?* No es exactamente lo mismo, salta a la vista, pero la diferencia implicaría un desarrollo que ahora no es posible hacer. Lo que es necesario notar es que el texto recién citado intenta responder a ese cuestionamiento con un relato genealógico que inicia en el encuentro de Masotta con Pichon-Rivière y desemboca en el momento en que Masotta presentó la Escuela Freudiana de Buenos Aires ante la EFP en París. Y aquí entramos en un problema decisivo: durante un largo tiempo, Masotta no se consideró a sí mismo como psicoanalista, lo dijo con claridad en el siguiente escrito de 1974:

> He aquí un ejemplar raro de esa ave vulgar, lector. Todo aquí es diferencia. Un autor sospechoso que escribe sobre temas de psicoanálisis sin ser un psicoanalista, un libro escrito en el español del Río de la Plata y que no intercambia casi una palabra en común con otros libros sobre el tema escrito en el mismo español.[27]

Esto se publicó en el año de fundación de la EFBA, con lo cual tenemos que la Escuela fue fundada por un no-analista. Sin embargo, en 1976 todo había cambiado tras su viaje a París. Desde ese viaje Masotta comenzó a presentarse como *psicoanalista*. ¿Cómo pudo suceder eso? He aquí la explicación que más se ha difundido de esta extraña operación.

> ¿Qué fue Pichon Rivière para Masotta? Retroactivamente, aquel que puso en sus manos los textos de Lacan y el que lo Reconoce para hablar de dichos textos. [...] Masotta en relación no psicoanalista-no APA, ocupa una posición inversa a estos otros discípulos del maestro. [...] Habiendo producido una institución psicoanalítica como no psicoanalista, Masotta viaja. ¿En pos de qué? [...] La demanda formulada en el Comentario para *L'Ecole* nos posibilita leer cierto efecto: ser analista.
>
> Su "mi no es analista" permite la Fundación pero una vez fundada es de psicoanalistas que ésta requerirá:

—

27— Oscar Masotta, *Introducción a la lectura de Jacques Lacan*. Buenos Aires, Ed. Corregidor, 1974, pp. 9-10. Citado por Rosa López, "La discordancia del psicoanálisis y su transmisión", *op. cit.*, cap. VI.

> Masotta será Reconocido por *L'Ecole* como *Analista Practicien*. La *E.F.B.A.* acepta la propuesta de su Director Fundador *Analista Praciticien* de *L'Ecole*, "acerca de la institución de grados en Resguardo de los fines de su Fundación".[28]

El extravagante uso de las mayúsculas y del francés en todo este párrafo intenta subrayar el supuesto prestigio de los títulos y así relatar un viaje iniciático.

En el segundo volumen de su *Historia del Psicoanálisis en Francia*, Elisabeth Roudinesco explicó el lugar y la función de los *analyste practicien* en la EFP. A dos años de su fundación, en la escuela de Lacan hubo algunos cambios en su organización y entre ellos

> [...] se creó un nuevo título, *analyste praticien* o AP, que estipula que el miembro simple puede, por demanda suya, inscribirse en una lista en donde esté indicada su actividad de psicoanalista. Naturalmente la pertenencia a tal lista no significa que la École le conceda a los AP una garantía cualquiera: ella les da el derecho de declararse practicantes [...].[29]

Dado que el título de AP dependía sólo de anotarse en una lista, es obvio que hablar de ser *Reconocido* o de ser *nombrado por l'École* conlleva una mistificación inaceptable. Oscar Masotta anotó su nombre como cualquiera podía hacerlo si quería. Ese es el valor de su título de *analyste practicien* de la Escuela Freudiana de París. Elisabeth Roudinesco analiza el problema que implicó la introducción de dicha noción en la EFP:

> La introducción de la categoría de AP es por lo tanto la primera respuesta dada por Lacan a la crisis que afecta a su escuela: una respuesta *pragmática* y no teórica. Ella instaura una "falsa" garantía que funciona como un

—

28— Texto aparecido en *Cuadernos Sigmund Freud* 5/6. Buenos Aires, Ediciones Nueva Visión, 1978, p. 114.

29— Elisabeth Roudinesco, *Histoire de la psychanalyse en France*, vol. II. París, Seuil, 1986, pp. 447-448.

> "verdadero" auto reconocimiento y avala la idea de una autorización por sí misma de la práctica analítica.[30]

Y el resultado no se hizo esperar: "al cabo de los años, todos los ME [Miembros simples de la EFP] analistas se inscribirán en la lista de los AP a la vez para obtener una 'falsa' garantía, o un 'verdadero' título, y para diferenciarse de los no-analistas".[31] Así, entre 1974, año de la fundación de la EFBA y 1975, año en que solicita presentar a su Escuela ante la EFP, Masotta dio un viraje, pasó de no-analista a considerarse psicoanalista. ¿Qué sucedió entremedio? Masotta mismo lo relata:

> Prácticamente expulsado de la universidad, el problema económico no podía intimidarme. A los arquitectos les faltaban los dos extremos. ¿Y a los psicoanalistas? Poco a poco me alejaba de la posición de poder decirlo, tal como el *Quesalid* de Levi-Strauss, esta conciencia lúcida seducida por la práctica del otro que se empapa del texto del diario en el momento en que él ejerce esta práctica.
>
> Es entonces cuando se inaugura, por un pacto de estudio, el tramo que finalmente conducirá a la fundación de la Escuela. Dos jóvenes psicólogos y un sociólogo reciente a quien la sociología no le interesaba, vinieron a verme y me propusieron formar un grupo para estudiar los textos de Lacan. Ellos efectivamente estaban *on the dole* en un país en donde tal cosa casi no se producía, y el grupo de estudio sería por lo tanto gratuito. Se trataba de Arturo López Guerrero, de Jorge Jinkis y de Mario Levin. Más tarde se unió a nosotros Juan David Nasio, actual miembro de la Escuela de París —leí su nombre en el Anuario— él me reconocía en esta época el mérito de haber introducido la peste en Buenos Aires.
>
> Yo osaba entonces tomar en análisis a dos pacientes cuyo tratamiento y las sesiones supervisaba con los otros miembros del grupo. Si un psicoanalista se autoriza por él mismo —habíamos comprendido— le toca a él determinar lo que eso quiere decir.[32]

—

30— *Ibid.*, p. 448.

31— *Ibidem.*

32— Oscar Masotta, "Sur la fondation de l'Ecole Freudienne de Buenos Aires",

El malentendido es total. Masotta comenzó a recibir pacientes bajo la idea de que él podía autodeterminar lo que quiere decir la autorización, descontextualizándola de la *Proposición sobre el pase*.[33] Una osadía, por decir lo menos. Masotta se presentó públicamente como psicoanalista con la única base de un grupo de estudios y realizando supervisiones en grupo. Como se puede apreciar, en ningún momento su propuesta de sí mismo como analista estuvo en relación con su propio psicoanálisis, mucho menos con un fin de análisis. Esto es totalmente contrario a la posición de Lacan, que él conocía sin duda, pues comentó varias veces la *Proposición del pase*. Después de ese viaje, Masotta se exilia en Barcelona, donde también recibiría pacientes.

Entonces, no es de extrañarse que hubiera interpelaciones de los miembros de la EFP a los viajeros argentinos, ni que las preguntas se centraran sobre lo *qué los había producido como escuela*, que sin embargo para ellos se tradujo en *qué los producía como lacanianos*.[34]

La pregunta candente era sobre su estatuto de psicoanalistas, ¿con base en qué lo sustentaban? Un grupo de estudios no es fundamento suficiente para que exista un psicoanalista, por muy brillante que sea su composición. Al proponerse como analista Masotta hizo caso omiso de todo lo que Lacan había avanzado en este territorio ya en 1975, y él y su grupo pretendieron operar como en los tiempos

—

Ornicar?, núm. 20-21 (1980), París Navarin, pp. 229-230. Curiosamente ésta presentación de la EFBA fue publicada en el mismo número en que se publicó la carta de Disolución de la EFP. Por otra parte, ahí se lee que Masotta dice que no cobraba en los grupos de estudio, lo que contradice lo que Nasio recuerda como su motivo para iniciarlos.

33— La "Proposición del 9 de octubre sobre el psicoanalista de la Escuela", conocida también como "Proposición sobre el pase", fue presentada en dos versiones, una oral y otra escrita (ambas se pueden consultar en el sitio de la Elp: http://ecole-lacanienne.net/es/bibliolacan/pas-tout-lacan-3/). Se trata de la Proposición que hizo Lacan para constituir un dispositivo que reciba el testimonio de quienes, al terminar su análisis, cambian subjetivamente de lugar: dejan el lugar de analizantes para pasar a ocupar el del analista (de ahí el nombre de "pase").

Cuando efectivamente es el caso, se registra lo sucedido con la nominación de quien ha hecho el pase como A.E. (Analista de la Escuela). Gracias a lo cual el lugar y la legitimidad del analista dependen por completo de lo sucedido en un psicoanálisis y no de un curso académico o institucional.

34— Estas dos preguntas serían recuperadas después por la Escuela Freudiana de Córdoba a través de Gerardo García.

en que Freud estaba inventando el psicoanálisis y no había aún comunidad psicoanalítica, ni reflexión sobre el estatuto de psicoanalista. Él mismo lo dijo:

> En abril de 1969 **parodiamos** los encuentros entre Freud y Fliess, y nos dimos cita en Monte Grande, en una villa en las afueras de Buenos Aires. Éramos los únicos que habíamos leído los trabajos escritos, pero a la discusión se añadieron estudiantes de Sciarreta y jóvenes semiólogos formados en la investigación por Eliseo Verón. El mismo año —en diciembre— nos convocamos para nuestro segundo congreso. Nuestros trabajos fueron entonces publicados en nuestro número de los Cuadernos Sigmund Freud (mayo de 1971).
>
> El número de mis alumnos iba en aumento y, cosa prometedora, podían hablar entre ellos el lenguaje de la teoría.[35]

Así, la instalación de la EFBA se hizo sobre las bases de una serie de parodias: parodiar la experiencia lacaniana real, parodiar la EFP y parodiar un grupo de estudios, donde se hablaba entre ellos *el lenguaje de la teoría*. Es imprescindible, entonces, no prejuzgar, sino interrogar al término *parodia*, pues insiste en ello en tres momentos decisivos.

Además de su uso coloquial como imitación burlesca de algo, también interesa que la parodia es una forma artística, por la cual se imita de manera humorística a otra obra de arte. Ya sea que se diera cuenta o no, Oscar Masotta no dejó de proceder como artista al insertarse en el psicoanálisis.

Sin embargo, el problema fundamental es que por esta vía de parodias se omite nada menos que la experiencia del análisis del propio analista y, en consecuencia, se vuelve imposible llegar a su final. Algo de eso Masotta tenía claro, pues él mismo lo declaró en España:

> ¿Pero no alienta que ya hablemos de este tipo de cuestiones? ¿Pero no es un poco prematuro? Sobre todo que, según me dicen, no hay aún analistas en Galicia. Pero está

—

35— Oscar Masotta, "Sur la fondation…", *op. cit.*, p. 230.

> bien: sobre todo que hablemos… Y ello por una razón fundamental: porque al menos en un sentido (lo que digo no es una afirmación anti-intelectual) no se hace un psicoanalista con libros. La transmisión de la teoría supone en psicoanálisis el análisis del analista […].[36]

Entonces, ya sabemos por su propia boca que recibió analizantes (con lo cual se despeja una duda que suele plantearse a menudo), y entonces es posible plantear la pregunta difícil: ¿se analizó Oscar Masotta? Al parecer hay un solo testimonio directo de Masotta al respecto. Se encuentra en su texto "Roberto Arlt, yo mismo" y se trata del momento en que Masotta fue internado en un hospital psiquiátrico. Desde luego, no nos detendremos en hacer ningún diagnóstico. En cambio, veamos lo que él mismo dijo de su crisis:

> En 1960 iba a comenzar a conocerme: de la noche a la mañana mi salud mental se quiebra y una insufrible enfermedad "cae" sobre mí. Me veo convertido entonces, y de la noche a la mañana, en un objeto social: hago la experiencia de lo que significa, en sociedades como las nuestras, ser un enfermo mental. Hago esa experiencia, como se dice, desde adentro. Enfermo, no puedo ya seguir escribiendo. Tampoco puedo leer. Fue la miseria de aquella enfermedad, mezcla de histeria y de neurosis, de angustia, y también la miseria real, los habitantes de una parte del espacio de tiempo que va desde el momento que escribí aquel libro a la fecha de su publicación.
>
> Enfermo (aunque con el cuerpo sano) me veía obligado a pasarme las horas, los días, los meses, con la cara contra la almohada, oliendo el neutro y espantoso olor a las sábanas (me *parecía* espantoso: lo era) regando de saliva el género. ¿Cuánto tardaría en idiotizarme por completo? No podía leer, no podía trabajar, no podía estudiar, no podía escribir. No podía nada, salvo atender a ese pánico psicótico que me habitaba. Tenía miedo de todo, de cualquier cosa, de ver, por ejemplo, brotar el agua del agujero de una canilla. ¿Y los otros? Yo temía que se aburrieran pronto y que

—

36— Juan Andrade, *op. cit.*, p. 158.

me mandaran al demonio. Temía, digo, puesto que quería curarme y necesitaba de ellos, "apoyarme" en ellos. Mi mujer (esto antes de mandarme al demonio) me explicaba, con la mejor voluntad, que puesto que yo quería curarme era seguro que me curaría.[37]

Esta crisis sobrevino después de publicar sus dos primeros trabajos sobre Roberto Arlt y casi inmediatamente después de la muerte de su padre, cuando intentó suicidarse.[38] Pese a los buenos deseos de su mujer, Masotta no se recuperó y tuvo que ser internado, y una vez en el psiquiátrico la filosofía de Sartre y Merleau-Ponty no fueron un recurso suficiente.

> Tuve entonces que buscarme un psicoanalista. Y me pasé un año discutiendo con él, sobre si mi enfermedad era una histeria o una esquizofrenia. Yo entonces confundía el aislamiento que padecía con el aislamiento como conducta de corte con lo real, y como no podía o no quería observarme desde afuera, afirmaba que estaba esquizofrénico. Al cabo acepté la opinión de mi analista. Aparté los índices somáticos, una sordera creciente, un horrible y continuo silbido que taladraba mis oídos desde el interior de mi cabeza, la perturbación de mi equilibrio: mi psicoanalista tenía razón. La tendencia a la seducción como rasgo constante de mi conducta, la representación, la teatralización del sufrimiento, la tendencia al chantaje. Yo aceptaba: era un pavo que debía tragarse todas las nueces. La discusión, sin embargo, no terminaba: se me ocurría que el analista observaba bien el lado representación de mis conductas, pero que extremaba el *juicio* sobre él. En el fondo yo sentía que me quería hacer creer lo que yo temía. Que yo no era más que un farsante. Pero entonces —en su presencia, o en la soledad— yo me rebelaba. Me decía entonces que no era del todo así, puesto que ahí estaba ese trabajo sobre Arlt, y que el trabajo no es farsa.[39]

—

37— Oscar Masotta, "Roberto Arlt, yo mismo", *op. cit.*

38— Juan Andrade, *op. cit.*, pp. 89-90.

39— Oscar Masotta, *op. cit.*

¿Quién era este psicoanalista al que se refiere Masotta? Se trata del doctor Jorge Carpinacci responsable de su caso en el hospital.[40] Puesto que su psiquiatra en el internamiento no era alguien en función de analista, no es extraño ver a Masotta polemizar y discutir con él acerca de su diagnóstico —si sufría de una histeria o de una esquizofrenia— y pasar un año entero haciéndolo, según su propio testimonio. ¿Es eso un análisis? Difícilmente.

Pero hubo algo que hizo mella en él, y era una suposición: "en el fondo yo sentía que me quería hacer creer lo que yo temía. Que yo no era más que un farsante." Esta suposición le hacía tocar un fragmento de verdad de sí contra el cual, sin embargo, se rebelaba: "Me decía que **no era del todo así**, puesto que ahí estaba ese trabajo sobre Arlt, y que el trabajo no es farsa". Si Masotta suponía que el doctor Carpinacci pensaba eso, y negaba que fuera del todo así, es que él sabía que así era. Es la estructura de la denegación que Masotta mismo había estudiado antes con precisión en el extenso pie de página en su artículo sobre la fenomenología de Sartre y Lagache.[41] Scholten tiene una versión diferente:

> Se trataría de Francisco Pérez Morales, ligado estrechamente hasta 1963 [es decir todavía lo estaba en 1960] al grupo de psicoterapeutas que se congregaban alrededor de Alberto Fontana –célebre en nuestro país [Argentina] como precursor del uso del LSD en el marco del tratamiento analítico.[42]

Si así hubiera sido, difícilmente pudo tratarse de un psicoanálisis en esta terapia psicodélica. Y la relación con

—

40— Psicopsi.com, Biografía de Oscar Masotta, consultado el 15 de diciembre de 2016, http://psicopsi.com/Biografia-Masotta-Oscar-Abelardo-1930-1979.asp.

41— Oscar Masotta, "La fenomenología de Sartre y un trabajo de Daniel Lagache", *Centro*, núm. 13 (1959), Buenos Aires, Centro de Estudiantes de Filosofía y Letras UBA, p. 80, donde habla de *La Psychanalyse*: "En el primer número de la revista (dedicada a la palabra y el lenguaje) un trabajo de Jean Hippolyte estudia la *Verneinung* en Freud [...]", tras lo cual sigue una explicación bastante detallada del artículo de Freud y de la interpretación de Hippolyte.

42—Hernán Scholten, "Oscar Masotta y el psicoanálisis", consultado el 15 de diciembre de 2016, http://www.elseminario.com.ar/biblioteca/Scholten_Oscar%20Masotta%20y%20el%20psicoanalisis.htm.

Pichon-Rivière era ante todo de amistad, al punto en que Pichon lo hospedaba cuando Masotta no la pasaba bien. Como dijo Germán García:

> En efecto, frente al cadáver de su padre Oscar Masotta se vuelve loco. Se interesa, entonces, por la antipsiquiatría. [...] Masotta debe "tratarse" ahí comienza el problema. Al poco tiempo se encuentra inventando el psicoanálisis que le faltaba. Fue su falta de análisis, su falta de analista, lo que lo llevó al psicoanálisis.[43]

Lo que interesa ahora es que el propio Germán García entiende que no hubo analista ni análisis para Oscar Masotta. En cuanto a la idea de que eso lo habría llevado a "inventar el psicoanálisis que le faltaba" en realidad Masotta ya había buscado el psicoanálisis desde antes de su internamiento, pues como vimos un año atrás había publicado su artículo "La fenomenología de Sartre y un trabajo de Daniel Lagache".

Pero, sobre todo, ya había entendido el papel decisivo e insoslayable del análisis de un futuro analista, pues había comprendido muy bien el trasfondo de la escisión de la SPP, como da cuenta en una larga nota a pie de página, en donde explica qué es *La psychanalyse*.

> Se trata de la publicación de la Sociedad Francesa de Psicoanálisis, presidida por primera vez por el propio Lagache pero cuyo inspirador es seguramente el recelado Jacques Lacan, la que agrupa a un sector de psicoanalistas que se separaron de la Sociedad de París, a raíz de una crisis interna producida por dos órdenes de razones. Por un lado, el modo de entender la formación del psicoanalista. Los lacanianos, con un vigor ejemplar para un tiempo en el que el psicoanálisis se está convirtiendo en institución y pierde la virulencia social con que lo había concebido Freud, contestaron los criterios uniformemente aceptados: "control científico y habilitación médica deben marchar juntos. Pero los privilegios de la especialidad no se justifican más

—

43— Germán L. García, *Oscar Masotta y el psicoanálisis en castellano*, Barcelona, Ed. Argonauta, 1980, p. 14.

> que con una formación auténtica." (*La Psychanalyse*, No 1, 1956). Y efectivamente, la escisión se produce menos a raíz de las discusiones teóricas, que con motivo de la organización de las condiciones y de los planes de estudio de un nuevo instituto.[44]

Es decir, muy pronto Oscar Masotta estuvo al tanto de qué implicaba para Lacan "una formación psicoanalítica auténtica" lo cual, desde luego, ponía en primer lugar al análisis del futuro analista.

No es el momento de entrar en consideraciones más finas sobre esta cuestión, sólo digamos que todo parece indicar que Oscar Masotta no se analizó, factor crucial para determinar si al practicar el psicoanálisis Masotta fue o no lo que en Argentina se llama un *chanta*;[45] por ahora se puede establecer son los siguientes elementos. Primero, Masotta declaró en 1974 que no era analista. Segundo, fundó en ese año una parodia de la EFP. Tercero, al presentar su Escuela en la EFP en 1975 él declaró que ya recibía analizantes, y, finalmente, en ese viaje a París solicitó su inclusión en la lista de los Analistas Practicantes de la EFP, lo cual fue presentado por él y los suyos como una supuesta legitimación recibida por Lacan y la EFP.

El viraje de la parodia a la impostura

Hasta ahora, nadie parece haber detectado que la versión publicada en francés en *Ornicar?* y la versión en castellano publicada en *Ensayos lacanianos* de lo que Masotta presentó en París son distintas, y varían, por lo menos, en el punto relativo a su práctica psicoanalítica. En la versión original publicada por *Ornicar?* Oscar Masotta dice: "j'osais alors prendre en analyse deux patients dont je

—

44— Oscar Masotta, "La fenomenología de Sartre y un trabajo de Daniel Lagache", *Centro*, 13, *op. cit.*, p. 80 n. 15.

45— *Chanta*, en Argentina quiere decir impostor, estafador. Su biógrafo dice: "De algún modo Masotta era consciente de su insuficiente preparación y también intuía que, por ese motivo, podía alimentar la fama de "chanta" que echarían a rodar andar sus detractores más adelante." Juan Andrade, *Oscar Masotta, una leyenda en el cruce de los saberes, op. cit.*, p. 74.

supervisais le traitement et les séances avec les membres du groupe" [Entonces me atreví a tomar dos pacientes cuyos análisis y tratamiento supervisé en reuniones con los miembros del grupo].[46]

> LA PSYCHANALYSE DANS LE MONDE
>
> J'osais alors prendre en analyse deux patients dont je supervisais le traitement et les séances avec les autres membres du groupe. Si un psychanalyse *s'autorise de lui-méme* - avions-nous compris - c'est à lui-méme qu'il revient de détermi-ner ce que cela veut dire. En Avril 1969 nous parodions les rencontres entre Freud et Fliess, et nous nous donnions rendez-vous à Monte Grande, dans une villa des alentours de Buenos Aires. Nous seuls avions lu des travaux écrits, mais à la discussion s'ajoutèrent des étudiants de Sciarreta et de jeunes sémiologues formés à la recherche par Eliseo Veron. La méme année - en décembre - nous nous sommes convoqués pour notre deuxième congrès. Nos travaux ont été alors publiés dans notre numéro des *Cahiers Sigmund Freud* (mai 1971).

Ahí Masotta habla en primera persona. En cambio, la versión publicada en castellano afirma: "Todos nos atrevimos entonces a tomar pacientes cuyo tratamiento y sesiones supervisábamos con los otros miembros del grupo".[47]

Este cambio no es menor, pues en su presentación en París él relató un periplo donde para llegar a la fundación de la EFBA aparecen algunas otras personas y sus trecientos alumnos, pero donde sin duda él es el personaje principal. ¿Qué respondió Lacan a su presentación?: "Usted habla demasiado de usted mismo".[48]

Lo más notable es que la sustitución del "yo" del artículo original por "todos" no está consignada en la edición en castellano que, como se ve, se ha retocado editorialmente exactamente el punto problemático que Lacan encontró en su presentación. ¿Por qué los editores decidieron maquillar el texto de Masotta en ese punto? ¿Qué indica que alguien hable *demasiado* de sí mismo, sobre todo si se pretende psicoanalista? Esa tendencia a hablar de sí mismo a través

—

46— Oscar Masotta, "Sur la fondation de L'École Freudienne de Buenos Aires, *Ornicar?*, núm. 20-21 (1976), París, Navarin, p. 232.

47— Oscar Masotta, "Comentario para la École Freudienne de Paris sobre la fundación de la Escuela Freudiana de Buenos Aires etc.", *Ensayos lacanianos*, Buenos Aires, Ed. Aguilar, 2008, p. 210.

48— Juan Andrade, *op. cit.*, p. 12.

de su trabajo encontró diversas expresiones a lo largo del tiempo, por ejemplo, en "Roberto Arlt, yo mismo", lo cual es perfectamente aceptable en la práctica artística e incluso crítica, pero cuando se trata de psicoanálisis el lugar para hablar de uno mismo es el diván que Masotta no tuvo, y Lacan parece haberlo detectado de inmediato.

¿A través de qué operación subjetiva Masotta se permitió el viraje de ser "un autor sospechoso que escribe sobre temas de psicoanálisis sin ser un psicoanalista", como decía en 1974, a recibir analizantes entre 1974 y 1975? Él mismo responde que si "un psicoanalista [sic] *se autoriza por él mismo* —habíamos comprendido— le toca a él mismo determinar lo que eso quiere decir".[49] La precariedad de la operación no puede ser mayor, pues se basa en la "fascinación del yo y de la conciencia", que tanto había criticado a finales de los años cincuenta, y por lo tanto no toma en cuenta la *Proposición* sobre el pase de Lacan.

En ese sentido, no es para nada banal que, a partir de ese viaje a Francia, Masotta comenzara a añadir al pie de su firma en algunas cartas: "*Analyste Practicien de l'École Freudienne de Paris*".[50]

Ya hemos visto que ese título fue el resultado de que anotara su nombre en una lista en la que cualquiera lo podía hacer, pero ahora constatamos que si bien alrededor suyo hay quienes montan todavía la versión mistificadora de un "Reconocimiento" que supuestamente Masotta habría recibido de Lacan mismo o de la EFP, al firmar así Masotta no dejó de colaborar en ello destacando un supuesto reconocimiento que vendría de una Escuela que no era la parodia que él había fundado.

Todo esto resultaría muy interesante artísticamente, incluso con notas de humor muy finas si no fuera por el hecho grave de que había gente que sufría, cuya existencia estaba en juego, y que se dirigía a él creyendo que era un auténtico psicoanalista... y él los recibía. Eso era una impostura.

—

49— Oscar Masotta, "Sur la fondation de L'École Freudienne de Buenos Aires", *Ornicar?*, núm. 20-21 (1976), París, Navarin, p. 232.

50— Juan Andrade, *Oscar Masotta, una leyenda en el cruce de los saberes*, *op. cit.*, p. 156.

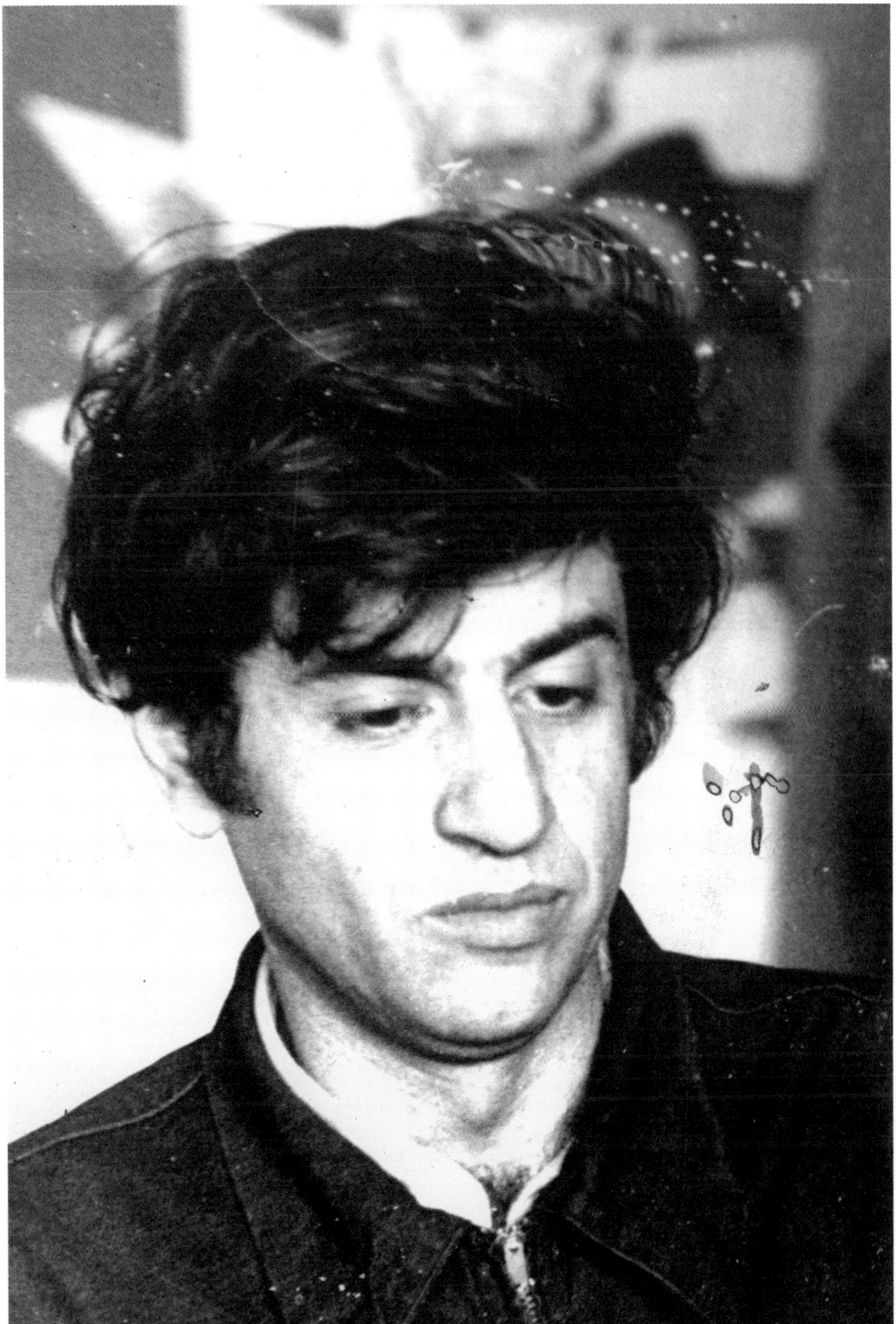

Autor no identificado—Unidentified author, Oscar Masotta, Buenos Aires, *ca.* 1966. © Cloe Masotta y—and Susana Lijtmaer [Cat. 11]

Masotta's Dilemma

MANUEL HERNÁNDEZ

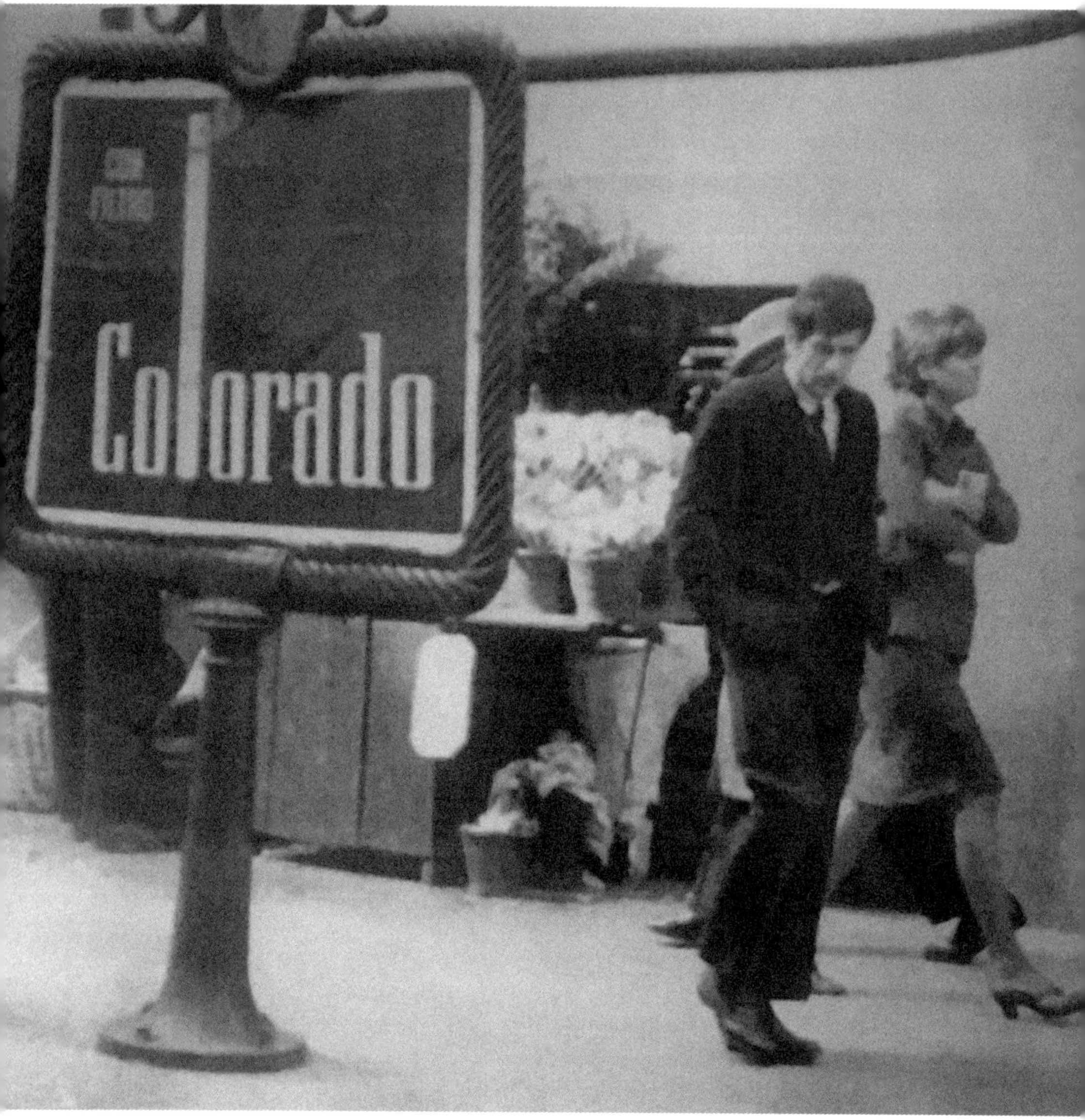

Oscar Masotta y—and Renée Cuellar, *ca.* 1966. Foto—Photo: Iaros.
Cortesía de—Courtesy of Germán García [Cat. 9]

Beginning to be a psychoanalyst as everyone knows begins at the end of a psychoanalysis.

JACQUES LACAN, *The Psychoanalytic Act*, 10 january, 1968

I can only dialogue with someone that I have fabricated to understand me at the level at which I speak, and this indeed is why I am not only astonished that you are so numerous, but I cannot even believe that I fabricated each one of you to comprehend me.

JACQUES LACAN, *RSI*, 11 February 1975

Preamble: Myth and the Amnesia of Beginnings

Oscar Masotta and the Escuela Freudiana de Buenos Aires (EFBA) are key figures in the myth of origin of Lacanianism in Argentina, a fact that might explain both the difficulties I encountered in getting hold of documentary sources and the peculiar treatment I have given existing ones. The fact is that the extension of the myth is incompatible with a documentary archaeology that would allow us to historicize events.

Pierre Bourdieu has indicated just how common an "amnesia of origins"[1] is in every discipline; that void can either remain intact or be substituted by myths. In the case of psychoanalysis, the burning question is the holding to scrutiny of the very legitimacy of the psychoanalyst.

In effect, to ask about the history of psychoanalysis in a given city immediately opens the question: how were the analysts of today's analysts analyzed? This question can provoke anxiety in those whose legitimacy hinges on the prestige of their analyst; thus, if questioning history means probing the analysis of one's own analyst, then... there will surely be fear and trembling.

This is a phenomenon inherent to psychoanalysis itself. Michael Balint, one of the most notable psychoanalysts of the twentieth century, was quick to suggest that the pioneers of analysis did not tend to examine the routes that led them to become psychoanalysts for fear of discovering

—

1— Pierre Bordieu, *Méditations pascaliennes*. Paris, Seuil, 1997, pp. 137 ff. The section is titled "Anamnesis of Origins."

that their own analyses had been precarious or simply non-existent.[2]

But how long does an analysis need to be to sustain the role of psychoanalyst? A year, ten, twenty? Lacan responded to this problem by suggesting that one only begins to be an analyst at the end of an analysis.

As such, if one's analysis has come to an end, there is nothing amiss in questioning its history. This way of relieving anxiety was one of Jacques Lacan's most vital innovations: positing that the analyst begins existing thanks to the end of an analysis, without which he continues to be an analysand, even though he continues to see patients. Without a finished analysis, his relationship with the transference is still active—that is, he maintains an analysand's relationship to the *sujet supposé savoir* (the subject supposed to know, or the supposed subject of knowledge). Hence no "clinical experience" could substitute the end of a successful analysis.

Masotta and the Avant-Garde in the Reading of Lacan

In 1965, the magazine *Pasado y presente*: *Revista de ideología y cultura* published for the first time an article by Oscar Masotta titled "Jacques Lacan o el inconsciente en los fundamentos de la filosofía" [Jacques Lacan or the Unconscious in the Founding Principles of Philosophy].[3] The article was a paper presented by the author on March 12th, 1964 at the Enrique Pichón-Rivière School of Social Psychology. The essay constituted the first work on psychoanalysis to be published in Argentina, emerging in Cordoba.

Several different authors single out the publication of this article as a milestone in the history of psychoanalysis in Argentina. The publication of *Pasado y presente* was no accident, responding as it did to a certain ideological and cultural position (as the magazine's subtitle suggests). Thus, by way of a highly significant magazine in the country's intellectual life,

—

2— Michael Balint, "On the Psycho-Analytic Training System", *International Journal of Psychoanalysis*, vol. XXIX. London, The Institute of Psychoanalysis,1948, p. 143 ff.

3— *Pasado y presente*, No. 9, year III, Córdoba, 1965.

the story of the introduction of reading Lacan in Argentinian culture begins. However, what is rarely noted is that Masotta's publication coincides with another strand of his intellectual activity—his active participation in the art scene. While publishing the article, Oscar Masotta made an intervention in the city of Cordoba in a sphere very much his own: that of contemporary art. Cesar Mazza described it as follows:

> I'm talking about Oscar Masotta's presence in Cordoba in the sixties. That presence could really be felt in '65 with the article "Jacques Lacan or the Unconscious in the Founding Principles of Philosophy" in the 5th edition of an epoch-making publication: the magazine *Pasado y presente.* On its editorial committee are names of trailblazers in the Argentine intellectual field: José M. Aricó, Héctor Schmucler, Oscar Del Baco, Luis J. Prieto, among others. It is in the year following this collaboration that Masotta presents a paper at the "First Argentine Festival of Contemporary Forms," held between 15 and October 30, 1965. His topic was "What Is the Avant-Garde." [...] An avant-garde festival in a Cordoba in flames, where once again its most conservative roots met their nemesis in the student uprisings and the militant syndicalist struggle. These avant-garde groups were based around the Di Tella Institute in Buenos Aires.[4]

For the moment we are highlighting only the coincidence between Oscar Masotta's activity in the intensely creative Buenos Aires contemporary arts scene in the years prior to the dictatorship, and his first publication on Lacan. Masotta produced a distinctly avant-garde effect. It should be clear that we do not use this term in any vague sense but in line with its strictly aesthetic significance and with the connotations given to it by Oscar Masotta himself.[5]

As such, then, in 1965 "Jacques Lacan or the Unconscious in the Founding Principles of Philosophy" appeared.[6]

—

4— "Oscar Masotta, un precedente insoslayable," César Mazza, http://www.descartes.org.ar/masotta-mazza2.htm.

5— A magnificent study of Masotta's notion of the "avant-garde" can be found in Ana Longoni, "Oscar Masotta, vanguardia y revolución en los años sesenta" on the Liminar website: http://www.liminar.com.ar/pdf05/longoni.pdf.

6— Oscar Masotta, "Jacques Lacan o el inconsciente en los fundamentos de la filosofía," Presente y Pasado, op. cit., 1965. Presented at the School of Social

As the title suggests, Masotta's disquisition was not necessarily directed at analysts or aspiring analysts, rather at the general cultural sphere and philosophers in particular.[7]

Masotta seems to have been a singular personality; the mere mention of his name still elicits feelings that are very much alive in Argentina and among Argentines, and not only in the psychoanalytic world.[8] Oscar Masotta had studied philosophy for a time; he was positioned in the world of contemporary art, in particular through the Di Tella Institute, and his relationship with Enrique Pichon-Rivière had much more to do with art and philosophy than with the Argentine Psychoanalytical Association. He recounts that it was Pichon-Rivière who suggested he read Lacan's seminars, an encounter that would change Oscar Masotta's life. As we have seen, since 1959, Masotta was already a reader of the magazine of the Freudian Society of Paris, La *Psychanalyse*, though in the article his attention is divided between Lacan and Daniel Lagache. What matters now is that before the publication of [Lacan's] Écrits in France in 1966, Oscar Masotta was already a reader of Lacan and on the basis of his readings published his aforementioned article.[9]

Some years later, in 1969, Masotta presented a paper titled "Reading Freud." From that moment on, Masotta devoted himself exclusively to speaking about psychoanalysis. In just a few years, he had jumped from philosophy and art to writing and speaking about Lacanian psychoanalysis.

—

Psychology. Cited by Rosa López, the seminar "La discordancia del psicoanálisis y su transmisión," can be consulted following registration with PsicoMundo: www.edupsi.com.

7— We should remember that as a student he was enrolled at the Faculty of Philosophy and by 1959 had generated the first encounter between philosophy and psychoanalysis with an article titled "La fenomenología de Sartre y un trabajo de Daniel Lagache" (The Phenomenology of Sartre and a Work by Daniel Lagache") published in the magazine *Centro*, belonging to the Faculty of Philosophy at the University of Buenos Aires, where we find his first written reference to the work of Jacques Lacan and to *La Psychanalyse*, see the UBA website: http://www.filo.uba.ar/contenidos/investigacion/institutos/inibi_nuevo/tabla%20Centro.htm#n14

8— On this theme, see Ana Longoni's testimony in "Oscar Masotta, vanguardia y revolución en los años sesenta," op. cit., p. 1.

9— Germán García states that Lacan would have sent him a signed copy of the *Écrits* as soon as they appeared. Cf. Juan Andrade, *Oscar Masotta, una leyenda en el cruce de los saberes*, Buenos Aires, Capital Intelectual, 2009, p. 136.

How did this happen? What took place between 1965 and 1969? Above all, how is it possible that his participation in the Buenos Aires Scene had such an impact on the dissemination of Lacanianism? Perhaps the answer lies in part in his activity in the art world, in particular in the Happenings. The possibility that Oscar Masotta's intervention in the Buenos Aires psychoanalytic scene might have been an extension of his aesthetic ideas and his artistic practice merits detailed consideration. His intervention was, without doubt, decisive on two fronts: the first is that Masotta's work was a privileged means of making known Lacan's position that individuals with a non-medical background could enter psychoanalytic practice. And second, he had the merit of linking psychoanalysis once again with a way of *doing* related to art—something intrinsic to Freud's own path and which had been lost with the medicalization of the Argentine Psychoanalytical Association.

Masotta had studied the phenomena of mass communication in the vein of Marshall McLuhan and had gone on to collaborate closely with Marta Minujín, the notable Argentine artist behind *La Menesunda*.[10] He was always known as a great polemicist: his sharp and quick intelligence, on top of his commitment to study, meant that he took advantage of each and every opportunity that presented itself in order to vindicate (once again, as he had already done so with Sartre) an author who radically questioned the status quo that, in the realm of psychoanalysis, was without doubt represented by the APA. When Kleinianism was in vogue there, Emilio Rodrigué had traveled to London; his analysis with Paula Heimann, together with his experience in groups working with Bion, granted him an immediate and emphatic prestige in the association. It was with him that Masotta set down a written polemic that would become memorable for many, certainly for Rodrigué.

> [...] I think Masotta was right in his broader appreciation of my work. I felt the barb, though. There was a certain showing off on my part. Perhaps, on hearing his critique, I glimpsed, with a trace of fear, that there were new codes

—

10— Cfr. Diego Berkha y Rocío Crudo, "'La Menesunda' según Marta Minujín en el Museo de Arte Moderno de Buenos Aires", published October 2nd, 2015. https://www.youtube.com/watch?v=4CRAq6c3_H8.

> in the making and that the Kleinian hegemony was under threat. No one had ever confronted me, not since that pedantic theoretician [Heimann], treating me with a disrespect bordering on insolence. At the time I sensed that Lacan represented a cultural revolution. [...] That's why I felt Masotta thought me a dinosaur, an unsettling sensation to be a dinosaur at 46 years old.[11]

Masotta did not waste his shots. His controversy with the new sacred cow of the APA had an immediate effect, giving him an editorial tool with which to disseminate his positions and those of his group: the celebrated *Cuadernos Sigmund Freud*.

As a result of the coup d'état led by Juan Carlos Onganía, a purge of professors and subjects at the University of Buenos Aires took place, beginning with a break-in on the so-called Night of the Long Batons; this repression led to the appearance of independent study groups attended by those interested in meeting the authors and disciplines that had been banned. In this milieu, Masotta launched his own rapidly successful study group on Lacan, providing him with an important source of income, an issue that had always anguished Masotta who lived permanently indebted to those around him. In his text, "Roberto Arlt, Myself,"[12] he says: If you have no money, you either starve or you ask for some. In my case, as I chose to live, at every moment, I asked for some. Then I couldn't pay it back. I had to explain myself to those who lent it to me."[13] What is interesting is that Masotta did not take in the fact that he could also work to earn money, as that was in fact something Masotta had never really done.

His study groups meant a steady source of income that increased over time. Why then did Masotta begin to teach

—

11— Emilio Rodrigué, *El libro de las separaciones*, Ed. Sudamericana, Buenos Aires, 2000, p. 161, cited by Rosa López, *La discordancia del psicoanálisis y su transmisión*, seminar published in Psicomundo, wwww.edupsi.com/discordancia

12— Oscar Masotta, "Roberto Arlt, Myself" in this volume, p. 170.

13— Oscar Masotta, "Conciencia y estructura," p. 78, cited by Juan Andrade, *Oscar Masotta, una leyenda en el cruce de los saberes*, op. cit., p. 98. On the fee charged for these activities, according to Masotta, see p. 123.

psychoanalysis? In March 1967, he begins this activity, after Juan David Nasio had sought him out to read Lacan. This is how Nasio himself tells it:

> When I told him I wanted to study Lacan he replied: "Ah, Lacan doesn't interest me, I haven't read him in ages." Look—I replied—he does interest me. His response didn't surprise me as in those years Masotta was absorbed in the Happenings phenomenon at the Di Tella. Though he was always the Sartrean or media theorist intellectual, at that time he wasn't yet the rigorous student of psychoanalytic thought." After weighing up the possibility of joining a small number of students and being paid in exchange for the task, Nasio concludes, Masotta finally accepted the proposal.[14]

According to Nasio, Masotta accepted not as a result of his interest in Lacan but because he would receive payment for these private study groups. His biographer continues:

> Masotta's version of events differs somewhat from Nasio's. Back then, he admits, "I had too many things going on in my head to choose just one: Then, I was interested in order and the jouissance of meaning promised by semiology and that manipulation of signs belonging to contemporary art. Before psychoanalysts, the people I was close to were painters (in the current sense of the word), architects, semiologists. I came to psychoanalysis via the roof but would soon climb the walls down to the floor: I had students, you see."[15]

Just as Jacques-Alain Miller had done, Oscar Masotta set himself the task of teaching psychoanalytic theory without having been analyzed. But in contrast with Miller, who worked at the University of Vincennes, Masotta did so privately.

One of Masotta's great merits was his presentation of Lacan in unexpected venues generally linked to art, yet his greatest success was among psychologists at the University

—

14— Ibid., p. 138.

15— Oscar Masotta, "Comentarios para L'École Freudienne de Paris sobre la fundación de la Escuela Freudiana de Buenos Aires," published in *Ensayos lacanianos*, Barcelona, Anagrama, 1976.

of Buenos Aires. Listening to someone from a non-medical background talk about psychoanalysis, and especially about Lacan, had an immediate effect: students signed up for his private classes en masse and soon he would be teaching three hundred people per class, meaning a significant source of income for Masotta.[16]

In the mid-sixties, Masotta had devoted two years to thinking seriously about the Happenings, the results of which were a book titled *Happenings* and his two happenings called *El helicopter* [*The Helicopter*] and *Para inducir el espíritu de la imagen* [*To Incite the Spirit of the Image*] respectively, the latter of which prefigured, in Roberto Jacoby's opinion, Oscar Bony's piece *La familia obrera* [*The Working Family*].[17] Is it not possible to consider his reading of Lacan as a sort of weekly happening?

His intuitions about mass communications, his aesthetic position—unquestionably current and even avant-garde—as well as his abilities as a polemicist and writer, were some of the qualities that made Oscar Masotta a catalyst in the psychoanalytic world. Freud's psychoanalysis had included an indissoluble link to art, which the medicalization of psychoanalysis promoted by North American analysts would come to forget. With Masotta we can sense, once again, that art and psychoanalysis are intrinsically linked, and that the forcefulness of Masotta's work had two definite traits: his aesthetic context and his life beyond the university and the APA, at that time the only psychoanalytic institution to offer "psychoanalytic training" and whose training staff were fully booked, with waiting lists of up to two years. For this reason the freedom with which Masotta operated had repercussions among young psychologists aspiring to analytic practice, who were sensitive to the artistic bent of his courses as well as to the theoretical vanguards in the air around calle Florida, which Masotta had adopted as his banner. As for the rest of it, the fact that Masotta moved outside the institutional canons, as he did not even possess

—

16— Juan Andrade, *Oscar Masotta, una leyenda en el cruce de los saberes*, op. cit., p. 14.

17— Cf. Juan Andrade, *Oscar Masotta, una leyenda en el cruce de los saberes*, op. cit., pp. 126-129.

an undergraduate degree and, especially, the fact that he had intervened in the Buenos Aires art scene, might have contributed to his barefacedness when speaking about psychoanalysis in public, as he had spoken about Roland Barthes or conducted the Happenings. Masotta was aware that artists need not comply with the requirement of an academic degree in order to create.

If any lesson is to be drawn from what has been called "operation Masotta,"[18] it is precisely his aesthetic position on psychoanalysis. Let us be clear: it is not that analysts today conduct Happenings when they speak in public; the Happening is an artistic form that stopped being contemporary fifty years ago. If Masotta managed to make an impact on a certain segment of the public, it was perhaps, among other things, because he was acutely aware of the nature of aesthetic production at the time.

A Step Too Far

It is necessary to ask ourselves on what basis Oscar Masotta was operating in the terrain of psychoanalysis. If 1965 saw the publication of the article on Lacan in *Pasado y presente*,[19] in 1969, Masotta would devote himself entirely to the exposition of Lacaian theory. As we have seen, this was no smooth transition but rather a jump—the result of Juan David Nasio's insistence—that led him to return to his reading of Lacan and the courses on psychoanalytic theory. His lectures at the Di Tella Institute that year were compiled in a volume titled *Introducción a la lectura de Jacques Lacan* [*Introduction to Reading Jacques Lacan*], marked by his encounter with the work of Althusser. That is the usual account of what happened. However, a closer examination tells us something different.

If in the fifties Masotta was interested in phenomenology, it is true that his encounter with Louis Althusser's thought led him—as was the case with the majority of

—

18— Carlos Correas, *La operación Masotta*, Buenos Aires, Catálogos, 1991.

19— Oscar Masotta, *Pasado y presente*, una revista de ideología y cultura, April-September, 1965, Year III, no. 9, no publisher, Cordoba, Argentina.

Argentine intellectuals—toward the structuralist Marxism advocated by the French philosopher, but above all toward a certain understanding of psychoanalysis. How did this encounter come about? *Introducción a la lectura de Jacques Lacan* clearly tells us: through Jacques-Alain Miller and the journal *Cahiers pour l'analyse*. The abundant references to Miller and to Badiou's text published in the *Cahiers*, attest to the depth of the journal's influence on Masotta. In particular, it discusses "The Suture," that text arising out of the lecture where Miller confronts the whole *École Freudienne de Paris* (EFP) from his position on the outside of analytic experience, arguing for the legitimacy of his intervention in the discussion about psychoanalysis as someone who had not been analyzed, which was also Masotta's case.[20] In reality, Oscar Masotta has identified with Miller's position from the beginning, as well as with his way of working in the psychoanalytic sphere; he was, even in his actions, much closer to some of Miller's positions than those of Lacan.[21]

Just five years after giving these lectures, Masotta took a surprising turn: perhaps the most important feature in Masotta's insertion of Millerian Lacanianism in Argentina was the foundation in 1974 of a group called the Escuela Freudiana de Buenos Aires. His choice of name was a parody of the EFP, as he said himself: "we have learned that we can **parody** real Lacanian experience, too, **parody** an École."[22] As we can see, the gesture was not without irony, which, nonetheless, did not stop its founding becoming the

—

20— It is not possible to cover here the extensive range of affinities between Masotta and Miller from the *Introducción a la lectura de Lacan* onwards; readers will be able to note as much in chapter 2 in particular, where Masotta says, for example: "Or rather, to paraphrase Miller, for the subject the *exteriority of the structure is crucial, while its distance remains within him*, The difference between this phrase and Miller's is minimal and lies in the fact that the latter uses the word "discourse" where we say "structure." (*Introducción a la lectura de Jacques Lacan*, Buenos Aires, Eterna Cadencia, 2008, p. 63). As the reader may recall, this is the argumentative line put forward by Miller in "The Suture" to justify his intervention in psychoanalysis as someone external to it, and Masotta makes it his own by radicalizing it. The italics are Masotta's.

21— For a detailed study of the positions of Jacques-Alain Miller in the psychoanalytic field, please see Manuel Hernández, *Lacan en México. México en Lacan. Miller y el mundo*, Mexico, Anchomundo y Ediciones Navarra, 2016.

22— Marcelo Izaguirre, *Oscar Masotta, el reverso de la trama*, Autel, Buenos Aires, p. 124. Author's italics.

stuff of myth. Nor did it stop the EFA growing into a group of some weight in Buenos Aires, as it remains today, alongside another group, the Escuela Freudiana de Argentina (EFA), also founded by Masotta off the back of a split from the former. Germán García puts forward an interpretation of these gestures: He liked foundations, as they didn't root his authority in power. He founded to authorize himself and he authorized himself in what he founded."[23] It is a reading that points toward a central problem: Masotta's authorization as an analyst.

That pleasure in founding is something he shares with Jacques-Alain Miller, who brought the issue to a point of genuine frenzy. Thanks to Germán García we can grasp the true problem at hand: namely, the attempt to hang his authorization as a psychoanalyst on the foundation of institutions, schools, groups, etc., despite the fact that his personal analysis was non-existent or precarious.

But if the EFBA was considered a parody, it would soon take on an appearance of seriousness that bore little relation to its origins. Just two years after its emergence—that is, between 1976 and 1977—the EFBA conferences took place, which "dealt with the psychoanalytic institution, qualifications and hierarchy, permits, the problem of training."[24] How was it that such a hot topic became the subject of discussion so early on in Argentine Lacanianism? "The trick is appearing to be in possession of what one is en route to conquering" said Masotta himself.[25] How would it, in fact, have been possible otherwise? It was impossible for the problem of the end of analysis—that takes the analysand to the place of the analyst—to have been conceived at a time when Lacanian analysis was only just beginning to be introduced in Argentina. Testimonies suggest that in reality this question reached Buenos Aires from Paris, that is, from the EFP:

—

23— Germán García, *Oscar Masotta y el psicoanálisis en castellano*, Editorial Argonauta, Barcelona, 1980, p. 17.

24— Rosa López, "La discordancia del psicoanálisis y su transmisión," op. cit., chapter IX.

25— Cited by Juan Andrade, *Oscar Masotta, una leyenda en el cruce de los saberes*, op. cit., p. 74.

> If in the problem of training the key question is the ending, to begin with we will take what until now has functioned as an ending. Recent trips to Europe by members of the School give us that opportunity. From these we will take the Remains that have come to us in the form of an inquiry addressed to us by members of the *Ecole*. Some of them perplexed, others irritated, they amassed questions centering on the issue of what it is that has formed us as a school. If none of us were Masotta's analysands, if Masotta had not been thrown out of the Association, what was it that made us Lacanian? A question that should be addressed from another point of view than that of a value judgment regarding the nationalism of the French, that which would ostensibly demand that things had been as they were in their case. But where should we take this up in a way that does not relate to our internationalist ambitions (an affiliate of *L'*École) but rather by way of our own presumed nationalism, that is, our own signifiers: Pichon-Rivière- Masotta- Lacan.[26]

It turns out that Oscar Masotta went to Paris in 1975 to present the EFBA at a meeting of the EFP, where he was questioned—questions to which the text cited above sought to respond. Indeed, at that meeting, members of Lacan's School questioned the Argentines, asking *what it was that had formed them as a school?* For its part, the EFBA put it in these terms: *what was it that had formed us as Lacanians?* This is not quite the same—that much jumps out from the page—but the difference would mean a development that, today, it is not possible to achieve. What must be noted is that the text cited above seeks to respond to this line of questioning with a genealogical account that begins with Masotta's encounter with Pichon-Rivière and ends at the moment when Masotta's presents the Freudian School of Buenos Aires to the EFP in Paris. It is here that we enter into a critical problem: for a long time, Masotta did not consider himself a psychoanalyst, he said so clearly in the following piece of writing from 1974:

> Here is a strange specimen of that vulgar creature, reader. Everything here is difference. A suspicious author who

—

26— *Cuadernos Sigmund Freud 5/6*, Buenos Aires, Ediciones Nueva Visión, 1978, p. 113.

> writes on questions of psychoanalysis without being an analyst, a book written in the Spanish of Rio de la Plata which shares almost no words with other books written on the same topic in the same Spanish.[27]

This was published the year of the EFBA's founding, confirming that the School was founded by a non-analyst. However, in 1976 everything had changed following his trip to Paris. From then on, Masotta began to present himself as a *psychoanalyst.* How could such a thing come to pass? Here is the most popular explanation of this strange operation.

> What was Pichon-Rivière for Masotta? Retroactively, he who put Lacan's texts into Masotta's hands and he who Recognizes his aptitude for speaking of those texts. [...] Masotta in non-psychoanalyst-non-APA relation, occupies an inverse position to these other disciplines of the master. [...] Having founded a psychoanalytic institution as a non-psychoanalyst, Masotta travels. In search of what? [...] The demand formulated in the Remarks for *L'École* allows us to read a certain effect: that of being an analyst.
>
> His "me not an analyst" allows the Founding but once founded what it will require are psychoanalysts: Masotta will be Recognized by *L'École* as an *Analyste Practicien.* The EFBA accepts the proposal of its Founding Director and *Analyste Practicien de L'École* "regarding the institution of qualifications in Protection of its Founding aims.[28]

The extravagant use of capital letters and French throughout this paragraph is intended to underline the ostensible prestige of the titles and so to give an account of an initiation rite.

In the second volume of her *Histoire de la psychanalyse en France* [*History of Psychoanalysis in France*], Elisabeth Roudinesco sets out the place and role of the *analyste practicien* in the EFP. Two years after its founding, changes were made to its organization, among which was

—

27— Oscar Masotta, *Introducción a la lectura de Jacques Lacan*, Buenos Aires, Ed. Corregidor, 1974, pp. 9-10. Cited by Rosa López, "La discordancia del psicoanálisis y su transmisión," op. cit., cap. VI.

28— Appearing in *Cuadernos Sigmund Freud 5/6*, Buenos Aires, Ediciones Nueva Visión, 1978, p. 114.

> [...] the creation of a new title, *analyste practicien* or AP, which stipulated that the member can, at his own initiative, sign up to a list in which his activity as a psychoanalyst is noted. Naturally being on this list does not mean that the École gives AP's any ordinary guarantee: it grants them the right to call themselves practitioners [...][29]

Given that the title of AP depended on simply adding one's name to a list, it is clear that to speak of being *Recognized* or *given a title by l'*École entails an unacceptable level of mystification. Oscar Masotta put his name down just as anybody could if they chose. Therein lay the value of his title of *analyste practicien* from the Freudian School in Paris. Elisabeth Roudinesco analyzes the problem entailed by the introduction of such a title at the EFP:

> The introduction of the category of AP is, therefore, Lacan's first response to the crisis affecting his school: a *pragmatic* rather than theoretical response. It establishes a "false" guarantee that functions as a "true" self-recognition and supports the idea of an authorization of analytic practice.[30]

And the result was not long in the making: "as the years passed, all ME analysts [regular members of the EFP] signed up to the list of the AP's, both to obtain a 'false' guarantee or a 'true' title, and to distinguish themselves from non-analysts."[31] Thus, between 1974, the year of the EFBA's founding, and 1975, the year in which he asks to present his School at the EFP, Masotta does an about-turn, in which he passes from non-analyst to considering himself a psychoanalyst. What took place in between? Masotta himself gives an account of it:

> Effectively expelled from university, the economic issue had no power to intimidate me. Architects lacked the two extremes. What about psychoanalysts? Little by little I

—

29— Elisabeth Roudinesco, *Histoire de la psychanalyse en France*, vol. II, Paris, Seuil, 1986, pp. 447-448.

30— Ibid., p. 448.

31— Ibidem.

distanced myself from the position of being able to say so, just like Levi-Strauss's *Quesalid*, this lucid consciousness seduced by the practice of the other that soaks itself in newspaper articles at the point when it performs this practice.

It is this moment that marks its inauguration, then, following an agreed program of study, the phase that finally leads to the founding of the School. Two young psychologists and a sociologist to whom until recently sociology had been of little interest, came to see me and proposed forming a group to study Lacan's works. They were effectively on the dole in a country where such a thing almost never occurred, and the study group would, as such, be free. They were Arturo López Guerrero, Jorge Jinkins [sic.] and Mario Levin. Later Juan David Nasio, currently a member of the Paris School, joined us—I read his name in the Yearbook—he recognized that I was to be credited with having introduced the plague in Buenos Aires.

I dared to take on the analysis of two patients whose treatment and sessions I supervised with the other members of the group. If a psychoanalyst authorizes himself to practice—we had understood—it is up to him to determine what that means.[32]

The misunderstanding is stark. Masotta began receiving patients in the belief that he himself could determine what authorization means, decontextualizing it from the *Proposition of the Pass.*[33] An act of daring, to say the least. Masotta

—

32— Oscar Masotta, "Sur la fondation de L'Ecole Freudienne de Buenos Aires," *Ornicar?*, no. 20-21 (1980), Paris, Navarin, pp. 229-230. Curiously, this presentation by the EFBA was published in the same edition as the letter announcing the dissolution of the EFP. In addition, Masotta says there that he did not charge for the study groups, something that contradicts Nasio's account of the motives behind their organization.

33— The "Proposition of 9 October 1967," also known as the "Proposition of the Pass," was presented in two versions, one oral and one written (both can be consulted on the website of the ELP: http://ecole-lacanienne.net/es/bibliolacan/pas-tout-lacan-3/). It is Lacan's proposal to constitute a means to receive the testimonies of those who, on ending their analyses, changed places subjectively: they leave the place of the analysand to pass over into that of the analyst (hence the name "pass").

When it is the case, this is registered in whomsoever undertakes the pass with the initials AE (*Analyste de L'Ecole*), thanks to which the place and the legitimacy of the analyst depend on what has taken place in an analysis and not on an academic or institutional course.

presented himself publicly as a psychoanalyst with only a study group and the undertaking of group supervisions to his name. As can be seen here, at no point did his putting himself forward as an analyst occur in relation to his own psychoanalysis, much less with the end of an analysis. This is the total opposite of Lacan's own position, of which Masotta was doubtless aware given his several commentaries on *The Proposition of the Pass.* Following his trip, Masotta exiled himself in Barcelona, where he would also receive patients.

It is hardly surprising, then, that there were queries addressed to the Argentine travelers by members of the EFP, nor that their questions centered around *what had formed them as a school,* which nonetheless, for them, translated into *what had formed them as Lacanians.*[34]

The burning question concerned their psychoanalysts' charter: on what basis was it upheld? A study group is not a solid enough basis for the making of a psychoanalyst, however brilliant its composition. By putting himself forward as an analyst, Masotta ignored everything Lacan had achieved in this field by 1975, and he and his group purported to operate as other groups had done in the time of Freud's invention of psychoanalysis, before the establishment of a psychoanalytic community and when a psychoanalysts' charter had not yet been a subject of consideration. Masotta himself said as much:

> In April 1969 we **parodied** the meetings between Freud and Fliess, we met in Monte Grande, in a villa on the outskirts of Buenos Aires. We were the only ones to have read their written work, but students of Sciarreta and young semiologists trained in research by Eliseo Verón joined the discussion. The same year—in December—we sent out a call for our second congress. Our work was then published in our edition of the *Cuadernos Sigmund Freud* (May 1971).
>
> My students were growing in number and, in what seemed promising to me, they could speak amongst themselves in the language of theory.[35]

—

34— These two questions would be taken up later by the Freudian School of Cordoba through Gerardo García.

35— Oscar Masotta, "Sur la fondation...," op. cit., p. 230.

Thus, the establishment of the EFBA took place on the basis of a series of parodies: parodying the genuine Lacanian experience, parodying the EFP and parodying a study group, where members spoke amongst themselves *the language of theory*. It is of the utmost importance, then, not to judge but rather to examine the term parody, given Masotta insists on the word at three decisive moments.

In addition to its colloquial usage as a burlesque imitation of something, it is also interesting to note that parody is an artistic form, implying the comic imitation of another work of art. Whether or not he realized it, Oscar Masotta did not refrain from operating as an artist in his entry into psychoanalysis.

However, the fundamental problem is that going the way of parodies omits nothing less than the analyst's own experience of analysis and, as a result, it becomes impossible to reach an end. Masotta understood something of this, declaring in Spain:

> But isn't it encouraging that we now speak about these kinds of issues? But is it not a little premature? Especially that, according to what I'm told, there are no analysts in Galicia yet.
>
> But it's okay: especially for us to speak... And this for one fundamental reason: because in at least one sense (what I'm saying is not an anti-intellectual statement) you can't make a psychoanalyst with books alone. The transmission of theory presupposes in psychoanalysis the analysis of the analyst [...][36]

So then, we know from Masotta's own lips that he received patients (clarifying a common point of confusion), and it is therefore possible to ask the awkward question: did Oscar Masotta analyze himself? There is apparently only one direct testimony from Masotta on this issue. It can be found in his text "Roberto Arlt, Myself" and concerns the moment in which Masotta was admitted to a psychiatric hospital. It goes without saying that we will not attempt any form of diagnosis. Instead, let us see what he had to say about his crisis:

—

36— Juan Andrade, *Oscar Masotta, una leyenda en el cruce de los saberes*, op. cit., p. 158.

> In 1960 I would begin to know myself: overnight my mental health collapses and an insufferable sickness "falls" upon me. I find myself turned, then—and overnight—, into a social object: I go through the experience of what it means, in societies such as ours, to be mentally ill. I go through it, so to speak, from within. Ill, I can no longer go on writing. Nor can I read. It was the misery of that illness, a mixture of hysteria and anxiety neurosis, as well as real misery, the inhabitants of a part of the period of time that runs from the moment I wrote the book to the date of its publication.
>
> Ill (though healthy in body) I felt obliged to spend hours, days, months, with my face on the pillow, inhaling the neutral and terrifying smell of the sheets (it seemed terrifying to me: it was) soaking the fabric with saliva. How long would it take for me to stupefy myself completely? I couldn't read, I couldn't work, I couldn't study, I couldn't write. I couldn't anything except attend to the psychotic panic inhabiting me. I was afraid of everything, of anything—seeing, for example, water gushing from an open tap. And the others? I was scared they would soon get bored and tell me to get lost. I was scared, I mean, because I wanted to be cured and I needed something from them, to "lean" on them. My partner (before telling me to get lost) would tell me, with the best intentions, that given I wanted to be cured it was certain I would be cured.[37]

This crisis came after the publication of his first two pieces of work on Roberto Arlt and almost immediately following the death of his father, when he attempted suicide.[38] In spite of his partner's positive thinking, Masotta did not recover and had to be hospitalized, and once in the psychiatric hospital, the philosophy of Sartre and Merleau-Ponty were not enough.

> I had, then, to get myself a psychoanalyst. And I spent a year arguing with him, about whether or not my illness was hysteria or schizophrenia. I confused the isolation I suffered

—

37— Oscar Masotta,"Roberto Arlt, Myself," op. cit.

38— Juan Andrade, *Oscar Masotta, una leyenda en el cruce de los saberes*, op. cit., pp. 89-90.

with isolation as a break with the Real, and as I neither could nor wanted to observe myself from without, I decided I was schizophrenic. Finally, I accepted the opinion of my analyst. I isolated the somatic indicators, a growing deafness, a horrible and constant hissing that drilled my ears from within, the disturbance of my balance: my psychoanalyst was right. The tendency toward seduction as a constant feature of my behavior, representation, the theatricalization of suffering, the tendency to blackmail. I accepted the fact: I was a turkey who'd had to eat all the nuts, as it were. The discussion, however, was not over. It occurred to me that while the analyst clearly observed the representational side of my conduct, he took judgment of it too far. Underneath I felt he wanted to make me believe what I feared: that I was little more than an impostor. But then—in his presence or in solitude—I revolted. I told myself it wasn't entirely true, as there was my work on Arlt and work is no sham.[39]

Who was the psychoanalyst of Masotta's account? It was Dr. Jorge Carpinacci, who was in charge of Masotta's case at the hospital.[40] Given that his psychiatrist while admitted was not performing the function of an analyst, it is not surprising to see Masotta tied up in controversies and arguments with him regarding his diagnosis—whether or not he suffered from hysteria or schizophrenia—and spending a whole year doing so, according to his own testimony. Is this a psychoanalysis? Hardly.

But something made a dent in him, and it was a supposition: Underneath I felt he wanted to make me believe what I feared: that I was little more than an impostor. This supposition brings him towards a fragment of truth about himself, against which, nonetheless, he revolts: "I told myself **it wasn't entirely true**, as there was my work on Arlt and work is no sham." If Masotta supposed that Dr. Carpinacci thought as much, and he denied that it was entirely the case, he must have *known* that it was. This is the very structure of denial that Masotta had studied in

—

39— Oscar Masotta, "Roberto Arlt, Myself," op. cit.

40— Psicopsi.com, Biography of Oscar Masotta, viewed 15 December, 2016, http://psicopsi.com/Biografia-Masotta-Oscar-Abelardo-1930-1979.asp.

detail in the extensive footnote to his article on Sartre and Lagache's phenomenology.[41] Scholten has a different version of events:

> It was Francisco Pérez Morales, closely linked until 1963 [that is, in 1960] to the group of psychotherapists grouped around Alberto Fontana—famous in our country [Argentina] as a pioneer in the use of LSD within the framework of analytic treatment.[42]

Were the case, this psychedelic therapy could hardly have been a psychoanalysis. And his relationship with Pichon-Rivière was above all one of friendship, to the extent that Pichon offered him lodgings when Masotta found himself in difficulties. As Germán García says:

> In effect, faced with his father's corpse, Masotta goes mad. He becomes interested, after this, in anti-psychiatry. [...] Masotta needs "treatment" and therein lies the problem. A short time later he finds himself inventing the psychoanalysis he was in need of. It was his lack of analysis, his lack of an analyst, that brought him to psychoanalysis.[43]

What is interesting now is that Germán García himself understands that there was neither an analyst nor analysis for Oscar Masotta. Regarding the idea that this had brought him to "invent the psychoanalysis he was in need of," Masotta had in fact already sought psychoanalysis before his hospitalization; as we saw, a year earlier he had published his article "The Phenomenology of Sartre and a Work by Daniel Lagache."

—

41— Oscar Masotta, "La fenomenología de Sartre y un trabajo de Daniel Lagache," *Revista Centro*, no. 13 (1959), Buenos Aires, Centro de Estudiantes de Filosofía y Letras UBA, p. 80, where he speaks of *La Psychanalyse*: "In the first edition of the magazine (devoted to language and the word), a piece by Jean Hippolyte studies *Verneinung* in Freud [...]," following which is a detailed exposition of the Freud article and Hippolyte's interpretation.

42—Hernán Scholten, "Oscar Masotta y el psicoanálisis," viewed December 15th, 2016, http://www.elseminario.com.ar/biblioteca/Scholten_Oscar%20Masotta%20y%20el%20psicoanalisis.htm

43— Germán L. García, *Oscar Masotta y el psicoanálisis en castellano*, Barcelona, Ed. Argonauta, 1980, p. 14.

But above all, he had already understood the crucial and inescapable role of the analysis of a future analyst, as he had clearly comprehended the reasons behind the split within the SPP, which he accounts for in a long footnote where he explains what *La psychanalyse* is.

> It is a publication by the French Psychoanalytical Society—presided over for the first time by Lagache himself but whose inspiration is certainly the mistrusted Jacques Lacan—which groups together a circle of psychoanalysis who split off from the Society of Paris as a result of an internal dispute produced by two orders of thinking. On the one hand, the way of understanding psychoanalytic training. The Lacanians, with an exemplary vigor for a time in which psychoanalysis is becoming an institution and losing the social intensity of its conception by Freud, contested the universally accepted criteria: "scientific control and medical enabling should go hand in hand." But the privileges of the specialism are only justifiable if there is an authentic psychoanalytic training. (*La Psychanalyse*, No 1, 1956). And in effect, the split occurs less as a result of theoretical arguments than the organization of the conditions and study programs of a new institute.[44]

That is, Oscar Masotta soon became aware of what "an authentic psychoanalytic training" meant for Lacan, which, it goes without saying, prioritized the analysis of the future analyst.

This is not the place to enter into the finer points of this question; let it be said, though, that everything seems to suggest that Oscar Masotta was not analyzed, a critical factor in determining whether or not, by practicing psychoanalysis, Masotta was what in Argentina is called a *chanta*.[45] For now, we can establish the following. First, Masotta declared in 1974 that he was not an analyst. Second, that year, he founded a parody of the EFP. Third, on presenting his School

—

44— Oscar Masotta, "La fenomenología de Sartre y un trabajo de Daniel Lagache," *Revista Centro*, 13, op. cit., p. 80, n. 13.

45— In Argentina, *Chanta* means impostor or fraud. His biographer states: "Somehow Masotta was aware of his inadequate training and also intuited that, because of this, his reputation as a "chanta" or an impostor, which his detractors would seek to spread later on, might become entrenched." Juan Andrade, *Oscar Masotta, una leyenda en el cruce de los saberes*, op. cit., p. 74.

before the EFP in 1975, he stated that he was already seeing patients and, finally, in that trip to Paris he asked to be added to the EFP's list of Practicing Analysts, a petition presented by him and his own as an ostensible legitimation on behalf of Lacan and the EFP.

The Turn from Parody to Imposture

Until now, nobody seems to have picked up on the fact that the version published in French in *Ornicar?* and the version in Spanish published in the *Lacanian Essays* of what Masotta presented in Paris are different, varying at least in relation to the question of his psychoanalytic practice. In the original version published in *Ornicar?* Oscar Masotta says: "j'osais alors prendre en analyse deux patients dont je supervisais le traitement et les séances avec les membres du groupe" [I dared, then, to analyze two patients whose treatment and sessions I supervised in meetings with the members of the group].[46]

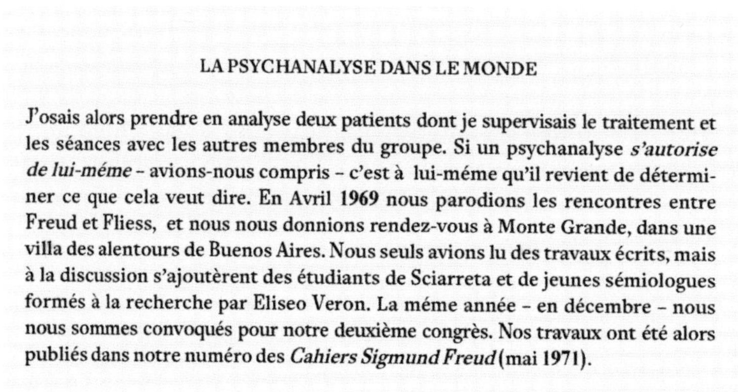

LA PSYCHANALYSE DANS LE MONDE

J'osais alors prendre en analyse deux patients dont je supervisais le traitement et les séances avec les autres membres du groupe. Si un psychanalyse *s'autorise de lui-méme* - avions-nous compris - c'est à lui-méme qu'il revient de détermi-ner ce que cela veut dire. En Avril **1969** nous parodions les rencontres entre Freud et Fliess, et nous nous donnions rendez-vous à Monte Grande, dans une villa des alentours de Buenos Aires. Nous seuls avions lu des travaux écrits, mais à la discussion s'ajoutèrent des étudiants de Sciarreta et de jeunes sémiologues formés à la recherche par Eliseo Veron. La méme année - en décembre - nous nous sommes convoqués pour notre deuxième congrès. Nos travaux ont été alors publiés dans notre numéro des *Cahiers Sigmund Freud* (mai 1971).

Here, Masotta speaks in the first person. However, the version published in Spanish affirms that: "We all dared, back then, to take on patients whose treatment and sessions we supervised with the other members of the group."[47]

—

46— Oscar Masotta, "Sur la fondation de l'École Freudienne de Buenos Aires, *Ornicar?*, no. 20-21 (1976), Paris, Navarin, p. 232.

47— Oscar Masotta, "Comentario para la École Freudienne de Paris sobre la

This change is not insignificant, as in his presentation in Paris he told of a process leading up to the founding of the EFBA that involved others, and his three hundred students, but in which he is clearly the protagonist. What did Lacan say in response to his presentation? "You talk about yourself too much."[48]

The most remarkable thing is that the substitution of the "I" of the original article for "we all" is not marked in the Spanish edition that, it is clear, has been tweaked editorially at the precise point in his presentation that Lacan found problematic. Why did the editors decide to disguise Masotta's text at this point? What does it mean to say that someone talks too much about themselves—especially if they claim to be a psychoanalyst? This tendency to talk about himself by way of his work found many different expressions over time, for example in "Roberto Arlt, Myself," something that is perfectly acceptable within artistic or even critical practice, but when it comes to psychoanalysis, the place for talking about oneself is on the couch Masotta never had, and Lacan seems to have picked up on this straight away.

Through what subjective operation did Masotta allow himself to turn from being "a dubious author who writes on issues of psychoanalysis without being a psychoanalyst," as he said in 1974, to seeing analysands between 1974 and 1975? He himself responds that if "a psychoanalyst authorizes himself to practice—we had understood—it is up to him to determine what that means."[49] The precariousness of the operation could not be greater, based as it is on the "fascination of the ego and of consciousness" that he had so forcefully critiqued at the end of the fifties, and as such does not take into account Lacan's *Proposition* on the pass.

In this sense it is far from innocuous that, following the trip to France, Masotta would begin adding the following

—

fundación de la Escuela Freudiana de Buenos Aires etc.," *Ensayos lacanianos*, Buenos Aires, Ed. Aguilar, 2008, p. 210.

48— Juan Andrade, op. cit., p. 12.

49— Oscar Masotta, "Sur la fondation de l'École Freudienne de Buenos Aires, *Ornicar?*, no. 20-21 (1976), Paris, Navarin, p. 232.

phrase below his signature on several letters: *Analyste Practicien de L'École Freudienne de Paris.*[50]

We have seen that this title was the result of his having added his name to a list to which anyone could add theirs, though now we can affirm that although the figure of Masotta is surrounded by those who sustain the mystifying version of a "Recognition" that Masotta ostensibly received from Lacan himself or from the EFP, by signing in this manner, Masotta never stopped colluding in the underscoring of a supposed recognition from a School that was not the parody he had founded.

All this would be highly interesting artistically, including subtle notes of humor, were it not for the dire truth that there were suffering individuals whose existence was at stake, and who addressed themselves to Masotta in the belief he was an authentic psychoanalyst... and he received them. That was surely an imposture.

—

50— Juan Andrade, *Oscar Masotta, una leyenda en el cruce de los saberes*, op. cit., p. 156.

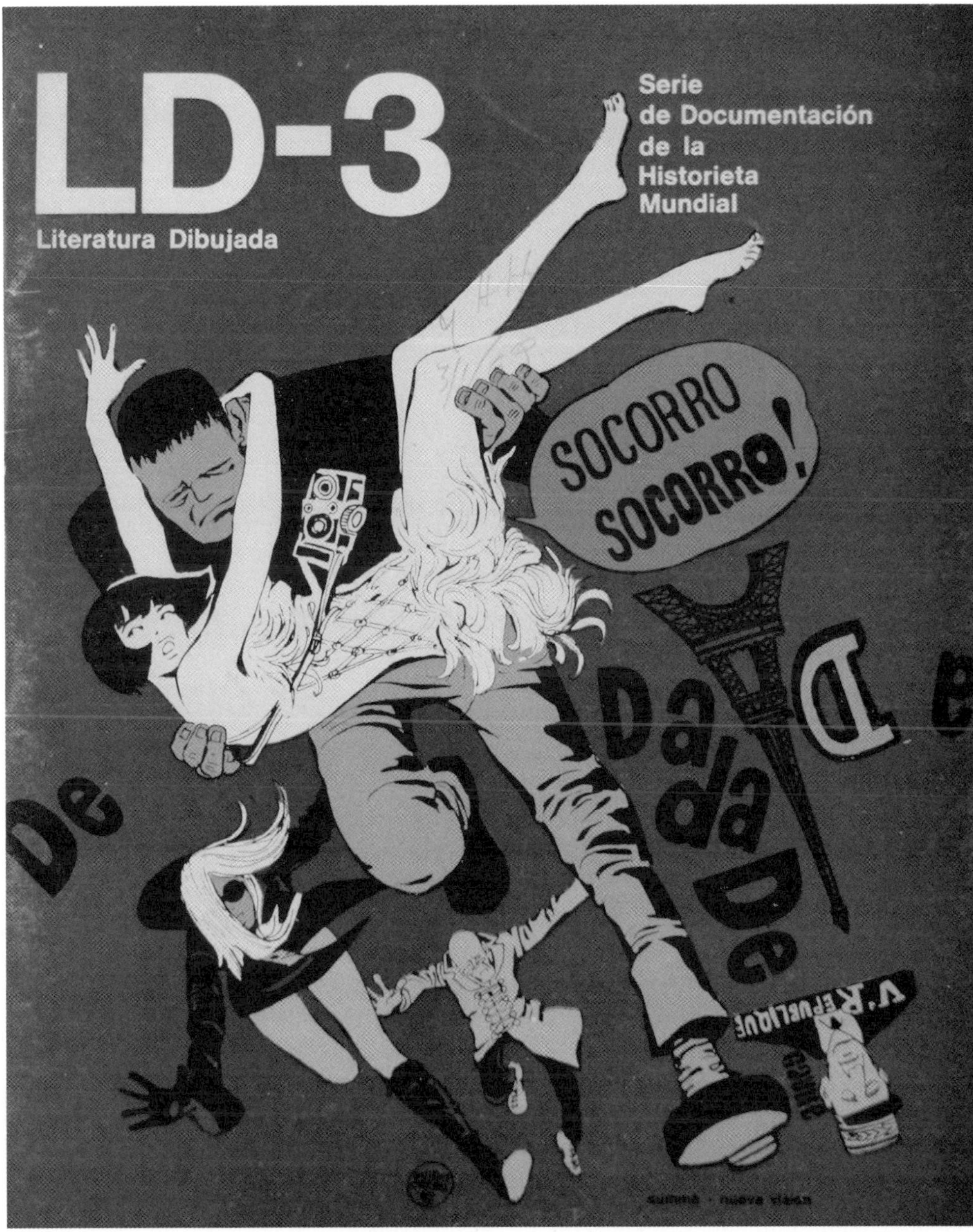

Portada de la revista—Cover of the magazine *LD Literatura Dibujada*, dirigida por—directed by Oscar Masotta y—and Oscar Steimberg, Buenos Aires, 1969. Cortesía de—Courtesy of Claudio Golonbek [Cat. 133]

OSCAR MASOTTA

(Buenos Aires, 1930–Barcelona, 1979) es una figura crucial en la modernización del campo cultural argentino entre los años cincuenta y los setenta. Su intensa labor como ensayista lo lleva a territorios diversos: escribió sobre arte, literatura, historieta, política y psicoanálisis. Es reconocido como el introductor del pensamiento de Lacan en América Latina y España. La avidez de sus lecturas y la diversidad de sus intereses teóricos lo impulsaron a entrecruzar productivamente nuevos paradigmas como la fenomenología, el existencialismo, el estructuralismo y la semiología. Siempre se reclamó marxista, pero lejos de cualquier ortodoxia intentó una aproximación crítica al peronismo y a la cultura popular. Vinculado activamente a la vanguardia artística de los años sesenta propuso una serie de nociones clave tales como desmaterialización, discontinuidad y ambientación para entender las radicales transformaciones del arte en aquel momento. Su aporte no fue solo teórico sino también artístico, en 1966 se volcó a producir *happenings* y obras comunicacionales, tales como *Para inducir al espíritu de la imagen*, *El helicóptero* y *El mensaje fantasma*. Apadrinó al grupo Arte de los Medios, hoy reconocido como uno de los pioneros del conceptualismo. Fue director de la revista *LD/Literatura Dibujada* y organizó la I Bienal Mundial de la Historieta (1968). Entre su vasta producción, cabe mencionar sus libros *Sexo y traición en Roberto Arlt* (1965), *El pop art* (1967), *Happenings* (1967), *Conciencia y Estructura* (1969) y *La historieta en el mundo moderno* (1970). Poco antes de partir al exilio a Europa en 1974, hostigado por el clima de violencia política creciente, funda la Escuela Freudiana de Buenos Aires y publica *Introducción a la lectura de Jacques Lacan* (1974). Previo a su temprana muerte, realiza una notable actividad impulsando en distintas ciudades europeas grupos de estudio de psicoanálisis, y publica *Ensayos lacanianos* (1976). A contrapelo del clima fuertemente antiintelectual que predominaba entonces, sostuvo la labor teórica como un modo específico de intervención política emancipadora.

BIOGRAPHICAL SKETCH

OSCAR MASOTTA

(Buenos Aires, 1930–Barcelona, 1979) is a crucial figure in the modernization of the Argentinian cultural sphere between the nineteen-fifties and nineteen-seventies. His intensive activity as an essayist takes him through a diverse range of terrains: he wrote on art, literature, comic strip, politics and psychoanalysis, and is known for having introduced Jacques Lacan's thought to Latin America and Spain. The avidity of his readings and the diversity of his theoretical interests led him to cross-link new paradigms in productive ways, including phenomenology, existentialism, structuralism and semiology. Masotta always proclaimed himself as a Marxist, yet far from sustaining any orthodoxy he instead sought a critical approach to Peronism and popular culture. Actively linked to the artistic avant-garde of the sixties, he formulated a series of key notions such as dematerialization, discontinuity and setting in order to understand the radical transformations of the art of the times. Masotta's contribution was not only theoretical but also artistic: in 1966 he began to produce Happenings and communicational works such as *Para inducir el espíritu de la imagen* [*To Incite the Spirit of the Image*], *El helicóptero* [*The Helicopter*] and *El mensaje fantasma* [*The Phantom Message*]. He worked to support the Media Art group, today recognized as one of the pioneers of conceptualism. He was director of the magazine *LD/Literatura Dibujada* and organized the first World Comic Strip Biennial (1968). Within his extensive production, it is important mention his books, *Sex and Betrayal in Roberto Arlt* (1965), *Pop Art* (1967), *Happenings* (1967), *Consciousness and Structure* (1969) and *The Comic Strip in the Modern World* (1970). Shortly before leaving for a period of exile in Europe in 1974, oppressed by the growing climate of political violence, he founded the Freudian School of Buenos Aires and published *Introduction to the Reading of Jacques Lacan* (1974). Shortly before his early death, he worked to establish psychoanalytic study groups in different European cities, and published *Lacanian Essays* (1976). Going against the strong anti-intellectual climate predominating at the time, he maintained his theoretical labors as a specific form of emancipatory political intervention.

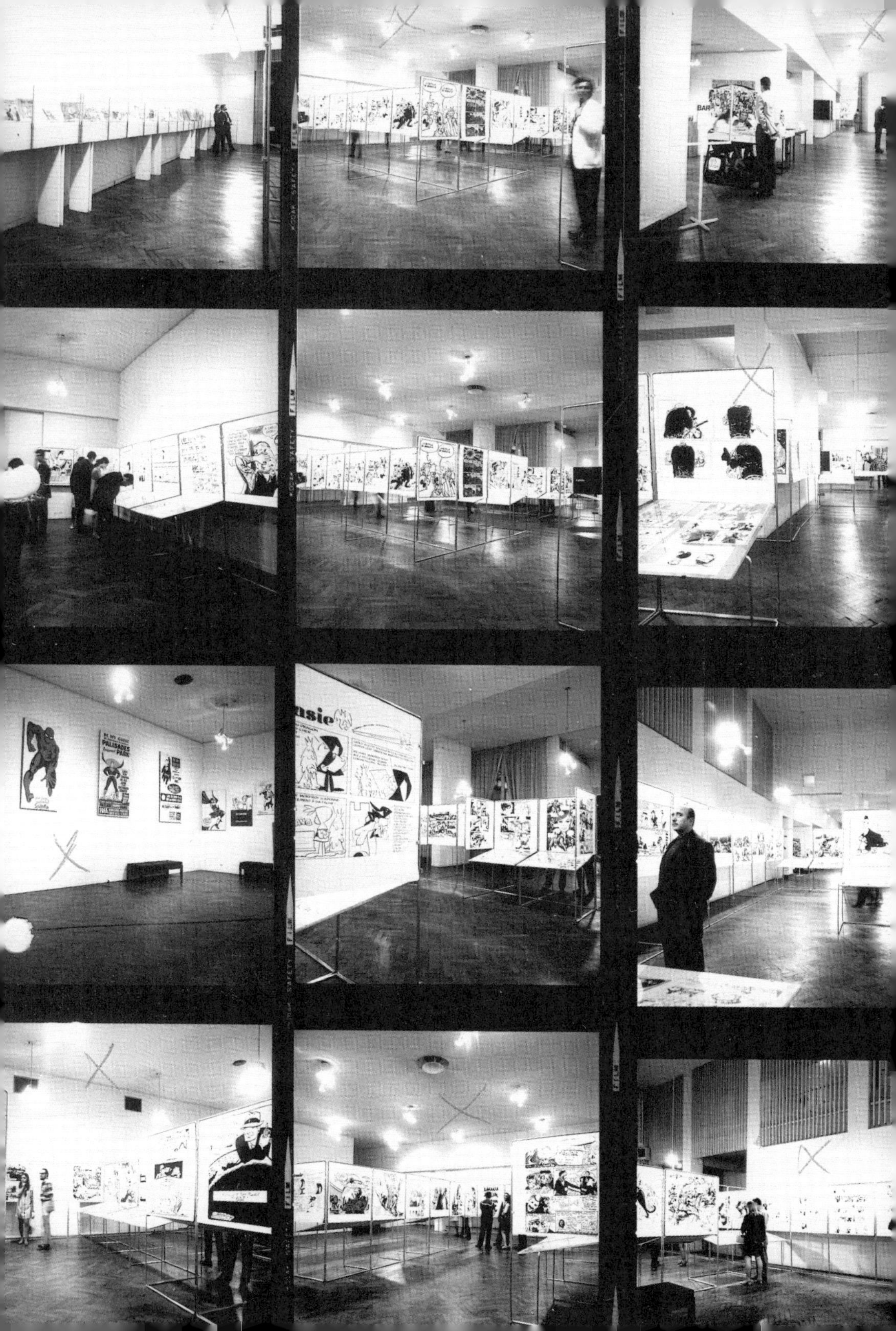
BAR
PALISADES
PARK

CATÁLOGO
—
CATALOGUE

I. PAPELES PERSONALES—PERSONAL PAPERS

1. Oscar Masotta
Sin título—Untitled, 1976-1978
Óleo sobre tela—Oil on canvas
92 × 73 cm
Cortesía de—Courtesy of Cloe Masotta

2. Oscar Masotta
Sin título—Untitled, 1976-1978
Óleo sobre tela—Oil on canvas
60 × 120 cm
Cortesía de—Courtesy of Cloe Masotta

3. Autor No Identificado—Unidentified Author
Familia Masotta—The Masotta family, *ca.* 1937
Fotografía en B/N—B/W photograph
24 × 18 cm
Cortesía de—Courtesy of Cloe Masotta

4. Autor No Identificado—Unidentified Author
Oscar Masotta bebé y su madre Teresa—Oscar Masotta as a baby with his mother, Teresa, 1930
Fotografía en B/N—B/W photograph
8.5 × 14 cm
Cortesía de—Courtesy of Cloe Masotta

5. Norberto Mosteirin
Oscar Masotta, Buenos Aires, 1970
Diario *La Nación*
Fotografía en B/N—B/W photograph
18 × 24 cm
Cortesía de—Courtesy of Cloe Masotta

6. Autor No Identificado—Unidentified Author
Oscar Masotta en la playa con amigos (Juan Lepes, Rubén de León, Carlos Cutaia, Oscar Palacio, Gioia Fiorentino, Jorge Centofanti y otros)—Oscar Masotta at the beach with friends (Juan Lepes, Rubén de León, Carlos Cutaia, Oscar Palacio, Gioia Fiorentino, Jorge Centofanti and others), *ca.* 1966

< Hoja de contactos de la—Contact sheet from the I Bienal Mundial de la Historieta, Instituto Di Tella, Buenos Aires, 1968. Cortesía de la—Courtesy of Biblioteca de la Universidad Di Tella [Cat. 126]

3 fotografías—photographs
Copias de exhibición—Exhibition copies
Cortesía de—Courtesy of Cloe Masotta

7. Autor No Identificado—Unidentified Author
Oscar Masotta de niño—Oscar Masotta as a young boy, 1932
Fotografía en B/N—B/W photograph
8.5 × 14 cm
Cortesía de—Courtesy of Cloe Masotta

8. Autor No Identificado—Unidentified Author
Oscar Masotta y Juan Lepes en la playa—Oscar Masotta and Juan Lepes at the beach, *ca.* 1966
Fotografía en B/N—B/W photograph
30 × 21 cm
Cortesía de—Courtesy of Cloe Masotta

9. Autor No Identificado—Unidentified Author
Oscar Masotta y—and René Cuellar, *ca.* 1965
Foto—Photo: Iaros
Copia de exhibición—Exhibition copy
Cortesía de—Courtesy of Germán García

10. Autor No Identificado—Unidentified Author
Retrato de Oscar Masotta dando una charla—Portrait of Oscar Masotta giving a talk, *ca.* 1966
Fotografía—Photograph
Copia de exhibición—Exhibition copy
Cortesía de—Courtesy of Rodrigo Alonso

11. Autor No Identificado—Unidentified Author
Retratos de—Portraits of Oscar Masotta, *ca.* 1966
2 fotografías—photographs
Copia de exhibición—Exhibition copy
Cortesía de—Courtesy of Cloe Massota

12. Autor No Identificado—Unidentified Author
Retrato de Oscar Masotta—Portrait of Oscar Masotta, *ca.* 1974
Fotografía en B/N—B/W photograph
Copia de exhibición—Exhibition copy
Cortesía de—Courtesy of Jorge Jinkis

13. Autor No Identificado—Unidentified Author
Retrato de—Portrait of Oscar Masotta, *ca.* 1970
Fotografía en B/N—B/W photograph
15 × 20.5 cm
Cortesía de—Courtesy of Cloe Masotta

14. Jacques Lacan
Le Seminaire. Livre I. Les écrits techniques de Freud, París, Ed. Seuil, 1975
24 × 15.5 cm
Cortesía de—Courtesy of Cloe Masotta

15. Oscar Masotta
Sexo y traición en Roberto Arlt, Editorial Jorge Álvarez, Buenos Aires, 1965
Portada intervenida por—Cover intervened by Oscar Masotta
20 × 13 cm
Cortesía de—Courtesy of Oscar Alfredo Steimberg

16. Oscar Masotta
Sexo y traición en Roberto Arlt, Buenos Aires, Centro Editor de América Latina, 1982
Libro
20 × 13 cm
Cortesía de—Courtesy of Claudio Golonbeck

17. Juan Carlos Martelli
Antología de poesía nueva en la República Argentina, Buenos Aires, Ediciones Anuario, 1961
26.6 × 18 cm
Cortesía de—Courtesy of Ana Longoni

18. Maurice Merleau-Ponty
Le visible et l'invisible, París, Ed. Gallimard, 1964
22.5 × 14 cm
Cortesía de—Courtesy of Cloe Masotta

19. Miguel Rep
Cuatro caricaturas de—Four cartoons of Oscar Masotta, 2009
Conjetural, Revista Psicoanalítica, No. 51, agosto de—August, 2009, Buenos Aires
Copia de exhibición—Exhibition copy
Cortesía de—Courtesy of Jorge Jinkis

20. Marcelo Tealdi *et al.*
"La noche inconsciente", suplemento *Jueves*, 1986
Número dedicado a—Issue dedicated to Oscar Masotta (Jorge Romero Brest, Tomás Abraham, Carlos Cobas Rubén de León, Germán Leopoldo García, Hugo Pratt, Carlos Unalovsky, Martin Groisman, Marcela Antelo)
40.5 × 58 cm
Cortesía de—Courtesy of Cloe Masotta y—and Susana Lijtmaer

21. *Tiro de gracia—Coup de grâce*, 1969
Dirección—Director: Ricardo Becher
Película transferida a video—Film transferred to video
101" (extracto—excerpt)
Copia de exhibición—Exhibition copy

22. Carlos Masotta
No conocí a Oscar Masotta—I Didn't Know Oscar Masotta, 2003–a la fecha—to date
Video SD, color
51' 25" (extracto—excerpt)
Cortesía de—Courtesy of Carlos Masotta

23. *En la ribera—On the Waterfront*, 1954
Dirección—Director: Elia Kazan
Cartel—Poster
28 × 35.5 cm

24. Oscar Masotta
Arte pop y semántica, Buenos Aires, ITDT, 1965
27.5 × 21.5 cm, 64 pp.
Copia mecanografiada del manuscrito—Copy of the typewritten manuscript
Cortesía de—Courtesy of Claudio Golonbek

25. Carta de Oscar Masotta a Roberto Jacoby—Letter from Oscar Masotta to Roberto Jacoby, Barcelona, 1 de noviembre—November 1, 1978
Mecanuscrito—Typewritten document
Copias de exhibición—Exhibition copy
Cortesía de—Courtesy of Roberto Jacoby

II. LITERATURA Y PERONISMO— LITERATURE AND PERONISM

26. Autor No Identificado—Unidentified Author
David Viñas, Oscar Masotta y Juan José Sebreli en traje de baño—David Viñas, Oscar Masotta and Juan José Sebreli in bathing suits, *ca.* 1957
Fotografía—Photograph
Copia de exhibición—Exhibition copy
Cortesía de—Courtesy of Juan José Sebreli

27. Iaros
Oscar Masotta, Carlos Correas y Juan José Sebreli en un bar—Oscar Masotta, Carlos Correas and Juan José Sebreli at a bar
ca. 1956

Fotografía—Photograph
Copia de exhibición—Exhibition copy
Cortesía de—Courtesy of Juan José Sebreli

28. Iaros
Oscar Masotta y Juan José Sebreli caminando—Oscar Masotta and Juan José Sebreli walking, *ca.* 1954
Fotografía—photograph
Copia de exhibición—Exhibition copy
Cortesía de—Courtesy of Juan José Sebreli

29. Autor No Identificado—Unidentified Author
Iaros, Juan josé Sebreli, Nené Masotta, Bernardo Carey y Adelaida Gigli, *ca.* 1956
Fotografía—Photograph
Copia de exhibición—Exhibition copy
Cortesía de—Courtesy of Juan José Sebreli

30. Roberto Arlt
Novelas completas y cuentos, tomos I, II y III, Buenos Aires, Compañía General Fabril Editora, 1963
14.5 × 22 cm c/u—ea.
Cortesía de—Courtesy of Cloe Masotta y—and Susana Lijtmaer

31. Carlos Correas
La operación Masotta (cuando la muerte también fracasa), Buenos Aires, Ed. Catálogos, 1991
Cortesía de—Courtesy of Ana Longoni

32. Oscar Masotta
"Destrucción y promoción del marxismo contemporáneo", *Marcha*, Montevideo, 21 y 28 de octubre—October 21 and 28, 1960, p. 22 y ss.
Copia de exhibición digital—Digital exhibition copy
Cortesía de—Courtesy of Ana Longoni

33. Oscar Masotta
"El proletariado en la alternativa", *Clase Obrera*, No. 54, pp. 11 y—and No. 56, pp. 12-13, 1995
Copia de exhibición digital—Digital exhibition copy
Cortesía de—Courtesy of CeDInCI

34. Oscar Masotta
"Merleau-Ponty y el 'Relacionismo' Italiano", separata de la—supplement of the *Revista de la Universidad de Buenos Aires*, 1958. pp 90-97
Cortesía de—Courtesy of Claudio Golonbek

35. Oscar Masotta
"Seis intentos frustrados de escribir sobre Arlt", revista *Hoy en la Cultura*, No. 5, 1962
Copia de exhibición digital—Digital exhibition copy
Cortesía de—Courtesy of Claudio Golonbek

36. Jean-Paul Sartre
Saint Genet comédien et martyr, París, Ed. Gallimard, 1951
14 × 20.5 cm
Colección particular—Private collection

37. Revista *Contorno*, No. 1-10, 1953-1959
Edición facsimilar—Facsimile edition
Director: Ismael y—and David Viñas
Ediciones Biblioteca Nacional, Buenos Aires, 2013
30.9 × 23 cm

38. *CENTRO*, No. 8, No. 13 y—and 14, 1959
Centro de Estudiantes de Filosofía y Letras, UBA, Buenos Aires, Argentina
Copia de exhibición digital—Digital exhibition copy
Cortesía de—Courtesy of CeDInCI

39. Cloe Masotta, en colaboración con—in collaboration with Andrés Duque y—and Santiago Suárez Longoni
Historia de una transmisión—Story of a Transmission, 2015-2016
Entrevista a—Interview with Juan José Sebreli
Buenos Aires, agosto de 2016
Video
20' 39" (extracto—excerpt)
Producción—Production MUAC

III. LOS IMAGINEROS ARGENTINOS—THE ARGENTINE IMAGINERS

40. Alberto Greco
Pintura Nº 12—Painting Nº 12, 1960
Óleo sobre tela—Oil on canvas
84 × 147 cm
Cortesía—Courtesy Balanz Capital

41. Alberto Greco y—and Monserrat Santa María
Vivo Dito en Piedralaves, 1963
9 fotografías B/N—B/W photographs
23.8 × 30 cm
Cortesía de—Courtesy of Mauro Herlitzka

42. César Jannello
Silla W clásica W—W Chair W Classic, 1951
Barra de hierro continua policromada, asiento y respaldo de cedro lustrado—Iron beam with black finish, seat and back polished cedar
48.8 × 44.8 × 78.5 cm
Cortesía—Courtesy IDA, Investigación en Diseño Argentino & Jannello Editora

43. Dalila Puzzovio
Autorretrato—Self-portrait, 1966
Técnica mixta—Mixed media
223 × 365.5 × 100 cm
Cortesía de—Courtesy of Dalila Puzzovio and Charlie Squirru

44. Emilio Renart
Sin título—Untitled, 1961
Óleo y arena sobre tela—Oil and sand on canvas
180 × 140 cm
Colección particular—Private Collection

45. Rubén Santantonín
Aéreo—Aerial, 1964
Cartón, tela y pintura—Cardboard, canvas and paint
70 cm Ø
Colección Museo Provincial de Bellas Artes Emilio Pettoruti

46. Rubén Santantonín
Aerocosa—Aerothing, 1963
Técnica mixta (tela, yeso, alambre)—Mixed technique (cloth, plaster, wire)
54 × 64 × 80 cm
Colección particular—Private Collection

47. Rubén Santantonín
Cosa—Thing, 1963
Reconstrucción hecha por—Reconstruction by Oscar Bony, *ca.*1998
Cartón corrugado, cola, tela y pintura latex—Cardboard, glue, canvas and latex paint
56 × 65.5 × 60 cm
Donación—Donation Carola Bony, Buenos Aires, 2011
Colección MALBA

48. Charlie Squirru
La moto y el fantasma—The Motorcycle and the Ghost, 1964
Esmalte sobre tela—Enamel on canvas
100 × 100 cm
Cortesía de—Courtesy of Dalila Puzzovio y—and Charlie Squirru

49. Charlie Squirru
Sin título—Untitled, 1963
Esmalte sobre tela—Enamel on canvas
100 × 100 cm
Cortesía de—Courtesy of Dalila Puzzovio y—and Charlie Squirru

50. Juan Stoppani
Soldado del espacio—Space soldier, 1965
Papel maché y materiales varios—Papier-mâché and mixed media
188 × 40 × 40 cm
Cortesía del artista—Courtesy of the artist

51. Luis Wells
Homenaje a Kenneth Kemble—Tribute to Kenneth Kemble, 1963
Madera quemada y pintura—Burnt wood and paint
51 × 58 × 61 cm
Cortesía de—Courtesy of Luis Wells

52. Emilio Renart
Integralismo Biocosmos—Biocosmos Integralism No. 3 y—and *No. 4*, 1965
Documentación fotográfica—Photographic documentation
200 × 300 cm
Colección Museo Provincial de Bellas Artes Emilio Pettoruti

53. Eduardo Newark
Grupo de artistas en el—Group of artists at the Instituto Di Tella, Dalila Puzzovio, Daniel Melgarejo, Juan Stoppani, Edgardo Giménez, Madela Ezcurra, Emilio Renart, Patricia Peralta Ramos, Alfredo Rodríguez Arias, el peluquero Cristian, Raul Escari, Marta Minujín, Ricardo Carreira, Pablo Suárez, Federico Peralta Ramos, Oscar Bony, Sarita Seré de Pereyra Iraola, Margarita Paksa, Rubén Santantonin, Pier Cantamessa, Carmen "Cacha" Miranda, Oscar Palacio, Estela Newbery, David Lamelas, Charly Squirru
9 Fotografías—Photographs
Copia de exhibición—Exhibition copy
Cortesía de—Courtesy of Cloe Masotta, Susana Lijtmaer y—and Eduardo Newark

54. Oscar Masotta
El pop art, Buenos Aires, Ed. Columba, 1967
17.5 × 10.5 cm
Cortesía de—Courtesy of Claudio Golonbek

55. Oscar Masotta
Happenings, Jorge Álvarez Editor, Buenos Aires, 1967
18 × 13 cm
Cortesía de—Courtesy of Claudio Golonbek

56. Luis Felipe Noé
Antiestética, Buenos Aires, Ed. Van Riel-De la Flor, 1965
18.3 × 13.9 cm
Cortesía de—Courtesy of Luis Felipe Noé

57. Portada de la revista—Cover of the magazine *Primera Plana*, No. 191, Buenos Aires, 23 de agosto—August 23, 1966
Copia de exhibición—Exhibition copy
Cortesía de—Courtesy of Rodrigo Alonso

58. Cloe Masotta, en colaboración con—in collaboration with Andrés Duque y—and Santiago Suárez Longoni
Historia de una transmisión—Story of a Transmission, 2015-2016
Entrevista a—Interview with Luis Felipe Noé
Buenos Aires, 23 de septiembre—September 23, 2016
Video
8' 09" (extracto—excerpt)
Producción MUAC

59. Marta Minujín
El batacazo—The Long Shot, 1965
Video
3' 42"
Cortesía de—Courtesy of Marta Minujín

60. Marta Minujín y—and Rubén Santantonín, en colaboración con—in collaboration with Pablo Suárez, Floreal Amor, Rodolfo Prayon, Leopoldo Maler y—and David Lamelas
La Menesunda, 1965
Video de la ambientación—On-set video
8' 09"
Cortesía de—Courtesy of Marta Minujín

61. Carta de Luis Felipe Noé a Oscar Masotta Nueva York, últimos días de 1967—Letter from Luis Felipe Noé to Oscar Masotta, New York, last days of 1967
5 páginas—pages
Transcripción del original—Transcription from the letter
Copia de exhibición—Exhibition copy
Cortesía de—Courtesy of Luis Felipe Noé

62. Respuesta de Oscar Masotta a Luis Felipe Noé, Buenos Aires, 11 de enero de 1968—Reply from Oscar Masotta to Luis Felipe Noé, Buenos Aires, January 11, 1968
Copia de exhibición—Exhibition copy
Cortesía de—Courtesy of Luis Felipe Noé

IV. MASOTTA HAPPENISTA—MASOTTA THE HAPPENIST

63. Oscar Masotta
El helicóptero—The Helicopter, 1967
Documentación fotográfica—Photographic documentation
Copia de exhibición—Exhibition copy
Cortesía de—Courtesy of Cloe Masotta y—and Susana Lijtmaer

Documentación fotográfica—Photographic documentation
Cortesía de—Courtesy of Eduardo Costa

Invitación y programa de mano—Invitation and program
Archivo del Instituto Di Tella, Biblioteca de la Universidad Di Tella

64. Oscar Masotta
Para inducir al espíritu de la imagen—To Incite the Spirit of Image, ITDT, Buenos Aires, 1966
Documentación fotográfica—Photographic documentation
Copia de exhibición—Exhibition copy
Cortesía de—Courtesy of Cloe Masotta y—and Susana Lijtmaer

65. Oscar Masotta
Para inducir el espíritu de la imagen—To Incite the Spirit of the Image, 1966
Happening
Repetición del *happening*—Re-enactment of the happening Dora García, MUAC, UNAM, Ciudad de México, 18 de marzo—March 18, 2017
Cortesía de—Courtesy of Dora García

66. Eduardo Newark, Ruben Santantonín y—and Santt
Sobre Happenings—On Happenings, Buenos Aires, ITDT, 1966
Documentación fotográfica—Photographic documentation
Copia de exhibición—Exhibition copy
Cortesía de—Courtesy of Roberto Jacoby

67. *Acerca (de): Happenings—About: Happenings*
Programa de mano del ciclo—Handout program
23 × 10.5 cm
Cortesía de—Courtesy of Roberto Jacoby

68. *Happenings*
Buenos Aires, ITDT, 1966
Cartel—Poster
75 × 53 cm
Cortesía de—Courtesy of Roberto Jacoby

69. Autor No Identificado—Unidentified Author
"Happening", *Así*, Buenos Aires, enero de 1967
Recorte hemerográfico—Newspaper clipping
Copia de exhibición—Exhibition copy
Archivo del Instituto Di Tella, Biblioteca de la Universidad Di Tella

70. Jean-Jacques Lebel
El happening, Buenos Aires, Ed. Nueva Visión, 1967
17.2 × 11.3 cm
Cortesía de—Courtesy of Ana Longoni

71. Jean-Jacques Lebel
"Cabezas ensobradas en la calle Florida", *Primera Plana*, 1967
Recorte hemerográfico—Newspaper clipping
Copia de exhibición—Exhibition copy
Archivo del Instituto Di Tella, Biblioteca de la Universidad Di Tella

72. Autor No Identificado—Unidentified Author
"Pero nadie lo entendió", Buenos Aires, s/d—n.d., 1967
Recorte hemerográfico—Newspaper clipping
Copia de exhibición—Exhibition copy
Archivo del Instituto Di Tella, Biblioteca de la Universidad Di Tella

73. Pierre Bal Banc
Yo cometí un happening—I Committed a Happening, 2015
Conferencia performática grabada en el MALBA, Buenos Aires basada en el texto de Oscar Masotta "Yo cometí un happening" (1966-67) y el performance "Para inducir el espíritu de la imagen" (1966)—Lecture performance recorded at MALBA Buenos Aires based on Oscar Masotta's text, "I Committed a Happening" (1966-67) and performance, "Para inducir al espíritu de la imagen" (1966)
Video
107'
Cortesía de—Courtesy of Pierre Bal-Blanc, MALBA

74. Oscar Masotta
Para inducir el espíritu de la imagen—To Incite the Spirit of the Image, 1966
Happening
Repetición del *happening* y filmación—Happening again and footage by Dora García, 2016
Video, color HD
60'
Cortesía de la artista—Courtesy of Dora García

75. Cloe Masotta, en colaboración con—in collaboration with Andres Duque
Historia de una transmisión—Story of a Transmission, 2015-2016
Entrevista a—Interview with Juan Risuelo, Los Ángeles, California
Video
14' 24" (extracto—excerpt)
Producción MUAC

76. Oscar Masotta
El helicóptero—The Helicopter, 1967
Happening
Repetición del *happening* y filmación—Happening again and footage by Dora García, 2016
Video, color HD
23'
Cortesía de—Courtesy of Dora García

77. Oscar Masotta y—and Jean-Jacques Lebel
Conferencia sobre el happening y respuesta—Lecture on happening and responses, ITDT, 1967
"La sala del Di Tella", CD No. 2
Ed. Fundación Música y Tecnología, Buenos Aires, 1996
Audio, grabación digital—Digital recording (extractos—excerpts)
7'48"
6'16"
Cortesía de—Courtesy of Ana Longoni

78. Carta abierta de Darío Cantón a Edmundo Eichelbaum—Open letter from Darío Cantón to Edmundo Eichelbaum, Buenos Aires, 1966
Mecanuscrito—Typewritten document
Copia de exhibición—Exhibition copy
Archivo del Instituto Di Tella, Biblioteca de la Universidad Di Tella

V. ARTE DE LOS MEDIOS—MEDIA ART

79. Eduardo Costa, Raúl Escari y—and Roberto Jacoby
Antihappening o happening para un jabalí difunto—Antihappening or Happening for a Dead Boar, Buenos Aires, 1966
11 fotografías—photographs
Fotos—Photos: Rubén Santantonín
18 × 24 cm c/u—ea.

> "El falso Happening", *Primera Plana*, Buenos Aires, 1966.
> Recorte hemerográfico—Newspaper clipping

"Happening para un jabalí difunto", *El Mundo*, Buenos Aires, 1966
Recorte hemerográfico—Newspaper clipping

Eliseo Verón, "Comunicación de masas", *El Mundo*, Buenos Aires, 30 de octubre—October 30, 1966
Recorte hemerográfico—Newspaper clipping

Augusto Trucco, "Antipop", *Diario de La Plata*, 1966
Recorte hemerográfico—Newspaper clipping

"El fin de los happenings", *Inédito*, Buenos Aires, 1966
Recorte hemerográfico—Newspaper clipping

"Vida moderna", *Confirmado*, Buenos Aires, 1966
Recorte hemerográfico—Newspaper clipping

El escarabajo de oro, No. 31/32, Buenos Aires, 1966
Recorte hemerográfico—Newspaper clipping

"Renovarse es vivir", *Visto y oído*, Buenos Aires, 1966
Recorte hemerográfico—Newspaper clipping

"Diversiones" y "El escepticismo de la mamá de Masotta", *Confirmado*, Buenos Aires, 1966
Recorte hemerográfico—Newspaper clipping

Cortesía de—Courtesy of Roberto Jacoby

80. Eduardo Costa y—and Roberto Jacoby
Literatura oral—Oral literature, 1966
Grabador Grundig, banco de madera y audio—Grundig recorder, wooden bench and audio
Medidas variables—Variable dimensions
Cortesía de—Courtesy of Roberto Jacoby

81. Raúl Escari
Entre en discontinuidad—Enter Into Discontinuity, 1966
Intervención urbana—Urban intervention
Reconstrucción—Reconstruction, 2016
Mapa de Buenos Aires, volantes y prólogo del texto que acompaña la intervención—Buenos Aires map, fliers and text foreword to accompany the intervention (1966 y 2007)
Cortesía de—Courtesy of Nicolás Moguilevsky y—and Francisco Garamona

82. Roberto Jacoby
Circuito automático—Automatic Circuit, 1967
Autoadhesivos con número de teléfono; contestador automático con grabación—Adhesives with telephone number; answering machine and recording
Cortesía de—Courtesy of Roberto Jacoby

83. Roberto Jacoby
Circuitos informacionales cerrados—Closed Communication Circuits, 1967
Proyecto y 2 collages—Project and 2 collages
28 × 22 cm c/u—ea.
Colección particular—Private collection

84. Oscar Masotta
Mensaje fantasma—The Phantom Message, julio 1967
Circuito entre cartel callejero y espacio publicitario en la TV—Loop between street poster and TV advertising space
Reconstrucción—Reconstruction, 2017
Carteles publicitarios pegados en Ciudad Universitaria, UNAM, Ciudad de México y espacio publicitario en TV UNAM—Advertising posters around the University City, UNAM, Mexico City, and TV UNAM advertising space
Cortesía de—Courtesy of Cloe Masotta y—and Susana Lijtmaer

85. Edgardo Giménez, Dalila Puzzovio y—and Charlie Squirru
¿Por qué son tan geniales?—Why Are They So Great?, 1965
Espectacular—Billboard
Reconstrucción—Reconstruction, 2016
Cortesía de—Courtesy of Edgardo Giménez, Dalila Puzzovio y—and Charlie Squirru

86. Edgardo Giménez, Dalila Puzzovio y—and Charlie Squirru
¿Por qué son tan geniales?—Why Are They So Great?, Buenos Aires, 1965
Espectacular—Billboard
Documentación fotográfica—Photographic documentation
Cortesía de—Courtesy of Edgardo Giménez

87. Julián Cairol y—and Roberto Jacoby
Parámetros—Parameters, 1967
6 Fotografías en B/N—B/W photographs
12 × 18 cm (5)
18 × 24 cm (1)
Cortesía de—Courtesy of Roberto Jacoby

88. Eduardo Costa y Roberto Jacoby
Primera audición de obras creadas con lenguaje oral—First Recital of Oral Language Works, 1966
Documentación fotográfica—Photographic documentation
18 × 12 cm
Cortesía de—Courtesy of Roberto Jacoby

89. Samer Makarius
Alberto Greco, ¡¡Qué grande sos!!—How Great You Are!!, 1961
Performance
10 fotografías en B/N (selección de 4)—B/W photographs (selection of 4)
30 × 21 cm (1)
21 × 30 cm (3)
Cortesía de—Courtesy of Mauro Herlitzka y—and Karim Makarius

90. Roberto Jacoby
Mao y Perón un solo corazón—Mao and Peron, One Heart,
New York, 1967
Fotografía—Photograph
Copia de exhibición—Exhibition copy
Cortesía de—Courtesy of Roberto Jacoby

91. Marta Minujín
Simultaneidad en simultaneidad—Simultaneity in Simultaneity, 1966
Documentación fotográfica—Photographic documentation
Copia de exhibición—Exhibition copy
Cortesía de—Courtesy of Marta Minujín

92. Autor No Identificado—Unidentified Author
Integrantes de Arte de los Medios—Members of Arte de los Medios: Roberto Jacoby, Eduardo Costa y—and Raúl Escari, Buenos Aires, 1966
Fotografía en B/N—B/W photograph
Cortesía de—Courtesy of Roberto Jacoby

93. Autor No Identificado—Unidentified Author
Foto de grupo—Group picture (Oscar Masotta, Eduardo Costa, Madela Ezcurra, Marta Teglia y—and Marta Fernández), Buenos Aires, *ca.* 1966
Fotografía—Photograph
Copia de exhibición—Exhibition copy
Cortesía de—Courtesy of Eduardo Costa

94. Oscar Masotta
Mensaje fantasma—The Phantom Message, 1967
Documentación fotográfica—Photographic documentation
Copia de exhibición—Exhibition copy
Cortesía de—Courtesy of Cloe Masotta y—and Susana Lijtmaer

95. Alexander Alberro y—and Blake Stimson
Conceptual Art: a Critical Anthology, Cambridge MA and London, MIT Press, 1999
23 × 19 cm
Cortesía de—Courtesy of Ana Longoni

96. Roberto Jacoby y Julián Cairol
Parámetros—Parameters, 1967
Cartel—Poster
39.2 × 39.8 cm
Cortesía de—Courtesy of Roberto Jacoby

97. Inés Katzenstein y—and Andrea Giunta (comp.)
Listen, Here, Now! Argentine Art in the 1960s, Nueva York, MoMA Publications, 2004
25 × 16.5 cm
Cortesía de—Courtesy of Roberto Jacoby

98. Lucy Lippard y—and John Chandler
"The Dematerialization of Art", revista *Art International*, Vol. XII, 20 de febrero—February 20, 1968, Lugano, Suiza, pp. 31-36
34.5 × 24.5 cm
Biblioteca Centro de Documentación Arkheia, MUAC, UNAM

99. El Lissitsky
"The Future of the Book", *New Left Review* I-41, enero—January, 1967, London, pp. 39-44
22 × 15.3 cm
Colección particular—Private collection

100. Oscar Masotta
Conciencia y estructura, Jorge Álvarez Editor, Buenos Aires, 1968
20 × 13 cm
Cortesía de—Courtesy of Claudio Golonbek

101. "Premio con variaciones", entrevista a—interview with Lucy Lippard y—and Jean Clay, Buenos Aires, 1968, revista *Análisis*, No. 393, 25 septiembre—September 25, 1968
Copia de exhibición—Exhibition copy
Cortesía de—Courtesy of Ana Longoni

102. Cloe Masotta en colaboración con—in collaboration with Andrés Duque
Historia de una transmisión—Story of a Transmission, 2015-2016
Entrevistas a—Interview with Roberto Jacoby y Eduardo Costa, Buenos Aires, 2016
Video HD
7:31 min y 5:49 min (extracto—excerpt)
Producción MUAC

103. Roberto Jacoby
Diagrama del circuito del contestador automático—Diagram of the Answering Machine Circuitry, 1967
Tinta sobre papel—Ink on paper
30 × 21.5 cm
Cortesía de—Courtesy of Roberto Jacoby

104. Roberto Jacoby
Texto sobre *Circuito automático*—Text about *Automatic Circuit*, 1967
Mecanuscrito—Typewritten document
32 × 21 cm
Cortesía de—Courtesy of Roberto Jacoby

105. Roberto Jacoby
Proyecto *Circuito automático—Automatic Circuit* project, 1967
Mecanuscrito—Typewritten document
47.9 × 21.4 cm
Cortesía de—Courtesy of Roberto Jacoby

106. Roberto Jacoby
Una obra de Mass Media Art—A Work of Mass Media Art, New York, 1967
Mecanuscrito—Typewritten document
8 páginas—pages
21.5 × 30 cm
Cortesía de—Courtesy of Roberto Jacoby

107. Roberto Jacoby y—and Julián Cairol
Documento y guion *Parámetros. Homenaje a John Cage*—Document and script of *Parameters: A Tribute to John Cage*, 1967
4 páginas mecanografiadas—typewritten pages
29.5 × 20 cm
Cortesía de—Courtesy of Roberto Jacoby
108. Roberto Jacoby y—and Eduardo Costa

Poética oral con medios magnetofónicos—Oral Poetics with Magnetophonic Media,1966
Mecanuscrito—Typewritten document
7 páginas—pages
27 × 20 cm
Cortesía de—Courtesy of Roberto Jacoby

109. Jacoby y—and Eduardo Costa
Primera audición de obras creadas con lenguaje oral—First Recital of Oral Language Works, 1966
Mecanuscrito—Typewritten document
28,2 × 22,2 cm
Cortesía de—Courtesy of Roberto Jacoby

110. Eduardo Costa, Raúl Escaru y—and Roberto Jacoby
Manifiesto de—Manifesto of Arte de los Medios, 1966
4 páginas mecanuscritas—typewritten documents
27.6 × 21.6 cm
Cortesía de—Courtesy of Roberto Jacoby

111. Carta de Oscar Masotta a Eduardo Costa invitándolo a Nueva York, de 1965—Letter from Oscar Masotta to Eduardo Costa inviting him to New York, 29 de diciembre—December 29, 1965
Documento manuscrito y mecanuscrito—Handwritten and typewritten document
Copia de exhibición—Exhibition copy
Cortesía de—Courtesy of Eduardo Costa

112. Carta de Octavio Paz a Eduardo Costa—Letter from Octavio Paz to Eduardo Costa, New Delhi, 11 de noviembre—November 11, 1966
Mecanuscrito—Typewritten document
Copia de exhibición—Exhibition copy
Cortesía de—Courtesy of Eduardo Costa

VI. DERIVAS—DRIFTS

VI.I EXPERIENCIAS 68

113. Roberto Jacoby
Mensaje en el Di Tella—Message at the Di Tella, 1968–2011
Papel, fotografía en B/N, chapa de madera pintada, teletipo y metal—Paper, B/W photograph, painted wood veneer, teletype and metal
Instalación—Installation

Pieza—Piece 1: 240 × 149 × 4.5 cm
Pieza—Piece 2: 49.5 × 69 × 61 cm
Pieza—Piece 3: 74.5 × 69.5 × 69.5 cm
Fotografía—Photograph: 89.5 × 59.5 cm
Colección Museo Nacional Centro de Arte Reina Sofía

Mensaje en el Di Tella—Message at the Di Tella, 1968
3 fotografías de la instalación—photographs of the installation
Copia de exhibición—Exhibition copy
Cortesía de—Courtesy of Roberto Jacoby

Manifiesto *Mensaje en el Di Tella—Message at the Di Tella manifesto*, mayo—May, 1968
Mecanuscrito—Typewritten document
27.7 × 21.7 cm
Cortesía de—Courtesy of Roberto Jacoby

114. Varios Autores—Multiple Authors
Declaración ante la censura en 'Experiencias 68'—Declaration in response to censorship at 'Experiences 68', mayo de—May, 1968
Fotocopia—Photocopy
Cortesía de—Courtesy of Roberto Jacoby

VI.II TUCUMÁN ARDE

115. Roberto Jacoby
Anti-afiche—Anti-poster, mayo—May,1969
Serigrafía s/papel—Silkscreen on paper
48 x 32 cm
Colección particular—Private Collection

116. Guillermina Mongan
Derivas—Drifts, 2017
Diagrama. Lápiz, gis e impresiones sobre papel—Diagram. Pencil, chalk and photographic prints on paper
Cortesía de la artista—Courtesy of the artist

117. Autor no identificado—Unidentified Author
Tucumán arde, octubre a noviembre—October-November, 1968
20 fotografías—photographs
Copias de exhibición—Exhibition copy
Archivo Graciela Carnevale

118. *Tucumán*

Campaña masiva—Massive campaign *Tucumán arde*, Rosario, noviembre—November,1968
Cartel—Poster
50 × 70 cm
Reedición—Reprint MUAC, 2017

119. Juan Pablo Renzi
Tucuman arde—Tucumán Burns, 1968
Etiqueta autoadhesiva—Self-adhesive label
Copia de exhibición—Exhibition copy
Archivo—Archive Graciela Carnevale

120. *Tucumán arde*, semanario *Liberación*—weekly, Buenos Aires, segunda quincena—second fortnight, diciembre—December, 1968
Recorte de prensa—Newspaper clipping
Copia de exhibición—Exhibition copy
Cortesía de—Courtesy of Ana Longoni

121. Pablo Suárez y—and Roberto Jacoby
Diagrama preparatorio de la obra—Preparatory diagram for *Tucumán Arde*, Buenos Aires, ca. agosto—August, 1968
Copia de exhibición—Exhibition copy
Cortesía de—Courtesy of Roberto Jacoby

VI.III. FASHION FICTION

122. Eduardo Costa
Oreja. Objeto generativo—Ear: Generative Object, 1966-2007
Oreja de oro 24K—24K gold ear
6 × 4 × 1 cm
Cortesía de—Courtesy of Eduardo Costa

123. Eduardo Costa
Una moda (relato)—A Fashion (a Tale), 1970
4 páginas de la revista *Caballero* (México) con su versión de Fashion Fiction—4 pages of the magazine *Caballero* with its version of Fashion Fiction
Copias a color—Color photocopies
Fotos originales—Orginal photographs: Humberto Rivas y Roberto Alvarado
Modelo—Model: María Larreta
Cortesía del artista—Courtesy of the artist

124. Eduardo Costa
Fashion Fiction 1. Revista—Magazine *Vogue*, 1968
Fotógrafía—Photograph: Richard Avedon
Modelo—Model: Marisa Berenson
130 × 100 cm
Copia de exhibición del autor—Author's exhibition copy
Cortesía del artista—Courtesy of the artist

VII. HISTORIETA—COMIC STRIP

125. Un Faulduo
"La historieta en el (Faulduo) mundo moderno", 2015
75 dibujos—drawings
Tinta sobre papel—Ink on paper
27.9 × 21.6 cm c/u—ea.
Cortesía de—Courtesy of Un Faulduo

126. Autor no identificado—Unidentified Author
Primera Bienal Mundial de la Historieta, ITDT, Buenos Aires, 1968
Hoja de contacto fotográfica del montaje—Photographic contact sheet of the installation
Copia de exhibición—Exhibition copy
Archivo del Instituto Di Tella, Biblioteca de la Universidad Di Tella

127. Un Faulduo
La historieta en (un faulduo) mundo moderno, Buenos Aires, Ed. Tren en Movimiento, 2015
18.5 × 11 cm
Cortesía de—Courtesy of Ana Longoni

128. Oscar Masotta
La historieta en el mundo moderno, Ed. Paidós, Buenos Aires, 1970
18.5 × 11 cm
Cortesía de—Courtesy of Ana Longoni

129. Bienal de la Historieta—Comic Strip Biennial, 1968
Cartel—Poster
104 × 140 cm
Diseño—Design: Ricardo Rousselot
Cortesía de—Courtesy of Claudio Golonbek

130. *La historieta mundial*, Escuela Panamericana de Arte e ITDT, Buenos Aires, 1968
Catálogo de exposición—Exhibition catalogue
32 × 25 cm,
Cortesía de—Courtesy of Claudio Golonbek

131. Autor No Identificado—Unidentified Author
"El triunfo de la literatura dibujada", *Primera Plana* No. 303, Buenos Aires, 1968, pp. 44-49
Recorte hemerográfico—Newspaper clipping
44 × 29 cm
Copia de exhibición—Exhibition copy
Cortesía de—Courtesy of Claudio Golonbek

132. Programa de Conferencias de la—Conference Program from the I Bienal Mundial de la Historieta, ITDT, Buenos Aires, 1968
Copia de exhibición—Exhibition copy
Archivo del Instituto Di Tella, Biblioteca de la Universidad Di Tella

133. *LD-Literatura Dibujada*, No. 1, 2, 3, Buenos Aires, 1968–1969
Dirección—Direction: Oscar Masotta y Oscar Steimberg
29 × 23 cm c/u—ea. 64 p, 68 p y 64 p.
2 carteles—posters
43.5 × 28.5 cm
29 × 23 cm
Cortesía de—Courtesy of Claudio Golonbek

134. Oscar Masotta
Técnica de la historieta—Comic Strip Technique, 1966
Documento de trabajo de la—Document from the Escuela Panamericana de Arte
Copia de exhibición—Exhibition copy
Cortesía de—Courtesy of Ana Longoni

135. Oscar Masotta, David Lipszyc y otros—and others
Manifiesto celeste—Celestial Manifesto, Buenos Aires, octubre de—October, 1968
Copia de exhibición—Exhibition copy
Archivo del Instituto Di Tella, Biblioteca de la Universidad Di Tella.

136. Cloe Masotta, en colaboración con—in collaboration with Andrés Duque y—and Santiago Suárez Longoni
Historia de una transmisión—Story of a Transmission, 2015-2016
Entrevista a Oscar Steimberg—Interview with Oscar Steimberg, Buenos Aires, 2016
Video HD
20:50 min (extracto—excerpt)
Producción MUAC

VIII. EXILIO Y LACAN—EXILE AND LACAN

137. Autor No Identificado—Unidentified Autor
Oscar Masotta, Susana Lijtmaer, Helena Serrot y—and Emilio Giménez Zapiola, Barcelona, *ca.* 1976
Fotografía—photograph
Copia de exhibición—Exhibition copy
Cortesía de—Courtesy of Cloe Masotta y—and Susana Lijtmaer

138. Autor No Identificado—Unidentified Autor
Oscar y Cloe Masotta—Oscar and Cloe Masotta, *ca.* 1979
Fotografía a color—Color photograph
Copia de exhibición—Exhibition copy
Cortesía de—Courtesy of Cloe Masotta y—and Susana Lijtmaer

139. Gilles Deleuze
Empirismo y subjetividad, Barcelona, Ed. Granica, 1981
Prólogo de—Foreword by Oscar Masotta
19.4 × 13 cm
Centro de Información y Documentación FES Acatlán, UNAM

140. Sigmund Freud
Los casos de Sigmund Freud. El caso Schreber, Tomo 2, Ed. Nueva Visión, 1972
Colección dirigida por—Collection edited by Oscar Masotta y—and Jorge Jinkis
20 × 14 cm
Cortesía de—Courtesy of Cloe Masotta y—and Susana Lijtmaer

141. Oscar Masotta
Ensayos Lacanianos, Barcelona, Ed. Anagrama, 1976
20 × 13.5 cm
Cortesía de—Courtesy of Claudio Golonbek

142. Oscar Masotta
"Jacques Lacan o el inconsciente de la filosofía", revista *Pasado y presente* No. 9, Buenos Aires, 1965, pp. 1-15
Copia de exhibición digital—Digital exhibition copy
Cortesía de—Courtesy of Ana Longoni

143. Varios Autores—Multiple Authors
La revolución teórica de la pornografía, Barcelona, Ed. Ucronia, 1978
Selección e introducción—Selection and introduction: Alberto Cardín y—and Federico Jiménez Losantos (Oscar Masotta, Germán García, Alberto Cardín, Federico Jiménez, Adolfo Berenstein, *et al.*)
20 × 13 cm
Cortesía de—Courtesy of Ana Longoni

144. Asociación de Psicólogos de Buenos Aires—Buenos Aires

Association of Psychologists
Índice de la—Index of *Revista Argentina de Psicología* No. 1, agosto—August, 1969
Cuadernillo—Booklet
22.5 × 24 cm
Cortesía de—Courtesy of Cloe Masotta y—and Susana Lijtmaer

145. Jornadas del Psicoanálisis en Barcelona—Psychoanalysis Conferences in Barcelona, 1978
Biblioteca Freudiana de Barcelona, Fundación Miró, 1978
Coordinador—Coordinator: Oscar Masotta
Cartel—Poster
34,7 × 49 cm
Cortesía de—Courtesy of Cloe Masotta y—and Susana Lijtmaer

146. Programa del encuentro *Jacques Lacan. Psicoanálisis y estructuralismo*—Program of the symposium *Jacques Lacan: Psychoanalysis and Structuralism*, 1969
Programa de extensión cultural, Departamento de Adherentes, ITDT
20 × 23 cm
Cortesía de—Courtesy of Cloe Masotta y—and Susana Lijtmaer

147. Carta de Oscar Masotta a su madre—Letter from Oscar Masotta to his mother, Barcelona, 24 diciembre—December 24, 1974
2 hojas papel con membrete del barco—2 letterheaded pages with the ship's logo
Manuscrito—Handwritten letter
14 × 22 cm
Cortesía de—Courtesy of Cloe Masotta y—and Susana Lijtmaer

148. Cloe Masotta en colaboración con—in collaboration with Andrés Duque
Historia de una transmisión—Story of a Transmission, 2015-2016
Entrevistas a—Interviews with: Germán García, Enric Berenguer, Carmen Cuñat, Miquel Bassols, José Rodríguez Eiras, Carmen Gallano, Dulce Suya, Vicente Palomera y—and Javier Pérez Montoto, 2015
Video HD
6'12", 8'41", 7'13", 10'26", 10'13", 5'47", 11'51", 15'04" y 5'38" (extractos—excerpts)
Producción MUAC

149. Carta de Oscar Masotta a su madre—Letter from Oscar Masotta to his mother, London, 26 agosto—August 26, 1975

Mecanuscrito—Typewritten document
16 × 20 cm
Cortesía de—Courtesy of Cloe Masotta y—and Susana Lijtmaer

150. Carta de Oscar Masotta a su madre—Letter from Oscar Masotta to his mother, 3 de enero—January 3, 1977
Mecanuscrito—Typewritten document
21.5 × 29.5 cm
Cortesía de—Courtesy of Cloe Masotta y—and Susana Lijtmaer

151. Carta de Oscar Masotta a su madre anunciando el nacimiento de Cloe—Letter from Oscar Masotta to his mother announcing Cloe's birth, Barcelona, 14 febrero—February 14, 1976
Mecanuscrito—Typewritten document
21 × 31 cm
Cortesía de—Courtesy of Cloe Masotta y—and Susana Lijtmaer

152. Carta de Oscar Masotta a su madre—Letter from Oscar Masotta to his mother, Barcelona, 25 julio—July 25, 1977
Mecanuscrito—Typewritten document
21.5 × 31 cm
Cortesía de—Courtesy of Cloe Masotta y—and Susana Lijtmaer

153. Última carta de Oscar Masotta a su madre—Last letter from Oscar Masotta to his mother, Barcelona, 23 marzo—March 23, 1979
Mecanuscrito—Typewritten document
22 × 16 cm
Cortesía de—Courtesy of Cloe Masotta y—and Susana Lijtmaer

154. Junta Directiva de la Biblioteca Freudiana de Barcelona
Hoja No. 3 de la—Sheet No. 3 of the Biblioteca Freudiana de Barcelona, *ca.* 1978
Mecanuscrito en hoja membretada—Typewritten document on letterheaded paper
29.5 × 20.5 cm
Cortesía de—Courtesy of Cloe Masotta y—and Susana Lijtmaer

155. Oscar Masotta
Fragmento de clase sobre la perversión: Lacan leyendo "Pegan a un niño" de Freud—Excerpt from class about perversion: Lacan reading: "They Hit a Child" by Freud, Madrid, *ca.* 1975
Audio
14'52"
Cortesía de—Courtesy of Fany Shut

CRÉDITOS DE EXPOSICIÓN
—
EXHIBITION CREDITS

Curaduría—Curatorship
Ana Longoni

Coordinación Curatorial
—Curatorial Coordination
Amanda de la Garza
Cecilia Delgado

Asistencia en curaduría e investigación
—Curatorship and Research Assistance
Guillermina Mongan

Concepto y realización de entrevistas audiovisuales—Audiovisual Interviews
Cloe Masotta

Coordinación de producción museográfica—Production Coordination
Joel Aguilar

Salvador Ávila Velazquillo
Adalberto Charvel
Cecilia Pardo

Programa pedagógico
—Pedagogical Program
Luis Vargas Santiago

Mónica Amieva
Eliza Mizrahi

Coordinación de colecciones
—Collections Coordination
Julia Molinar

Elizabeth Herrera
Juan Cortés
Claudio Hernández

Procuración de fondos—Fundraising
Gabriela Fong

Josefina Granados
María Teresa de la Concha
Alexandra Peeters

Comunicación—Media
Carmen Ruiz

Ekaterina Álvarez
Francisco Domínguez
Ana Cristina Sol

Servicio social—Interns
Ana García
Julián Yunda

Curador en jefe—Chief Curator
Cuauhtémoc Medina

AGRADECIMIENTOS
—
ACKNOWLEDGEMENTS

El Museo Universitario Arte Contemporáneo, MUAC, agradece a las personas e instituciones cuya generosa colaboración hizo posible la muestra de la exposición *Oscar Masotta. La teoría como acción.*

—

The Museo Universitario Arte Contemporáneo, MUAC, wishes to thank the people and institutions whose generous assistance made possible the exhibition *Oscar Masotta. Theory as Action.*

Rodrigo Alonso, Pierre Bal-Blanc, Miquel Bassols, Enric Berenguer, Celestial Brizuela, Erik Bullot, Graciela Carnevale, Juli Carson, César Castellano, Eduardo Costa, Carmen Cunyat, Nicolás Daniluk Maximiliano de la Puente, Andrés Duque, Madela Ezcurra, Sophie Fisher, Ezequiel García, Edgardo Giménez, Manuel Hernández, Carmen Galiano, Cora Gamarnik, Francisco Garamona, Dora García, Germán García, Sara Glasman, Claudio Golonbek, Mauro Herlitzka, Roberto Jacoby, María Jannello, Jorge Jinkis, Alma Laprida, Susana Lijtmaer, Lila Lisenberg, Dalibor Marković, Carlos Masotta, Cloe Masotta, Nelly Masotta, Mariano Mestman, Marta Minujín, Nicolás Moguilevsky, Cecilia Montenegro, Luis Felipe Noé, Vicente Palomera, Javier Pérez Montoto, María Fernanda Pinta, Claudio Porcel, Dalila Puzzovio, Miguel Rep, Juan Risuleo, José Rodríguez Eiras, Jessica Roland, Julián Roldán, Jorge Sala, Ana Sánchez Trolliet, Juan José Sebreli, Fany Shut, Charlie Squirru, Oscar Steimberg, Juan Stoppani, Santiago Suárez Longoni, Dulce Suaya, Mabel Tapia, Gustavo Teller, Un Faulduo, Luis Wells y—and Nicolás Zukerfeld

Biblioteca Universidad Torcuato Di Tella, CeDInCI, Jannello Editorial, MALBA, Museo Provincial de Bellas Artes, Museo Centro de Arte Reina Sofía, Emilio Pettoruti y—and Walker Art Center

Embajada de la
República Argentina
Estados Unidos Mexicanos
Ministerio de Relaciones Exteriores y Culto

OSCAR MASOTTA LA TEORÍA COMO ACCIÓN se terminó de imprimir y encuadernar el 3 de abril de 2017 en los talleres de Offset Rebosán S.A. de C.V., Acueducto 115, col. Huipulco, Tlalpan, Ciudad de México. Para su composición se utilizó la familia tipográfica Linotype Centennial, diseñada por Adrian Frutiger. Impreso en Domtar Lynx de 216 g y Bond blanco de 120 g. Diseño y supervisión de producción Periferia. El tiraje consta de 1,000 ejemplares.

—

OSCAR MASOTTA THEORY AS ACTION was printed and bound on April 3rd, 2017 in Offset Rebosán S.A. de C.V., Acueducto 115, col. Huipulco, Tlalpan, Mexico City. Typeset in Linotype Centennial, designed by Adrian Frutiger. Printed on 216 g Domtar Lynx and 120 g Bond white paper. Design and production supervision by Periferia. This edition is limited to 1,000 copies.

—

—

MUAC 054